A EVOLUÇÃO DA JURISPRUDÊNCIA AMBIENTAL

COMENTÁRIOS AOS ACÓRDÃOS PARADIGMAS DO TJMG

Jarbas Soares Júnior
Carlos Eduardo Ferreira Pinto
Marcos Paulo de Souza Miranda
COORDENADORES

A EVOLUÇÃO DA JURISPRUDÊNCIA AMBIENTAL

COMENTÁRIOS AOS ACÓRDÃOS PARADIGMAS DO TJMG

Del Rey editora

Belo Horizonte
2018

Impresso no Brasil | Printed in Brazil

EDITORA DEL REY LTDA
www.livrariadelrey.com.br

Editor: Arnaldo Oliveira

Editor Adjunto: Ricardo A. Malheiros Fiuza

Editora Assistente: Sirlene Santos Simões

Diagramação: Alfstudio

Revisão: Maria Elizabete de Sousa

Capa: Alfstudio

Editora
Rua dos Goitacases, 71 – Loja 24A – Centro
Belo Horizonte-MG – CEP 30190-909
Comercial:
Tel.: (31) 3293 8233
vendas@editoradelrey.com.br
Editorial:
editorial@editoradelrey.com.br

Dados Internacionais de Catalogação na Publicação (CIP)

E93 A evolução da jurisprudência ambiental : comentários aos acordãos ; paradigmas do TJMG / Jarbas Soares Júnior, Carlos Eduardo Ferreira Pinto, Marcos Paulo de Souza Miranda, Coordenadores -- Belo Horizonte : Editora Del Rey, 2018.

1.Direito ambiental. 2. Meio ambiente – Legislação. I. Soares Júnior, Jarbas. II. Pinto, Carlos Eduardo Ferreira. III. Miranda, Marcos Paulo de Souza.

324 p.

ISBN: 978-85-384-0523-8

CDD-341.347

Índices para catálogo sistemático:
1. Direito ambiental 341.347

AGRADECIMENTOS

Os Coordenadores agradecem aos autores pela belíssima contribuição dada à afirmação ao Direito Ambiental.

Agradecem também ao Presidente do Tribunal de Justiça do Estado de Minas Gerais, Desembargador Herbert Carneiro, pelo apoio e incentivo emprestado à confecção desta obra que, pela primeira vez, aborda de forma ampla a jurisprudência ambiental mineira e seus acórdãos paradigmáticos.

Ao Ministro João Otávio Noronha, atual Corregedor Nacional de Justiça, a nossa reverência pelos lapidares acórdãos proferidos para a proteção do meio ambiente no âmbito do Superior Tribunal de Justiça.

Ao Ministro Antônio Herman Benjamin, do colendo Superior Tribunal de Justiça, o grande nome do Direito Ambiental brasileiro, também o agradecimento dos coordenadores, pelas lições e apoio.

Registra-se a confiança que foi depositada pela Presidente da Associação Brasileira do Ministério Público de Meio Ambiente, a gaúcha Silvia Cappelli, quando da organização dos Congressos da Magistratura e do Ministério Público para o Meio Ambiente, em 2002 e 2004, realizados na Cidade de Araxá, Minas Gerais.

Também deve ser registrado o apoio, à realização do primeiro evento, do então do Presidente do Tribunal de Justiça de Minas Gerais, Desembargador Gudesteu Bíber Sampaio, e do ex-Procurador-Geral de Justiça, Nedens Ulisses

Freire Vieira, aos eventos nacionais ocorridos em Araxá sob a coordenação do Ministério Público mineiro.

Ao jovem brilhante Luciano José Alvarenga, que assessora, desde 2002, o Centro de Apoio Operacional da Promotoria de Justiça de Meio Ambiente, Patrimônio Cultural, Urbanismo e Habitação (CAO-MA), do Ministério Público do Estado de Minas Gerais, pelo inestimável apoio dado à atuação ambiental da Instituição.

À dedicada e competente estagiária Iza Maria Lyra de Almeida, do Ministério Público do Estado de Minas Gerais, que tanto contribuiu para a confecção desta obra.

Às futuras gerações, o esforço integral de todos para garantir-lhes, diante de tantas agressões ignóbeis ao meio ambiente, uma mínima qualidade de vida.

APRESENTAÇÃO

Segundo o princípio da conservação das massas, "na natureza, nada se cria, nada se perde, tudo se transforma". De certa forma, o mesmo acontece em relação aos fenômenos sociais, e especialmente ao Direito, que se encontra, semelhantemente, em constante transformação e, por conseguinte, em permanente evolução, sobretudo para poder oferecer respostas mais adequadas a novas questões que o mundo – que também se encontra em contínuo e ininterrupto processo de mudança – passa a lhe trazer.

Uma dessas questões diz respeito à urgente e crucial necessidade – antes pouco ou nada percebida – de se cuidar do meio ambiente e de se preservá-lo; de cessar um antigo, nocivo e progressivo processo de degradação da natureza, explorada de maneira inconsequente e, até mesmo irresponsável, pelo ser humano ao longo dos tempos. A relevância das questões ambientais é consideravelmente recente na história da humanidade, pois os efeitos danosos da exploração inadequada dos recursos naturais, que, no passado, eram menos nítidos ou sentidos, passaram a ser cada vez mais manifestos. A relação do ser humano com o mundo em que habita passou a ser uma questão de natureza e de relevância jurídicas, devendo, como tal, ser devidamente estudada para receber o adequado tratamento pelo Direito e pela legislação. Para se ter uma ideia, no Brasil, a expressão *meio ambiente* sequer constava das constituições anteriores a de 1988, havendo momentos, antes disso, em que o desmatamento, por exemplo, chegou a ser verdadeiramente incentivado, de maneira desmedida, pouco criteriosa e em larga escala pelo próprio Estado, sem preocupações com os danos ecológicos decorrentes.

Assim, o meio ambiente, no Brasil, passou a ser tratado expressamente e merecer proteção jurídica no nível constitucional somente a partir de 1988, não obstante tratar-se, por definição e natureza, de direito de todos, não só da geração presente, mas também das futuras, e cuja proteção, defesa e preservação são deveres tanto do Poder Público quanto de toda a coletividade titular desse direito, inclusive nas atividades de ordem econômica. Trata-se, pois, de tema que transcende o próprio tempo, alcançando toda a posteridade, porquanto igualmente titular do direito tutelado. É direito e, ao mesmo tempo, dever de cada um e de todos. Não é um assunto dos outros. Não é um assunto do qual alguém possa pensar ou afirmar: isso não me diz respeito.

Muito nos honra, portanto, apresentar ao público a presente obra, que, a um só tempo, reúne jurisprudência, criteriosamente selecionada, do Tribunal de Justiça do Estado de Minas Gerais sobre essa matéria de tão alta relevância e traz aprofundadas e minuciosas análises jurídicas sobre essas decisões, de lavra de cultos e estudiosos juristas, com os mais diversificados pontos de vista e as mais variadas experiências: membros do Ministério Público, Federal e dos Estados, magistrados e advogados ambientalistas. Essa diversidade intelectual e de perspectivas é altamente salutar e, ao materializar-se no trabalho que se apresenta, transforma-se (pois na natureza tudo se transforma) em um importante mecanismo de reflexão sobre as questões ambientais examinadas, contribuindo, assim, não só para a evolução desse ramo do Direito como, consequentemente, para a própria e tão necessária preservação do meio ambiente.

Novembro de 2017.

Desembargador Herbert José Almeida Carneiro
Presidente do Tribunal de Justiça do Estado de Minas Gerais

SUMÁRIO

PREFÁCIO XI

INTRODUÇÃO – A CARTA DE ARAXÁ DA MAGISTRATURA E DO MINISTERIO PÚBLICO PARA O MEIO AMBIENTE: UM MARCO DA MUDANÇA DE PARADIGMA DA JURISPRUDÊNCIA AMBIENTAL DO TRIBUNAL DE JUSTIÇA DE MINAS GERAIS XV

BEM JURÍDICO PROTEGIDO, PRINCÍPIO DA INSIGNIFICÂNCIA E CONCEITO DE FLORESTA NO CRIME DO ARTIGO 38 DA LEI 9.605/98 2

A INVERSÃO DO ÔNUS DA PROVA NA AÇÃO CIVIL PÚBLICA AMBIENTAL 18

RESPONSABILIDADE CIVIL POR DESTRUIÇÃO DE BEM IMÓVEL INVENTARIADO COMO PATRIMÔNIO CULTURAL 30

A FUNÇÃO DISSUASÓRIA DA INDENIZAÇÃO POR DANO EXTRAPATRIMONIAL DECORRENTE DE POLUIÇÃO VISUAL 46

APLICAÇÃO DO DISPOSTO NO ARTIGO 38 DA LEI N ° 9.605/1998 ÀS HIPÓTESES DE DESTRUIÇÃO DE CERRADO 58

APLICAÇÃO DE RECURSOS NA PRESERVAÇÃO DE MANANCIAIS HÍDRICOS: A EFETIVIDADE DA LEI MINEIRA 12.503/97 COMO OBRIGAÇÃO DAS CONCESSIONÁRIAS DE SERVIÇO PÚBLICO 70

DA OBRIGATORIEDADE DO LICENCIAMENTO AMBIENTAL PARA ATIVIDADES CAUSADORAS DE SIGNIFICATIVA DEGRADAÇÃO AMBIENTAL: ESTUDO DE CASO DA ATIVIDADE DE EXTRAÇÃO DE AREIA E CASCALHO 82

A PROTEÇÃO DE ÁRVORES URBANAS POR MEIO DE AÇÃO CIVIL PÚBLICA E A APLICAÇÃO DO INSTITUTO DA REMESSA NECESSÁRIA 96

TRAGÉDIA PROCESSUAL AMBIENTAL – CASO SAMARCO 114

O MEIO AMBIENTE, O PODER DE POLÍCIA
E O DIREITO TRANSGERACIONAL 130

DA CONSERVAÇÃO PELO PODER PÚBLICO DO CASARIO COLONIAL DE OURO PRETO EM RISCO: PROCESSO ESTRUTURAL, RESPONSABILIDADE SOLIDÁRIA E OBRIGAÇÃO CULTURAL PROPTER REM À LUZ DO PRECEDENTE TJMG N.º 1.0461.15.003684-0/001 142

PARQUES ESTADUAIS – EFETIVAÇÃO JUDICIAL
EM DECORRÊNCIA DA INÉRCIA ESTATAL 160

SUPERANDO A TEORIA DA DUPLA IMPUTAÇÃO
PARA A RESPONSABILIDADE PENAL DA PESSOA
JURÍDICA POR CRIME AMBIENTAL 172

O PERDIMENTO DE BENS NOS CRIMES AMBIENTAIS 200

O CASO IURD – CONDENAÇÃO POR DEMOLIÇÃO
IRREGULAR DE EDIFICAÇÕES PROTEGIDAS POR
INVENTÁRIO E REGISTRO DOCUMENTAL 216

DESTINAÇÃO INADEQUADA DOS RESÍDUOS SÓLIDOS
– CARACTERIZAÇÃO COMO ATO DE IMPROBIDADE ADMINISTRATIVA ... 229

LICENCIAMENTO AMBIENTAL DE EMPREENDIMENTOS
AGROPECUÁRIOS: O TJMG E A PRIMAZIA DA PROTEÇÃO 247

CONFIGURAÇÃO E INDENIZABILIDADE DE DANOS MORAIS COLETIVOS DECORRENTES DA SUBTRAÇÃO E PRIVAÇÃO DA FRUIÇÃO DE BEM CULTURAL TOMBADO 258

A TUTELA PENAL DO BIOMA CERRADO 272

INALTERABILIDADE ADMINISTRATIVA DAS UNIDADES DE CONSERVAÇÃO, PRINCÍPIO DA PRECAUÇÃO E A EVOLUÇÃO DA JURISPRUDÊNCIA MINEIRA 280

PREFÁCIO

Detentor, em seu vasto território, de inestimável patrimônio ambiental na condição de "caixa d'água" do Brasil, por acolher 17 bacias hidrográficas federais – incluindo a do Rio São Francisco, com nascente no Parque Nacional da Serra da Canastra – que englobam os biomas da Mata Atlântica, do Cerrado e da Caatinga, o Estado de Minas Gerais haveria mesmo de ocupar lugar central na evolução da proteção jurídica da Natureza em nosso País.

Minas abriga, além dessa extraordinária diversidade geobiológica, um dos mais notáveis acervos de bens culturais do mundo, quatro deles designados *Patrimônio da Humanidade* pela UNESCO: a cidade de Ouro Preto; o conjunto escultórico dos Passos e Profetas de Aleijadinho, em Congonhas; o Centro Histórico de Diamantina; e o Conjunto Arquitetônico Modernista da Pampulha, em Belo Horizonte.

Patrimônio natural e cultural tão rico reclama permanente vigilância da sociedade e do Poder Público, incumbidos, conjunta e solidariamente, de assegurar a integridade de bens intergeracionais dos quais somos apenas usufrutuários transitórios e fiéis depositários, com o desiderato de transmiti-los intactos, pois insubstituíveis, aos nossos descendentes.

Para o desempenho de tal missão, nosso Direito coloca à disposição de Minas Gerais e dos outros Estados brasileiros um amplo e sofisticado rol de normas de caráter material e processual que viabilizam, pelo menos em tese, o pleno exercício desse múnus tão recente quanto complexo. Todavia, sabemos todos, a letra da lei nem sempre é lida, aplicada e respeitada, como seria de esperar, pelos seus destinatários, aí se incluindo nós juízes.

Já tive a oportunidade de escrever que a promulgação de leis, decretos, portarias e de uma série de outros atos normativos não passa de um *primeiro passo*, de índole formal, para que as autoridades brasileiras se redimam de sua centenária omissão, quando não da conivência ou corresponsabilidade explícitas, na descomunal e incessante degradação do patrimônio natural e cultural.

O Direito Ambiental haverá de certamente encarnar algo mais, muito mais, do que a simples edição metódica e recorrente de normas e padrões de comando-e-controle, amiúde inaplicados ou ignorados pela maioria, *law on the books*: Direito Ambiental *superficial*, fértil em proclamações e teorias enfeitadas, mas árido em resultados sanitários e ecológicos perceptíveis. De fato, à nossa disciplina jurídica importa tanto a aproximação teórica com a norma, em sua abstração escrita, imperial e distante, como, particularmente, a lufada de utilidade que advém de sua aplicação efetiva no cotidiano das pessoas, dos agentes econômicos e do próprio Estado.

Ou seja, sem implementação eficaz, sistemática e previsível, inexiste verdadeiro Direito Ambiental, pelo menos como disciplina que não se esgota em comandos legislativos ideais e distantes, mas que ambiciona sobretudo a construção de uma cultura de respeito às *leis do ambiente* e ao *ambiente das leis*, de maneira a alcançar, com os pés no chão, a *ratio* e objetivos almejados. Em síntese, a legislação é apenas um fragmento necessário, o ponto de partida, do Direito Ambiental, já que dependente de uma jurisprudência robusta e de aplicação leal e previsível pelos órgãos encarregados de efetivá-lo. Sem falar, claro, da imprescindibilidade de uma doutrina jurídica sólida e proba, que não se vende, não leiloa o meio ambiente e não se (em)presta a facilitar ou legitimar a ação dos degradadores, para não trair – sob impulsos mercenários e pela corrupção do saber – o coração, a inteligência e o futuro do Planeta.

Nessa perspectiva – de um Direito Ambiental *profundo*, que conjuga ética, ciência, legislação, jurisprudência e doutrina –, feliz a iniciativa de Jarbas Soares Júnior, Carlos Eduardo Ferreira Pinto e Marcos Paulo de Souza Miranda, especialistas da matéria no Ministério Público mineiro, ao selecionarem e organizarem decisões do Tribunal de Justiça de Minas Gerais, uma das Cortes mais respeitadas do Brasil, que esbanja vozes modernas e abalizadas, realmente comprometidas com a efetivação da tutela jurídica do meio ambiente natural e cultural nos domínios das Alterosas.

A obra contém temas multifacetários e desafiadores. Cito alguns: princípio da insignificância e lesão ao meio ambiente; gestão de resíduos sólidos e improbidade administrativa; perdimento de bens usados para a prática de crimes ambientais; inversão do ônus da prova no processo coletivo ambiental; licenciamento ambiental de atividades minerárias e agropecuárias; Mata Atlântica e reparação do dano ambiental; tutela penal do Bioma Cerrado; indenização por poluição visual; responsabilidade *propter rem* e danos morais coletivos no âmbito do patrimônio cultural; inalterabilidade administrativa de espaços especialmente protegidos e superação da teoria da dupla imputação para a responsabilidade penal das pessoas jurídicas por crime ambiental.

Na esteira do modelo adotado pela *Revista do STJ*, que editou vários volumes de jurisprudência comentada inteiramente dedicados ao Direito Ambiental (disponíveis na Internet), o presente livro não se apresenta, é bom ressaltar, como simples coletânea mecânica dos acórdãos mineiros mais relevantes, pois cada um deles vem comentado por estudiosos da disciplina (Promotores de Justiça, Magistrados, Advogados e Professores), com acuradas reflexões teóricas e práticas. O resultado final é uma obra que transborda os limites da mera discussão acadêmica, sem dela fugir, penetrando na realidade, nem sempre fácil ou sem sobressaltos, da jornada judicial dos conflitos ambientais.

Com efeito, o livro volta os olhos para além de uma distante promessa futura e incerta de proteção ambiental, tal qual prescreve a legislação, e põe em evidência o abundante repertório do Tribunal de Justiça de Minas Gerais quando provocado a decidir sobre questões afetas à biodiversidade, poluição e patrimônio histórico, tirando, assim, o Direito Ambiental e o Direito do Patrimônio Cultural, nas suas múltiplas dimensões, das prateleiras esquecidas e levando-os ao dia a dia do cidadão e da Justiça.

Não são poucas as decisões comentadas que refletem a evolução gradual do pensamento do Poder Judiciário de Minas Gerais a partir de debates científicos travados nos profícuos congressos da Magistratura e do Ministério Público, ocorridos em 2002 e 2004, na cidade de Araxá, dos quais tive o privilégio de participar.

Em conclusão, são muitos os méritos do livro *A EVOLUÇÃO DA JURISPRUDÊNCIA AMBIENTAL MINEIRA - COMENTÁRIOS AOS ACÓRDÃOS PARADIGMAS*. O maior de todos, a meu sentir, é consolidar a Justiça mineira como instituição essencial ao desenvolvimento da internacionalmente festejada jurisprudência ambiental brasileira. E nesse esforço e em cada acórdão ambiental, sem desmerecer o labor dos mais experientes e antigos nas carreiras jurídicas envolvidas, há sempre uma história de dedicação e de renovação levada a cabo por jovens juízes e promotores de justiça de primeiro grau que, com sensibilidade, conhecimento e, em alguns casos, até coragem pessoal – mas sem se afastarem da Constituição e das leis –, recusam o papel de coveiro do Direito Ambiental brasileiro, impedindo que este seja a primeira vítima da disputa por preciosos e cada vez mais raros recursos ambientais e culturais da humanidade.

Antônio Herman Benjamin
Ministro do Superior Tribunal de Justiça

A CARTA DE ARAXÁ DA MAGISTRATURA E DO MINISTERIO PÚBLICO PARA O MEIO AMBIENTE: UM MARCO DA MUDANÇA DE PARADIGMA DA JURISPRUDÊNCIA AMBIENTAL DO TRIBUNAL DE JUSTIÇA DE MINAS GERAIS

JARBAS SOARES JÚNIOR
Procurador de Justiça.
Ex-Procurador-Geral de Justiça de Minas Gerais.
Ex-Conselheiro Nacional do Ministério Público.
Presidente executivo por três mandatos e Presidente de honra da Associação Brasileira do Ministério Público de Meio Ambiente (ABRAMPA).
Primeiro Coordenador do Centro de Apoio das Promotorias de Justiça de Meio Ambiente, Patrimônio Cultural, Habitação e Urbanismo do Ministério Público de Minas Gerais.
Professor de Direito Ambiental.

LUCIANO JOSÉ ALVARENGA
Doutorando e mestre em Ciências Naturais (UFOP).
Bacharel em Direito (UFMG).
Assessor no MPMG.

Da natural resistência à vanguarda, olhando para trás, as justas críticas que se fazia nos bochichos dos corredores, mas, de forma recorrente e progressiva, ao Tribunal de Justiça do Estado de Minas Gerais pelas suas decisões na área ambiental, foram suplantadas pela valiosa e vasta jurisprudência que veio a ser construída, a partir de 2002, pelos eminentes Desembargadores que compõem aquela vetusta Corte de Apelação brasileira.

Esta obra singular, laborada por juristas de todo o Brasil, que aborda a jurisprudência moderna ambiental mineira, representa uma homenagem ao Tribunal de Justiça da terra dos Inconfidentes, que deu a volta por cima e hoje tem uma jurisprudência riquíssima, cujos acórdãos, alguns paradigmáticos, forjaram decisões basilares do Superior Tribunal de Justiça - o Tribunal da Cidadania- e do Supremo Tribunal Federal - o guardião maior da Constituição Federal -, no tratamento que se esperava do Poder Judiciário brasileiro às questões ambientais.

Mas esta obra, por sua natureza, representa também um documento histórico que, hoje e amanhã, será um guia para esta e futuras gerações compreenderem a evolução da proteção judicial aos recursos naturais e culturais deste Estado tão representativo da questão ambiental no País. Portanto, neste preâmbulo que nos coube apresentar, não se pode faltar com a verdade dos fatos.

Por isso, não se pode perder de vista a realidade histórica. Tínhamos, sim, um Tribunal, em boa parte, refratário às ações civis ambientais intentadas pelo Ministério Público. Também, desculpe-nos a franqueza, o Tribunal de Justiça era um órgão estatal pouco afeito ao próprio debate sobre uma questão que se mostrava nova no campo do direito, mas aflitante ambientalmente falando. Hoje, há inúmeros eventos das suas escolas destinados a debater o tema. A realidade era outra.

As mudanças foram ocorrendo gradativamente no Tribunal e no próprio Ministério Público, à época muito aquém estruturalmente. O que se vê hoje, passados mais de trinta anos do advento da Lei Federal n° 7.347, de 1985, que instituiu a ação civil pública, e quase trinta da Constituição Federal, é uma nova roupagem do Tribunal Estadual de Apelação, com sua vanguardista jurisprudência.

De tudo - desde da incúria do Poder Executivo, passando pela incapacidade orgânica do Ministério Público e à resistência do Poder Judiciário às teses ambientais hoje consagradas, além, por óbvio, das mazelas da própria sociedade, sobretudo do poder econômico sempre voltado ao lucro, o que sobrou desse estado de coisas foi um meio ambiente catastroficamente devastado.

O cenário atual é desalentador. Rios poluídos e assoreados, veredas e nascentes perdidas, imensas áreas desertificadas, a população aglomerada nos centros urbanos clamando por direitos fundamentais básicos, impondo, assim, ao Poder Público obrigações sociais – antes inexistentes – cada vez mais onerosas aos parcos recursos orçamentários do Estado brasileiro. Vive-se uma tragédia anunciada.

Tal constatação, no entanto, não retira o brilho do que vem sendo feito pela nova geração de Juízes e Desembargadores, muitos deles juízes de Direito de então, e por alguns dos Desembargadores daquela geração anterior, que começaram a questionar o entendimento dominante e transformaram a jurisprudência ambiental mineira. Correndo o risco de omitir algum nome, ninguém esquecerá o vanguardismo voluntarioso do Desembargador Nepomuceno Silva, hoje falecido, e dos ainda membros da Corte, os competentíssimos Desembargadores Adalbert Delage e Wander Marotta, que estavam presentes naqueles já distantes Congressos brasileiros da Magistratura e do Ministério Público de Meio Ambiente, ocorridos em 2002 e 2004, na cidade de Araxá, em Minas Gerais, e que reuniram, dentre outros próceres, o Presidente do Supremo Tribunal Federal de então, Ministro Nelson Jobim, o eterno Ministro Sepúlveda Pertence, também ex-Presidente daquele pretório, e o Ministro Gilson Dipp, representando o Superior Tribunal de Justiça. Além deles, contou-se com a valiosa participação do então Procurador de Justiça Antônio Herman Benjamin, hoje Ministro do Superior Tribunal de Justiça, mas desde então luminar do Direito Ambiental em todo o mundo.

A chamada "Carta de Araxá", expressão usada para abreviar o título "Carta de Princípios do Ministério Público e da Magistratura para o Meio Ambiente", não foi um documento singelo. Haurida de teses e antíteses apresentadas e debatidas em grupos de trabalho compostos por magistrados e membros do Ministério Público de todo o Brasil ali representados, foi submetida à plenária que aprovou, por unanimidade ou por maioria, os seus dispositivos, chamados então de princípios, que passaram a compor aquele importante instrumento norteador das ações do Ministério Público e das decisões dos magistrados a partir daquela data. A Carta de Araxá foi assim redigida:

Carta de Princípios do Ministério Público e da Magistratura para o Meio Ambiente

Araxá, 13 de abril de 2002.

Os membros do Ministério Público e da Magistratura, reunidos no ENCONTRO INTERESTADUAL DO MINISTÉRIO PÚBLICO E DA MAGISTRATURA PARA O MEIO AMBIENTE, realizado em Araxá, no período de 10 a 13 de abril de 2002, após discussão e votação, em plenária, sobre as 88 (oitenta e oito) proposições relativas ao temário "RESPONSABILIDADE CIVIL, PENAL E ADMINISTRATIVA POR DANOS CAUSADOS AO MEIO AMBIENTE" encaminhadas à Comissão Organizadora durante o evento, aprovaram as seguintes conclusões:

1. As normas ambientais, que regem a vida em todas as suas formas e garantem a dignidade da pessoa humana, têm, por força da Constituição Federal, prevalência sobre as demais.

2. A expressão "poder público", inserida no art. 225, caput, da Constituição Federal, inclui também o Poder Judiciário, cabendo, assim, ao Juiz garantir a correta utilização dos recursos naturais.

3. É fundamental encampar efetivamente o protagonismo que a Constituição Federal de 1988 reservou ao Ministério Público, no que toca a defesa dos direitos difusos e coletivos, vez que o constituinte, ciente do esfacelamento da sociedade brasileira em classes com interesses absolutamente contrapostos, escolheu-o como ente idôneo a bem representá-lo dada a sua autonomia.

4. Os operadores do direito devem atentar para a aplicação dos princípios da prevenção e precaução, visando evitar o dano ambiental, nas hipóteses, respectivamente, em que a possibilidade de sua ocorrência é certa ou quando é desconhecida.

5. A proteção do meio ambiente deve ser eficaz e temporalmente adequada, o que é possível com a utilização dos instrumentos processuais acautelatórios previstos na legislação específica, principalmente na ação civil pública.

6. Em vista da iminente escassez dos recursos naturais para esta e as futuras gerações, o juiz, ao despachar a petição de ação civil pública ambiental, à luz dos princípios da precaução e da prevenção, decidirá com brevidade todas as medidas acautelatórias requeridas para a proteção ao meio ambiente.

7. No exame das liminares insertas em ações de conteúdo ambiental, considerando que o dano é muitas vezes irreversível, a liminar deverá ser concedida prevalecendo tal preocupação em detrimento dos interesses econômicos bravamente reclamados por seus consectários.

8. A medida liminar na ação civil pública tem tríplice fundamento legal, no art. 4º da Lei nº 7.347/85, no seu art. 12, no art. 84 do Código de Defesa do Consumidor.

9. A antecipação de tutela na ação civil pública está explicitamente autorizada no art. 19 da Lei nº 7.347/85 e no art. 90 do Código de Defesa do Consumidor, visto que o instituto não contraria as disposições especiais dessas leis, reforçando a abrangência da proteção que se quer efetiva (art. 225, §1º da Constituição Federal e art. 83 do Código de Defesa do Consumidor).

10. É cabível a concessão, inaudita altera pars, da antecipação da tutela de mérito, em sede de ação civil pública ambiental, mesmo que no polo passivo da relação processual figure pessoa jurídica de direito público, sendo irrelevante a previsão legal de reexame necessário, posto que eventuais reflexos a serem produzidos em relação à Fazenda Pública somente ocorrerão após o trânsito em julgado da sentença de mérito.

11. Havendo o juiz acolhido pedido do autor e determinado a adoção de medidas acautelatórias para a proteção dos recursos naturais, o Presidente do Tribunal, o Relator ou o Plantonista somente suspenderá a decisão a quo após o requerente comprovar, quantum satis, que tal medida não implicará novas agressões ao meio ambiente, ouvido o Ministério Público.

12. A aplicação do princípio da prevenção em sede judicial exige que o Juiz inverta o ônus da prova, cabendo ao réu comprovar, cientificamente, de forma cabal, que o empreendimento ou atividade não causará danos ao meio ambiente.

13. Os operadores do direito devem combater a aplicação da Resolução CONAMA 279/01, que trata do Relatório Ambiental Simplificado, tendo em vista seu caráter discrepante dos princípios constitucionais de proteção ambiental (artigo 225, §1º, IV, da Constituição Federal).

14. É preciso desenvolver estudos voltados para estabelecer uma doutrina chamada responsabilidade civil preventiva, fundamental para adequação da tutela ambiental sob a ótica da prevenção.

15. A ação civil pública de improbidade ambiental deve ser usada como instrumento de proteção do meio ambiente, na medida que este integra o conceito de patrimônio social.

16. Poderá haver a cumulação de pedidos em ação civil pública de forma que uma única peça seja utilizada para a cessação da atividade, a reparação do dano ambiental, a indenização pelo poluidor e, ainda, a declaração e condenação pela prática de improbidade ambiental.

17. Em sede de improbidade ambiental ocorre a inversão do ônus da prova, não cabendo ao agente público escusar-se no desconhecimento ou ignorância dos deveres que obrigam o seu atuar. Quando descumprido compromisso de ajustamento de conduta, caberá ao agente público justificar porque o fez.

18. A verificação dos atos de improbidade descritos no artigo 11, caput, da Lei nº 8.429/92 independe da intenção do agente, vez que o dolo administrativo não se confunde com o dolo penal.

19. É possível a responsabilização por improbidade administrativa ambiental do membro de Conselho do Meio Ambiente que concorre para a aprovação de ato administrativo, como, por exemplo, o licenciamento ambiental, em discordância com as normas ambientais vigentes, quando presentes os demais requisitos do art. 11 da Lei nº 8.429/92.

20. A improbidade urbanística prevista pelo artigo 52, inciso VII, do Estatuto da Cidade, também se estende aos vereadores e demais agentes públicos que estejam incumbidos de adotar providências necessárias à aprovação do plano diretor ou à sua adequada revisão.

21. A norma do art. 225, §1º, da Constituição Federal elege a celeridade em detrimento da segurança jurídica, e constitui um princípio jurídico impositivo, no sentido de que traça, para o legislador, diretrizes de sua atividade política e legislativa.

22. A abrangência, natureza difusa e atualidade do Direito Ambiental impõem e reclamam a atenção legislativa para a adoção do reexame necessário quando as decisões judiciais monocráticas se lhes forem adversas, tal como ocorre na ação popular.

23. Há presunção de legitimidade da prova pericial produzida no inquérito civil se o órgão realizador da perícia é público, eis que sua repetição não se

justifica pelo ônus exacerbado ao Estado e pela possibilidade de perda da materialidade.

24. No inquérito civil, nas situações de dano potencial, com a concordância do possível poluidor, poderá haver a inversão do ônus da prova.

25. Com base no princípio do poluidor-pagador, o custo da produção da prova técnica poderá ser suportado pelo investigado no inquérito civil.

26. O termo de ajustamento de conduta deve ser priorizado em relação à ação civil pública por apresentar flagrantes vantagens sobre esta.

27. O termo de ajustamento de conduta, a ser lavrado de forma autônoma, deve conter a qualificação completa do investigado (e eficácia da representatividade, se pessoa jurídica), o fato ou momento a partir do qual restará configurado o descumprimento do ajuste e, se for o caso, a previsão orçamentária para o adimplemento da obrigação; deve indicar o responsável pela sua fiscalização e, ainda, consignar a responsabilidade pessoal do firmador e a configuração de ato de improbidade administrativa pelo descumprimento, além de incluir documentos anexos, que não deverão ser objeto de mera referência.

28. Na elaboração do termo de ajustamento de conduta que preconize obrigações que envolvam o poder público, deverá ser inserida cláusula que determine fazer constar no plano plurianual de investimentos a dotação orçamentária para a consecução de obra ou projeto que ultrapasse um exercício financeiro.

29. Nos compromissos de ajustamento de condutas deverá ser incluída cláusula que preveja a responsabilidade pessoal do administrador em caso de descumprimento do pactuado, bem como deverá constar que a não observância das cláusulas previstas importará em ato de improbidade previsto no art. 11, inciso II, da Lei nº 8.429/92, como meio de comprovação do dolo do improbo.

30. Quando o dano verificado não for passível de reparação específica, os recursos oriundos de termo de ajustamento de conduta podem ser destinados à reparação de bem ambiental diverso, porém localizado no mesmo ecossistema, ou a entidades que trabalham na defesa do meio ambiente.

31. No âmbito do direito ambiental, é imprescindível que a intervenção penal ocorra de forma preventiva, antecipando-se à lesão, tendo em vis-

ta a dificuldade ou, por vezes, a impossibilidade da reparação do dano ambiental.

32. As eventuais falhas na Lei nº 9.605/98 devem ser contornadas com a aplicação das regras de hermenêutica, uma vez que a mesma representa um avanço no tocante à tutela ambiental.

33. É necessária urgente modificação do artigo 29 da Lei nº 9.605/98, para a inclusão das espécies das faunas exótica e domesticada, que hoje se encontram excluídas dessa tutela penal.

34. Os artigos 38 e 39 da Lei nº 9.605/98 elencam hipóteses de proteção a florestas formadas em áreas de preservação ambiental permanente. A tutela das demais formas de vegetação integrante daquelas áreas cabe ao artigo 50 da mesma Lei, em razão da expressão "objeto de especial preservação".

35. Identificado um concurso ou conflito aparente de normas entre os artigos 38 e 39 da Lei nº 9.605/98, posto que protegem o mesmo bem jurídico e cominam abstratamente a mesma pena, compreende-se que o injusto penal do artigo 39 terá precedência sobre o do artigo 38, uma vez que descreve a atividade de modo particularizado (crime de forma vinculada). É que, adotando-se o critério da especialidade, o primeiro é havido como norma especial e o segundo norma geral.

36. As áreas de preservação permanente configuram unidades de conservação não sistematizadas. Por força do disposto no art. 225, § 1º, III, da Constituição Federal, e art. 22, § 7º, da Lei nº 9.985/2000 (Lei do SNUC), somente podem ser alteradas ou suprimidas através de lei específica. Assim, em caso de redução das áreas de preservação permanente por resolução do CONAMA, os artigos 38 e 39 da Lei nº 9.605/98 continuariam a retirar a definição e extensão de área de preservação permanente dos artigos 2º e 3º do Código Florestal.

37. A Constituição Federal acolheu opção política no sentido de responsabilizar criminalmente a pessoa jurídica e, portanto, cabe aos operadores do direito construir caminho dogmático capaz de materializar, com segurança, a vontade política.

38. A responsabilidade penal da pessoa jurídica é de natureza indireta, por fato praticado pela pessoa física que age em seu nome e interesse, aplicando-se os mesmos parâmetros dogmáticos utilizados para a responsabilização civil da pessoa jurídica, por atos praticados pelas pessoas físicas que agem em seu nome.

39. São requisitos para a responsabilidade da pessoa jurídica; a) deliberação do ente coletivo; b) vinculação do autor material da infração à pessoa jurídica; c) prática da infração no interesse ou benefício da pessoa jurídica; d) natureza privada da pessoa jurídica; e) atuação do autor material sob o amparo da pessoa jurídica; f) que tal atuação ocorra na esfera das atividades da pessoa jurídica ou que essas atividades se prestem a dissimular a verdadeira forma de intervenção da pessoa jurídica.

40. Diante da similitude entre os tipos descritos no art. 66 da Lei nº 9.605/98 e no art. 342 do Código Penal, aplica-se ao primeiro, por analogia, a extinção de punibilidade prevista no §3° do art. 342 do Código Penal, ao servidor que se retratar ou declarar a verdade antes que seu ato gere efeitos concretos.

41. O rompimento de princípio integrado na tradição penal, como o da imputação penal subjetiva, deve ser completado através de normas processuais penais novas e específicas, conformadoras de um novo microssistema. Urge a elaboração de regras próprias e simplificadas para os atos de comunicação processual, revelia, produção de prova, cautelares e representação da pessoa jurídica em juízo.

42. A partir da vigência da Lei nº 10.259/2001, todos os crimes ambientais cuja pena máxima não exceda de dois anos devem ser considerados como de menor potencial ofensivo, mesmo no âmbito da justiça estadual.

43. Tendo em vista o disposto no art. 25 da Lei nº 10.259/01, a partir de 14/01/2001 (início de vigência), recomenda-se a aplicação dos arts. 72 a 76 da Lei nº 9.099/95, no próprio juízo criminal comum, em se tratando de ações penais iniciadas anteriormente.

44. Considerando que é indispensável a reparação do dano ambiental, para o fim de que seja celebrada a transação penal e/ou extinta a punibilidade em caso de suspensão condicional do processo, e não olvidando a aparente incompatibilidade entre as exigências da Lei nº 9.605/98 e os princípios que informam o Juizado Especial Criminal (informalidade e celeridade), deverá o membro do Ministério Público analisar a conveniência da remessa do caso ao Juízo Comum, requerendo-a ao Magistrado do Juizado Especial, depois de reputá-la complexa, assegurando o cumprimento dos dispositivos da Lei da Vida.

45. Na aplicação dos institutos da Lei nº 9.099/95 (transação penal e suspensão do processo), os valores recolhidos deverão ser, obrigatoriamen-

te, revertidos para a proteção, defesa e recuperação de bens ambientais degradados.

46. Nos crimes ambientais, os Boletins de Ocorrência deverão ser encaminhados diretamente para o Ministério Público pela Polícia Militar Florestal, para maior celeridade nos processos.

47. É imperiosa a especialização de Varas, nas capitais, e Câmaras, nos Tribunais de Justiça ou de Alçada, para processo e julgamento de matéria ambiental.

48. As pessoas jurídicas de direito público podem ser rés perante os juizados especiais cíveis federais e estaduais, em ações que não ultrapassem o limite de valor estipulado para as causas que correm perante estes juízos.

49. A Lei nº 9.605/98 sistematiza e dá eficácia a sanções administrativas derivadas do poder de polícia, suprindo ausência de amparo legal do Código Florestal, para impor multa administrativa.

50. Necessário intensificar intercâmbio entre o Ministério Público - Estadual e Federal – a Magistratura e a Advocacia, com realização periódica de encontros que podem ser promovidos pelas Procuradorias Gerais, Tribunais de Justiça, Escolas Superiores, Ordem dos Advogados do Brasil e Associações.

51. O Ministério Público deverá fomentar a integração entre seus órgãos e todos que possam atuar em defesa do meio ambiente, notadamente as Secretarias de Estado de Meio Ambiente, Polícia Militar e Conselhos Regionais de Engenharia, Arquitetura e Agronomia – CREAs, a fim de envidar esforços no sentido de desencadear ações eficazes e integradas de fiscalização das fontes geradoras de poluição.

52. O Ministério Público deverá estabelecer uma política de prevenção e combate às infrações ambientais, tendo com um de seus fundamentos a identificação e o mapeamento de todas as atividades e agentes potencialmente lesivos ao meio ambiente, para que assim se possa acompanhar, fiscalizar, controlar e combater de forma coordenada e preventiva estas atividades e agentes, efetivando uma real defesa do meio ambiente.

53. O Poder Judiciário e o Ministério Público devem promover o acompanhamento efetivo da tramitação de projetos de leis ambientais, visando preservar os instrumentos de proteção ao meio ambiente.

54. Afigura-se fundamental a participação do Ministério Público em reuniões do Conselho Nacional do Meio Ambiente (CONAMA), como se verificou recentemente nas discussões acerca das resoluções que disciplinam a área de preservação permanente em geral e de reservatórios.

55. Mister levar adiante a possibilidade de assegurar aos poderes constituídos e às funções essenciais à Justiça a obtenção de dotação orçamentária visando assegurar em seus quadros peritos multidisciplinares, enquanto técnicos essenciais para dirimir conflitos que envolvam lesão ou ameaça ao meio ambiente cultural, artificial, do trabalho e natural.

56. É recomendável a inserção de representante do Corpo de Bombeiros nos órgãos licenciadores de projetos impactantes ao meio ambiente.

57. É necessário fiscalizar a aplicação efetiva do artigo 22 da Lei nº 9.433/97, para destinar os valores arrecadados pelo uso de recursos hídricos à bacia hidrográfica de origem.

58. O Ministério Público deve participar de forma efetiva na elaboração dos planos de recursos hídricos, nas hipóteses da Lei nº 9.433/97.

59. A reserva legal não é instrumento de repressão, mas de prevenção. O ordenamento jurídico aceita que o proprietário faça uso de sua gleba, mas exige uma contrapartida, negando um direito de poluir.

60. Conforme o § 8º do art. 16 do Código Florestal, com a redação que lhe deu a Medida Provisória nº 2166-67, a reserva legal deve ser imediatamente averbada no Registro de Imóveis competente.

61. No momento do registro imobiliário de alienação ou desmembramento de imóvel rural, o registrador deve fiscalizar o cumprimento do dever de especializar a reserva legal, só fazendo o registro após a averbação.

62. A obrigação de recomposição da vegetação em área de preservação permanente e reserva legal, face ao princípio da função socioambiental da propriedade, se prende ao titular do direito real, razão pela qual pode o proprietário ou possuidor ser compelido a cumpri-la, mesmo que não tenha sido ele o responsável pelo desmatamento.

Finalmente, os participantes do ENCONTRO INTERESTADUAL DO MINISTÉRIO PÚBLICO E DA MAGISTRATURA PARA O MEIO AMBIENTE aprovaram as seguintes moções:

1. Moção de repúdio ao Projeto de Lei nº 6220-02 de autoria do Deputado João Eduardo Dado, PDT/ SP de São Paulo, que altera a Lei nº 6.766/79, para considerar que as propostas de parcelamentos de terra urbana serão automaticamente aprovadas se não forem analisadas pelos órgãos públicos no prazo legal. A proposta, além de contrariar o princípio da prevenção, norteador da tutela ambiental, contribuirá para o agravamento dos problemas ambientais decorrentes da ocupação desordenada do solo.

2. Moção de apoio ao Grupo de Trabalhos sobre Meio Ambiente, constituído no âmbito da Associação Nacional dos membros do Ministério Público – GTMA/CONAMP, com a finalidade de acompanhar a elaboração da legislação ambiental, registrar o repúdio da Instituição a projetos de lei que ferem os princípios que norteiam o Direito Ambiental e que fragilizam a sistemática legal protetiva já existente; bem como de sugerir aperfeiçoamentos para a legislação em vigor.

3. Moção de apoio ao representante do Ministério Público que tiver assento no Conselho Nacional do Meio Ambiente - CONAMA, consignando o compromisso dos Ministérios Públicos Estaduais, através das Procuradorias Gerais e das Associações, de disponibilizarem apoio logístico e técnico para subsidiar a atuação do Conselheiro e garantir o posicionamento do Ministério Público nos assuntos que requeiram conhecimentos específicos.

José Nepomuceno Silva
Juiz do Tribunal de Alçada de Minas Gerais
Coordenador da Carta de princípios de Araxá

Jarbas Soares Júnior - Procurador de Justiça
Coordenador Geral do Encontro Interestadual do Ministério Público e da Magistratura para o Meio Ambiente

Edson Ribeiro Baêta
Diretor do Centro de Estudos e Aperfeiçoamento Funcional (MPMG)

O bom e atento observador notará que o Coordenador da Carta foi o Magistrado José Nepomuceno Silva, então Juiz do extinto Tribunal de Alçada de Minas Gerais.

A Carta de Araxá trouxe luzes ao debate jurídico-ambiental de então. À época, pela leitura do documento se vê, angustiava os operadores do direito ambiental questões que hoje parecem simplórias e que foram superadas pela jurisprudência brasileira dos tribunais de apelação, os Tribunais de Justiça e Tribunais Regionais Federais, pelo Superior Tribunal de Justiça e/ou pelo Supremo Tribunal Federal.

Já no princípio 2, alertava-se aos magistrados que a eles caberia, sim, garantir a correta utilização dos recursos naturais. Parece algo tão simples, mas, à época, não era. No entendimento de alguns magistrados essa tarefa era apenas dos órgãos do Poder Executivo. Ao Poder Judiciário, restava apenas as tarefas previstas na Lei nº 7.347/85, ou seja, o julgamento dos processos judiciais, com a imposição, quando o caso, de obrigações de fazer, não fazer e de indenizar, conforme preconiza a Lei da Ação Civil Pública. As demais se incluíam na esfera discricionária da Administração, conforme pode ser visto em inúmeros acórdãos anteriores à essa nova fase.

Nos princípios 4, 5 e 6, chamava-se atenção para os princípios globais da prevenção e da precaução, bem como para a necessidade de que as medidas de acautelamento previstas na legislação ambiental e processual fossem analisadas pelos magistrados considerando a natureza dos bens protegidos, cujas características impunham que o Juiz impedisse que o dano se concretizasse, posto que, na maioria das vezes, é irreversível.

Chamava atenção a Carta de Araxá, ainda, nos seus princípios 8 e 9, sobre a incidência dos novos aspectos processuais do Código de Defesa do Consumidor aos institutos da Ação Civil Pública, hoje algo bastante sedimentado pela doutrina e a jurisprudência pátria. Havia muita resistência do Poder Judiciário à época. Avançamos, pois.

Outra questão basilar para a doutrina e ao Ministério Público, já em 2003, mas nem sempre acolhida pelo Tribunal, dizia respeito à possibilidade de antecipação de tutela em face da pessoa jurídica de direito público. O princípio 10 tratou da matéria. O princípio 11 chamava atenção para que os Tribunais não suspendessem as medidas acautelatórias ambientais caso a parte interessada não comprovasse, de forma exaustiva, que sua atividade não importaria em novos danos ao meio ambiente.

Outra questão que parece tão clara hoje, mas era um grande óbice à persecução dos danos ambientais, potenciais sobretudo, diz respeito à inversão do ônus da prova. Era uma ferramenta importante e que se buscava consolidar.

O princípio 12 foi explícito ao prever sua aplicação com base no princípio da precaução.

Também àquela época o jurista e então Promotor de Justiça Fábio Medina Osório, que depois veio ocupar o cargo de Ministro de Estado da Advocacia Geral da União (AGU), apresentou embasadas teses visando à aplicação da Lei da Probidade Administrativa às questões de responsabilização pelos danos causados ao ambiente, por ação ou incúria das autoridades administrativas. Os princípios 15 a 20 trataram do tema, que, em todo o Brasil, veio a se consolidar posteriormente.

A Carta de Araxá também chamava atenção para a necessidade de validar as perícias e laudos produzidos no âmbito dos inquéritos civis e outras investigações realizadas pelo Ministério Público e órgãos ambientais, sob pena de se, ao resistir a elas, o Poder Judiciário inibir a atuação em defesa do meio ambiente e impor ônus demasiado ao Poder Público (princípios 23 a 25). Na verdade, isso é o que ocorria à época. Também previu a Carta de Araxá que, com base no princípio do poluidor-pagador, o custo da perícia deveria ser suportado pelo poluidor.

Interessante lembrar, igualmente, que havia muita resistência do Poder Judiciário à validade do Termo de Ajustamento de Condutas (TAC), instrumento valioso de autocomposição dos litígios ambientais, trazido à Lei da Ação Civil Pública, em 1990, pelo Código do Consumidor.

Os tempos passaram e, hoje, os métodos de autocomposição viraram moda — transação, mediação, conciliação. O princípio 26 insistia para que o TAC fosse priorizado em relação à ação civil pública, algo hoje tão natural, mas que, à época, era uma opção questionada à vista da resistência dos magistrados em validar o TAC nos respectivos processos de execução das obrigações de fazer, não fazer, de indenizações e multas nele previstas. Dos princípios 26 ao 30, houve uma grande preocupação de validá-los. Interessante que o Tribunal de Justiça de Minas Gerais consolidou sua jurisprudência com aplausos ao TAC, como pode se ver dos acórdãos proferidos na Apelação Cível 1.0479.98.004421, de 29 de abril de 2004, tendo como Relator justamente o Desembargador Adalbert Delage.

Havia grande preocupação com a chegada da lei dos crimes ambientais, que trazia sobretudo a responsabilização penal da pessoa jurídica. As resistências eram muitas, do próprio Poder Judiciário e, sobretudo, de advogados criminalistas, que debochavam literalmente daquele instituto. Parece também algo simplório hoje, mas foi preciso humildade para estabelecer o princípio 32 da Carta de Araxá: "As eventuais falhas da Lei nº 9.605/98 devem ser contornadas com a aplicação das regras de hermenêuticas, uma vez que a mesma representa um avanço no tocante à tutela ambiental" (grifos nossos). Também houve previsões nos princípios 37, 38 e 39. Mais tarde o Superior Tribunal de Justiça, no Recurso Especial 564960/SC (julg. 02-06-2005), em histórico voto do Ministro Gilson Dipp, que estava no evento, veio consolidar o entendimento da possibilidade de penalização da pessoa jurídica, observada, por óbvio, as suas particularidades. No decisum, o Ministro, com acuidade, registrou o entendimento de que:

> (...)
>
> II. A Lei ambiental, regulamentando preceito constitucional, passou a prever, de forma inequívoca, a possibilidade de penalização criminal das pessoas jurídicas por danos ao meio-ambiente.
>
> III. A responsabilização penal da pessoa jurídica pela prática de delitos ambientais advém de uma escolha política, como forma não apenas de punição das condutas lesivas ao meio-ambiente, mas como forma mesmo de prevenção geral e especial. (...)
>
> V. Se a pessoa jurídica tem existência própria no ordenamento jurídico e pratica atos no meio social através da atuação de seus administradores, poderá vir a praticar condutas típicas e, portanto, ser passível de responsabilização penal.

Importante salientar, em adição, o princípio 54 da Carta, que reconheceu a relevância da participação do Ministério Público no Conselho Nacional de Meio Ambiente (Conama). Lembravam os congressistas que foi fundamental a participação do Ministério Público na formulação das resoluções que disciplinam a área de preservação permanente em geral e de reservatórios. De fato, como teve ocasião de afirmar o próprio Conselho Nacional do Ministério Público, a participação em instâncias administrativas colegiadas afetas à defesa de direitos transindividuais, como o direito ao meio ambiente ecologicamente equilibrado (CF/88, art. 225, caput), é inerente às funções constitucionais do membro do parquet. Particularmente no que respeita à tutela ambiental, essa participação é de grande valia para a efetividade dos princípios da precaução e da prevenção: é ali, nos órgãos colegiados da Administração Pública, no momento em que decisões com implicações ambientais estão sendo construídas, que o cuidado com a proteção do patrimônio natural e cultural deve ter sua primeira manifestação pelo Ministério Público.

Merece menção especial, igualmente, o princípio 53 da Carta de Araxá, cujo texto ressalta a importância de uma atuação ativa do Ministério Público e Poder Judiciário ante revisões legislativas que intentam levar a legislação a retrocessos na proteção ambiental. Hoje, quinze anos após o primeiro encontro de magistrados e membros do Ministério Público em Araxá, o entendimento entre Promotores e Órgãos Jurisdicionais faz-se ainda mais relevante, diante das constantes ameaças às quais a legislação ambiental pátria – construída com muita luta – tem sido submetida.

Outros pontos, como o enunciado no princípio 57, relativo à aplicação de recursos advindos da cobrança pelo uso de recursos hídricos, conforme art. 22 da Lei nº 9.433, de 1997, permanecem como desafios atuais, o que deixa patente a perspectiva visionária de elaboração da Carta de Araxá. Já àquela época, membros do Judiciário e do Ministério Público chamavam a atenção para a importância de investimentos na melhoria da gestão de recursos hídricos. Atualmente, assiste-se tristemente às consequências da falta de priorização da gestão hídrica. Num Estado outrora chamado de "caixa d'água do Brasil", a água tem se transformado num bem cada vez mais escasso e, por isso, motivador de muitos conflitos.

Cabe destacar, por fim, os princípios 59 a 62 da Carta de Araxá, que condensam entendimentos do Ministério Público e da Magistratura sobre a reserva legal, esse tipo de espaço territorial especialmente protegido (CF/88, art. 225, §1º, III), tão significativo para a conservação da flora brasileira, mas cuja observância concreta, por proprietários e possuidores de áreas rurais, encontrava tanta resistência. Os princípios para o necessário adimplemento das obrigações referentes à reserva legal, replicados em pareceres, manifestações processuais e ações do Ministério Público, como também em decisões jurisdicionais, culminaram na construção de um acervo de acórdãos que se transformou, ele mesmo, num autêntico patrimônio jurídico em defesa das matas do país.

Os princípios da I Carta de Araxá, de 2002, foram retomados dois anos depois, quando foi editada e publicada a II Carta de Princípios da Magistratura e do Ministério Público para o Meio Ambiente. O documento aprofundou as conclusões do anterior, trazendo orientações específicas em relação aos seguintes pontos: a) processo civil coletivo e ação civil pública; b) implementação da legislação ambiental no Brasil; c) a justiça ambiental e o desafio das varas, promotorias e procuradorias especializadas; d) instrumentos processuais de proteção ambiental, ação civil pública, ação de improbidade e controle judicial das omissões estatais na tutela do meio ambiente; e) termo de ajustamento de conduta (aspectos penais, cíveis e execução); f) persecução penal ambiental (pessoa física e jurídica); g) jurisprudência ambiental nos tribunais superiores. São temas que, ainda hoje, cobram atenção e reflexão por membros da Magistratura e do Ministério Público.

Num tempo em que se apregoa, cada vez mais, o caráter prioritário e a efetividade da resolução negociada de conflitos ambientais, é preciso lembrar a importância de uma atuação jurisdicional consciente e firme em defesa dos direitos fundamentais e da vida. Particularmente no que diz respeito às questões ambientais, o Juiz Federal Zenildo Bodnar e Paulo Márcio Cruz anotam que:

> A garantia de uma ordem jurídica ambiental justa depende de um novo modelo de desenvolvimento que interiorize a proteção ambiental como objeto central de preocupação. [...] imputar deveres fundamentais pela jurisdição é também uma importante estratégia de gestão do risco para a garantia de um futuro mais solidário e promissor para as futuras gerações.

As decisões e as escolhas do presente é que definirão a qualidade de vida urbana no futuro. Assim, a jurisdição ambiental deve atuar como importante instância de gestão do risco para assegurar um desenvolvimento menos excludente e mais seguro, democrático e sustentável. O principal conjunto de decisões relacionadas ao ambiente envolve a atuação dos poderes públicos, os quais também devem exercer, de forma efetiva, o poder de polícia ambiental.

Nessa perspectiva, é fundamental que o Judiciário exerça, com firmeza e responsabilidade, o controle da implementação do amplo conjunto de políticas públicas em prol da proteção e defesa do meio ambiente[1].

É nesta perspectiva que os esforços comuns da Magistratura e do Ministério Público para a tutela ambiental, simbolizados pelas duas Cartas de Araxá, devem continuar: em defesa dos patrimônios natural e cultural; em defesa da vida!

Cabe, portanto, louvar a Magistratura mineira, que enxergou o seu papel na proteção do meio ambiente. Estamos falando de um direito intergeracional. Foram, sim, os Desembargadores e Juízes mineiros os responsáveis por essa grande virada. Para a geração do Ministério Público pós Constituição Federal de 1988 coube a tarefa de tirar o direito ambiental do texto constitucional e levá-lo ao Poder Judiciário, órgão inerte por sua natureza. Fecundado, o Poder Judiciário de Minas Gerais deu ao Brasil frutos memoráveis. Hoje os seus julgados fazem parte do patrimônio moral e intelectual do povo brasileiro, sobretudo em razão do respaldo que teve do Superior Tribunal de Justiça e do Supremo Tribunal Federal quando da apreciação de recursos especiais e extraordinários que subiram às instâncias maiores de intepretação do nosso direito. A nova geração de Promotores de Justiça recebeu um imenso legado e, hoje, tem a segurança para confrontar parcela do poderio econômico que ainda não descobriu que o País mudou. Bendito seja o sangue que corre nas veias dos magistrados e membros do Ministério Público desse valioso Estado das Minas e dos Gerais.

---

1 BODNAR, Zenildo; CRUZ, Paulo Márcio. O acesso à justiça e as dimensões materiais da efetividade da jurisdição ambiental. Pensar, Fortaleza, v. 17, n. 1, 2012.

PENAL ESPECIAL - CRIME AMBIENTAL - PREFACIAL - PRESCRIÇÃO DA PRETENSÃO PUNITIVA - REJEIÇÃO - MÉRITO - ART. 38 DA LEI 9.605/98 - DANIFICAR FLORESTA EM ÁREA DE PRESERVAÇÃO PERMANENTE - MATERIALIDADE E AUTORIA COMPROVADAS - SUFICIÊNCIA DE PROVAS PARA A CONDENAÇÃO. - A prescrição da pena de 01 (um) ano de detenção ocorre em 04 (quatro) anos, devendo-se afastar a extinção da punibilidade quando não aperfeiçoado o prazo legal.

- Aquele que danifica área de preservação permanente em estágio inicial de regeneração responde pelo crime do art. 38 da Lei 9.605/98, cujo tipo tem como objeto de tutela floresta "mesmo que em formação", sendo inaplicável à espécie o princípio da insignificância. - Inacolhível a absolvição ao fundamento da ausência de dolo se o agente, proprietário da fazenda, confirma a intervenção no local - área considerada de preservação permanente - para a construção de uma pousada. (TJMG - Apelação Criminal 1.0012.09.012901-1/001, Relator(a): Des.(a) Júlio Cezar Guttierrez, 4ª CÂMARA CRIMINAL, julgamento em 07/12/2016, publicação da súmula em 14/12/2016).

BEM JURÍDICO PROTEGIDO, PRINCÍPIO DA INSIGNIFICÂNCIA E CONCEITO DE FLORESTA NO CRIME DO ARTIGO 38 DA LEI 9.605/98.

ALEX FERNANDES SANTIAGO
Promotor de Justiça de Defesa do Meio Ambiente
de Juiz de Fora, Minas Gerais.
Mestre em Direito Penal – orientação Direito Penal
Econômico e Societário, pela Universidade de Buenos Aires.
Especialista em Direito Ambiental pela Universidade de Buenos Aires.
Autor do livro *Fundamentos de Direito Penal Ambiental.*
Belo Horizonte: Del Rey, 2015.
Coordenador Geral das Promotorias de Defesa do Meio
Ambiente da Bacia do São Francisco em Minas Gerais de 2005 a 2009.
Coordenador Regional das Promotorias de Defesa do
Meio Ambiente do Alto São Francisco de 2003 a 2005.

"O trabalho dos operadores do direito, em especial no âmbito do direito penal ambiental, é servir para a proteção ao bem jurídico que deve ser preservado para as presentes e futuras gerações."
(Enunciado 31 da II Carta de Princípios do Ministério Público e da Magistratura para o Meio Ambiente – 2ª Carta de Araxá, setembro de 2004).

1. O DIREITO PENAL E A PROTEÇÃO DO MEIO AMBIENTE

Se considerar-se que o sistema jurídico cumpre uma função para a sociedade – que "serve" à coletividade – e que este sistema jurídico participa na construção da realidade que vive a sociedade[1], e, mais além, se considerar-se

1 LUHMANN, Niklas. *El derecho como sistema social.* Em: *Teoría de sistemas y Derecho Penal. Fundamentos y posibilidad de aplicación.* Organizador Carlos Gómez-Jara Díez. Lima: Ara Editores, 2007, p. 104.

que esta mesma sociedade apresenta o discurso de que se deve fazer algo pelo meio ambiente, compreensível é que se busquem contribuições também no Direito[2].

Afirmar isso não é dizer que o Direito, e em especial o Direito Penal, terá as soluções para os problemas que afligem o meio ambiente. Não se pode ser tão ingênuo. O Direito reflete seu entorno, dependente de questões econômicas, políticas e culturais.

Não obstante, somente o Direito pode determinar o que é legal ou ilegal, e, ao decidir esta questão, deve sempre referir-se aos resultados de suas operações e às consequências para as futuras operações do sistema[3]. Projetando a teoria dos sistemas sobre o meio ambiente, tem-se que somente o Direito pode determinar o que é legal ou ilegal no âmbito do meio ambiente, e ao decidir esta questão deve estar atento aos resultados de suas próprias operações e às consequências para as presentes e futuras gerações.

Esse o busílis. Sem cair na cilada do Estado-espetáculo, que tenta enganar a população com a mensagem que a simples edição de uma lei resolve o problema[4], é mister reconhecer que o Direito tem a característica única de processar, de uma maneira que nenhum outro sistema pode fazer, as expectativas normativas capazes de manter-se a si mesmas em situações de conflito. E se é óbvio que não pode garantir que essas expectativas não serão violadas, de outra parte pode garantir que se mantenham como expectativas, ainda no caso de que sejam defraudadas. E assim o Direito mantém a perspectiva de resolver conflitos, uma vez que contém uma decisão preliminar – por mais confusa que possa apresentar-se no caso concreto – acerca de quem deve aprender da violação e quem não[5].

---

2 Revisitam-se aqui ideias expostas em SANTIAGO, Alex Fernandes. *Compreendendo o papel do Direito Penal na defesa do meio ambiente*. Revista de Direito Ambiental, v. 61, janeiro-março de 2011, p. 67-92 e SANTIAGO, Alex Fernandes. *Fundamentos de direito penal ambiental*. Belo Horizonte: Del Rey, p. 81-84.

3 LUHMANN, *El derecho como sistema social ...*, p. 105.

4 OST, François. *A natureza à margem da lei: a ecologia á prova do Direito*. Lisboa: Instituto Piaget, 1995, p. 123.

5 LUHMANN, p. 105-106.

Cimentado isso, há que se reconhecer que alguma parte dessa tarefa de proteção ao meio ambiente toca ao Direito Penal, pois, se considera-se que o Direito Penal é o instrumento de proteção aos bens jurídicos especialmente importantes, é compreensível que abarque a proteção do meio ambiente, fato que, antes de representar uma expansão do Direito Penal, em verdade constitui uma adequação, autêntico *mea culpa* social: o bem meio ambiente, que sempre existiu, experimenta agora um aumento de valor junto à sociedade, em especial quando posta em relevo a degradação de realidades tradicionalmente abundantes que começam a manifestar-se como bens escassos, aos quais se atribui agora um valor que não lhes era reconhecido[6].

Por conseguinte, inevitável que se ocupe o Direito Penal da proteção do meio ambiente, que será a proteção tanto da vida atual quanto das gerações futuras. Dizer que não é adequado, que o Direito Penal não significa nenhuma barreira intransponível, significa ignorar as próprias limitações do Direito Penal, dependente que é de seu entorno, conforme salientado *supra*. Se fosse assim, poder-se-ia dizer o mesmo em relação a delitos tão antigos como a própria humanidade, como, por exemplo, o homicídio. Apesar da proteção do Direito Penal, seguem sendo praticados homicídios, e não há nenhuma expectativa que não mais o serão. E isso não autoriza que, em sã consciência, alguém se aventure a dizer que o Direito Penal não deva estender sua proteção para este caso.

Para que o Direito Penal possa conferir alguma proteção ao meio ambiente, será indispensável – e a doutrina penalista em geral parece que ainda não o percebeu – promover a interlocução entre o Direito Ambiental e o Direito Penal. Antes de mais nada, é necessário entender o que é o dano ambiental. Já se anteveem dificuldades. Vários conceitos específicos do Direito Ambiental não são bem dominados pelos estudiosos do Direito Penal. E o oposto também se dá: é comum que os expertos do Direito Ambiental desconheçam o Direito Penal e suas especificidades, querendo transpor raciocínios inaplicáveis no estreito campo da mais grave das sanções[7].

---

6 SILVA SÁNCHEZ, Jesús-María. *La expansión del Derecho penal. Aspectos de la política criminal en las sociedades postindustriales.* 2 ed., ampliada. Buenos Aires: B de f, 2008, p. 11.

7 SANTIAGO, *Fundamentos...*, p. 4.

O Tribunal de Justiça de Minas Gerais, no acórdão 1.0012.09.012901-1/001, relator Desembargador Júlio Cezar Gutierrez, publicado em 14 de dezembro de 2016, merece toda a nossa atenção por esta razão: conseguiu promover, de forma a um só tempo simples e brilhante, a interlocução entre os conhecimentos ambientais e penais, no dimensionamento do princípio da insignificância no Direito Penal Ambiental e na interpretação sistêmica (como corresponde a qualquer interpretação) do conceito de floresta no crime do artigo 38 da Lei 9.605/98.

2. O BEM JURÍDICO PROTEGIDO NOS CRIMES AMBIENTAIS CONTRA A FLORA. FUNDAMENTO CONSTITUCIONAL DA PROTEÇÃO DAS FLORESTAS E DA FLORA, *PER SE*.

A proteção das florestas e da flora já vem definida em caráter prévio ao Direito Penal, e encontra assento constitucional, conforme artigos 23, VII, 24, VI, e 225, parágrafo primeiro, inciso VII e parágrafo quarto.

É, portanto, expresso o comando constitucional de proteção às florestas e à flora. E, se na ordem infraconstitucional optou-se por reforçar esta proteção com a sanção penal, não há problema algum, pois o comando é no sentido de que a proteção era necessária. Como se realizaria, quedou ao âmbito de avaliação do legislador.

Portanto, já não se trata, nesse caso, de se perguntar-se o legislador pode proteger penalmente as florestas brasileiras, e sim, no melhor dos casos, sob que condições tem que protegê-las. E a ordem jurídica infraconstitucional pátria optou por criminalizar tais condutas, tal como se verifica no artigo 38 da Lei 9.605/98.

E também temos que reconhecer que este bem é protegido pelo sistema jurídico brasileiro *per se*, independentemente de que, direta ou indiretamente, também se proteja o ser humano. É fundamental aclarar não ser esta uma condição necessária (a imediata ou mediata identificação de que está se protegendo um ser humano). Muitas vezes se protege o meio ambiente *apesar do ser hu-*

mano, ou sem que muitos dos cidadãos saibam que tal proteção lhes convém, e até mesmo se posicionem contrariamente à proteção dos bens ambientais.

E nossa principal incumbência é seguir a orientação do Enunciado 31 da II Carta de Princípios do Ministério Público e da Magistratura para o Meio Ambiente – 2ª Carta de Araxá, de setembro de 2004, carta esta que tive a honra de ser um dos relatores, em Congresso muito especial: "O trabalho dos operadores do direito, em especial no âmbito do direito penal ambiental, é servir para a proteção ao bem jurídico que deve ser preservado para as presentes e futuras gerações.".

3. O PRINCÍPIO DA INSIGNIFICÂNCIA NO DIREITO PENAL AMBIENTAL

O acórdão mencionado enfrentou o seguinte caso: um proprietário rural havia desmatado, com maquinário, 1.200 metros quadrados de vegetação de área de preservação permanente, em Aiuruoca. Em recurso contra sua condenação pelo crime do artigo 38 da Lei 9.605/98, invocou, primeiramente, a ausência de dolo, e, em seguida, a aplicação do princípio da insignificância.

Quanto ao dolo, observou o Desembargador relator haver restado comprovado que a supressão da vegetação objetivava a construção de uma pousada. Isto, somado ao amplo conhecimento da necessidade de proteção do meio ambiente, afastava a alegação do apelante, que agira com propósito comercial – em mais uma manifestação do conflito entre crescimento econômico e proteção do meio ambiente – e confessara haver realizado a conduta. De fato, se dolo é a "decisão consciente do autor em favor do acontecer descrito no tipo objetivo[8]", outro desfecho não poderia haver encontrado o Tribunal, não havendo mais o que se debater neste pormenor.

Superado esse argumento, enfrentou o Tribunal a aplicabilidade do princípio da insignificância.

---

8 FRISTER, Helmut. *Derecho penal. Parte general*. Buenos Aires: Hammurabi, 2011, p. 219.

Para tal discussão, de entrada cabe esclarecer que o Direito Penal Ambiental não constitui nenhum ramo excepcional, apartado do Direito Penal[9]. Estão presentes as mesmas regras de imputação; respeitam-se os princípios de subsidiariedade e de *ultima ratio;* em suma, são aplicáveis os mesmos princípios e instituições do Direito Penal comum. É óbvio que como qualquer outra parte especial, o Direito Penal Ambiental terá uma ou outra peculiaridade, o que também sucede com os delitos contra a vida ou a Administração pública, o que não invalida as assertivas anteriores; de fato, apenas destaca que se distingue dos demais por buscar a proteção do bem jurídico ambiente, mas igualmente se submete à parte geral do Direito Penal[10].

Por conseguinte, o princípio da insignificância se aplica, sim, ao Direito Penal Ambiental[11]. Mas não na extensão que alguns querem e que, infelizmente, tem-se verificado na prática. Seu uso deve ser extremamente limitado, diante das repercussões que o dano ambiental atinge.

E aqui retornamos à necessidade de interlocução entre os conhecimentos ambientais e penais. Ao conferir ampla extensão ao princípio da insignificância, equivocam-se alguns doutrinadores e alguns julgados, em absoluto desconhecimento das implicações ambientais que geram determinadas condutas. Estamos em um terreno onde as profundas interações causadas por qualquer dano fazem com que muito dificilmente se aplique o princípio da insignificância.

---

9 SANTIAGO, *Fundamentos...*, p. 172.

10 Conforme, exemplificativamente, GRACIA MARTÍN, Luis. *Estudios de Derecho Penal.* Lima: Idemsa, 2004, em adesão às posturas de Martínez- Buján e Schünemann.. Como enfatiza Gimbernat Ordeig, "*los conceptos fundamentales de la Parte General siguen siendo adecuados – aun más: irrenunciables – para tratar - y penetrar en – estas nuevas manifestaciones jurídico-penales*" (GIMBERNAT ORDEIG, Enrique. *Modernas tendencias en la Ciencia del Derecho Penal y en la Criminología.* Madrid: UNED, 2001, p. 356). E sobre a necessidade, quando da aplicação da parte geral, de respeitar-se as peculiaridades da parte especial, TIEDEMANN, Klaus. *Derecho penal económico. Introducción y parte general.* Lima: Grijley, 2009, p. 125-8.

11 Como esclarece SCHÜNEMANN, Bernd. *El principio de protección de bienes jurídicos como punto de fuga de los límites constitucionales de los tipos penales y de su interpretación.* Em: HEFENDHEL, Roland (ed.). *La teoría del bien jurídico. ¿Fundamento de legitimación del Derecho penal o juego de abalorios dogmático?* Madrid: Marcial Pons, 2007, p. 225. Sobre as discussões, na doutrina e na jurisprudência brasileiras, quanto â sua aplicabilidade no Direito Penal Ambiental, SILVA, Ivan Luiz da. *Princípio da insignificância e os crimes ambientais.* Rio de Janeiro: Lumen Juris, 2008.

A aplicação do princípio da insignificância no Direito Penal Ambiental, portanto, deve ser extremamente restrita, e feita com muito cuidado. Sua invocação, em alguns casos, tem demonstrado desconhecimento ambiental dos efeitos de algumas ações, pois, como bem ressaltou o Promotor de Justiça oficiante, citado no acórdão mas não nominado, "determinadas condutas, inicialmente insignificantes, podem conter potencialidade suficiente para causar danos irreparáveis ao meio ambiente", o que evidencia o rigor que se deve ter ao analisar o princípio da insignificância nos crimes ambientais.

Além disso, é necessário frisar que muitas vezes a invocação do princípio da insignificância se dá sob fortes influxos antropocêntricos, que devem ser rechaçados.

É inadmissível, por exemplo, que se invoque o princípio da insignificância para casos como o do artigo 29 da Lei 9.605/98, no verbo nuclear do tipo matar animal silvestre: neste caso, se aceito que matar um animal silvestre é insignificante, incorporo com todas as letras um antropocentrismo radical, que afirma a todos os indivíduos de outra espécie que suas vidas, para nós seres humanos, são insignificantes. E isto não se pode admitir.

Também o recorrente do caso em tela levantou argumentos de antropocentrismo radical. Para ele, mil e duzentos metros quadrados de vegetação em área de preservação permanente não representam nada, são insignificantes. Tal extensão afeta sim o bem jurídico protegido. Isto não é pouco. Insignificante, seria, cortar, por exemplo, um galho de uma árvore, caso ela subsista e mantenha sua função ambiental. Mas desmatar nesta extensão, somente um vetusto antropocêntrico pode argumentar neste sentido sem piscar e sorrir amarelo. Apesar de toda sua desfaçatez, certo é que estará contrariando o comando constitucional de proteção à flora e florestas.

Por isso, confrontando a conduta com o bem jurídico protegido – e isso é analisar o princípio da insignificância nos crimes ambientais – se terá que a flora, ou as florestas, naquela localidade, foram atingidas negativamente, e daí a tipicidade da conduta. Não estamos falando de meio metro quadrado, um metro quadrado – terreno onde poderíamos discutir a insignificância, a bagatela ambiental – e sim de mil e duzentos metros quadrados, mais que muitas praças neste Brasil afora, mais que muitos lotes, em uma área especialmente protegida, a área de preservação permanente. É importante recordar que as sequelas à flora e à fauna pela intervenção em áreas de preservação permanente, na maioria das vezes, são irreversíveis, e os riscos aumentam pela proximidade dos cursos d'água: propiciam-se a erosão, o assoreamento dos cursos d'água, a alteração negativa das condições climáticas, dentre outras formas de degradação ambiental.

Discutir insignificância, neste caso, estaria, ainda, na contramão do pensamento penalista ambiental internacional, onde muito menos se exige para reprimir.

Na doutrina alemã, referência mundial em Direito Penal, a busca da proteção do meio ambiente é tamanha que já se raciocina em termos de delitos cumulativos, isto é, que demonstram uma conexão entre ação típica e bem jurídico protegido, através de uma equivalência material, que supriria a falta de uma causalidade lesiva real entre ação e bem jurídico[12], "*conductas que por sí solas no pueden menoscabar o no en una medida relevante un interés protegido jurídicamente, pero que unidas a otras realizadas en la misma dirección pueden conducir a un menoscabo*[13]". Seriam condutas que isoladamente não afetam o bem jurídico, mas devem ser punidas, porque acumuladas com outras em igual sentido, aí sim haveria tal menoscabo, diante do número indeterminado de pessoas que poderia realizar igual conduta e afetar o meio ambiente.

---

12 "*... El pensamiento de la acumulación desarrollado en los delitos de cohecho o contra el medio ambiente encarna tal equivalencia. Se aplica a acciones individuales en sí inocuas dado que sin una prohibición reforzada con una sanción habría que contar con que se cometerían en gran número y, como consecuencia, resultarían perturbadas funciones protegidas.*" (HEFENDEHL, Roland. *El bien jurídico como eje material de la norma penal.* Em: HEFENDHEL, Roland (ed.). *La teoría del bien jurídico. ¿Fundamento de legitimación del Derecho penal o juego de abalorios dogmático?* Madrid: Marcial Pons, 2007, p. 195). Justifica-os afirmando que resultaria "*inadmisible una defensa del sujeto en el sentido de que su contribución aislada es irrelevante para el bien jurídico, ya que no hay ninguna razón evidente por la que el ordenamiento jurídico deba privilegiar a este destinatario de la norma o a un grupo de ellos frente a los demás*" (p. 195).

13 VON HIRSCH; Andrew; WOHLERS, Wolfgang. *Teoría del bien jurídico y estructura del delito. Sobre los criterios de una imputación justa.* Em: HEFENDHEL, Roland (ed.). *La teoría del bien jurídico. ¿Fundamento de legitimación del Derecho penal o juego de abalorios dogmático?* Madrid: Marcial Pons, 2007, p. 289. Seriam casos em que (p. 300) "*cada actor ha contribuido con su pequeña aportación a que el conjunto de las acciones haya rebasado el umbral del menoscabo relevante*".

A doutrina alemã geralmente se apoia no exemplo do § 324 StGB para apresentar um delito cumulativo, o que tem sentido, já que o tipo penal nada mais exige que uma contaminação de águas[14] (*"Quem ilicitamente contamine águas ou de outra forma mude suas características prejudicialmente"*). Nesse caso, se reprimiria penalmente porque a acumulação de condutas nesse sentido afetaria o bem jurídico.

Há que se frisar: a doutrina alemã situa o princípio da insignificância abaixo dos crimes cumulativos[15], realçando o que já vínhamos expondo: em geral se utilizam no meio ambiente exemplos equivocados de insignificância, devemos recordar que esta significa o quase nada.

Quando estamos discutindo mil e duzentos metros quadrados de desmatamento sequer é necessário trasladar argumentos europeus e afirmar que estamos frente a um crime da modalidade delitos cumulativos. Aliás, tal extensão de desmatamento na Europa geraria muito mais indignação que em terras tupiniquins.

Recoloquemos, portanto, a insignificância onde lhe corresponde, como muito bem o fez o Tribunal de Justiça de Minas Gerais no acórdão referido.

4. O CONCEITO DE FLORESTA NO ARTIGO 38 DA LEI 9.605/98.

Somente esse posicionamento já tornaria o acórdão em análise digno de nota e de comentários em livro. Todavia, o julgamento, ao analisar a pretensa insignificância da conduta, foi muito além, em posição que, se espera, oriente a jurisprudência ambiental brasileira.

---

14 Como explica SARRABAYROUSE, Eugenio C. *Medio ambiente y derecho penal.* Buenos Aires: Ad-Hoc, 2008, p. 41, quanto ao § 324: "... *De acuerdo con la interpretación dominante, el resultado típico exigido por la norma, realizado por una acción individual de contaminar, no presuponía una lesión ni un peligro para el bien jurídico protegido. Por esta razón, el fundamento de la pena sólo podía basarse en que sería peligroso para el bien jurídico que tal tipo de acción se repitiera en forma masiva, es decir, que la ejecutara un número indeterminado de personas; de allí la denominación de 'delito acumulativo.'*"

15 HEFENDEHL, ob. cit., p. 195.

Tem-se verificado, com alguma frequência nos Tribunais, o entendimento que o conceito de florestas do artigo 38 da Lei Penal Ambiental pátria somente abrangeria as formações arbóreas densas, de alto porte[16].

Tal interpretação, com o devido respeito aos seus seguidores, contraria os preceitos de uma interpretação sistêmica; mais do que isso, conduz ao absurdo de deixar desprotegidos importantes biomas brasileiros, como o pampa, o cerrado, a caatinga. Protegeria, em princípio e apenas, a mata atlântica e a floresta amazônica, onde, aí sim, haveria probabilidade maior de encontrar este tipo de vegetação.

Para começar, a própria Constituição Federal coloca em pé de igualdade a necessidade de se proteger locais com biomas bastante diversos como a Floresta Amazônica, a Mata Atlântica, a Serra do Mar, o Pantanal Mato-Grossense e a Zona Costeira, considerando-os patrimônio nacional, consoante seu artigo 225, parágrafo quarto. E vários desses locais, que a própria Constituição Federal elevou a patrimônio nacional e determinou sua proteção, caso prevaleça essa interpretação da formação arbórea densa, não estariam protegidos pelo artigo 38 da Lei 9.605/98, apesar de possuírem áreas de preservação permanente com vegetação expressiva.

Quanto à necessidade de interpretação sistêmica do dispositivo, a lição do acórdão em análise é lapidar: não se pode examinar o artigo 38 da Lei de Crimes Ambientais sem examinar o restante da legislação ambiental brasileira, o que, repise-se, nada mais é que a idéia central que defendemos em nosso livro, qual seja, a necessária interlocução entre o saber ambiental e o saber penal. Por isso, confrontou o julgado o dispositivo penal com a Lei 12.651/12, evidenciando a necessidade de interpretá-lo em conjunto com o Código Florestal, que determina a proteção da vegetação presente nas áreas de preservação permanente.

Transcrevamos o voto do relator, Desembargador Júlio César Gutierrez:

> "Lado outro, é importante destacar que a só operação de gradar a terra impede a regeneração da estrutura florestal objeto da tutela legal, que abarca não só as florestas formadas, mas também aquelas 'em formação', uma vez

16 Conforme, por exemplo, REsp 783.652/SP, Rel. Ministro FELIX FISCHER, QUINTA TURMA, julgado em 16/05/2006, DJ de 19/06/2006, p. 196.

que o objetivo da norma é proteger toda e qualquer vegetação existente em área de preservação permanente.

Conforme disposto no art. 3º, II, do Código Florestal (Lei 12.651/12), entende-se por área de preservação permanente aquela 'área protegida, coberta ou não por vegetação nativa, com a função ambiental de preservar os recursos hídricos, a paisagem, a estabilidade geológica e a biodiversidade, facilitar o fluxo gênico de fauna e flora, proteger o solo e assegurar o bem-estar das populações humanas'.

Como se vê, a lei é clara ao tutelar toda e qualquer vegetação existente na área de preservação permanente, o que não se adéqua à restrição protetiva do tipo 'floresta' contida no tipo do art. 38 da Lei 9.605/98. Apegar-se à literalidade do dispositivo é negar a importância da vegetação e do reflorestamento para a manutenção de um meio ambiente ecologicamente equilibrado.

Lado outro, *ex vi* do disposto na alínea a do inciso I do art. 4º do Novo Código Florestal, consideram-se de preservação permanente, pelo só efeito desta Lei, as florestas e demais formas de vegetação natural situadas 30 (trinta) metros ao longo dos rios ou de qualquer curso d'água de menos de 10 (dez) metros de largura, sendo esta a área de proteção mínima prevista em lei para a hipótese.

Assim, é importante reconhecermos que o conceito legal de floresta de preservação permanente alcança toda a formação vegetal contida nesta área, e não somente aquela de grande porte arbóreo. A norma visa dissuadir e punir qualquer conduta humana contrária a tal escopo, e não só aquela dirigida à extração florestal massiva propriamente dita."

Demonstrou, assim, o acórdão em análise, que a interpretação do artigo 38 da Lei 9.605/98 não pode ser feita sem entender o objeto da proteção, que é justamente a vegetação existente nas áreas de preservação permanente, cuja noção está ligada ao conceito de bem estar, existindo não em razão da vontade do homem, mas de necessidade imposta pela realidade[17].

---

17 Comentando a área de preservação permanente no Código Florestal de 1934, Osny Duarte PEREIRA: "Sua conservação não é apenas por interesse público, mas por interesse direto e imediato do próprio dono. Assim como ninguém escava o terreno dos alicerces de sua casa, porque poderá comprometer a segurança da mesma, do mesmo modo ninguém arranca as árvores das nascentes, das margens dos rios, nas encostas das montanhas, ao longo das estradas, porque poderá vir a ficar sem água, sujeito a inundações, sem vias de comunicação,

A função da mata ciliar, da vegetação constante nas áreas de preservação permanente de prevenir enchentes é reconhecida mundialmente, conforme, por exemplo, o Princípio 06 da Carta Europeia da Água de 1968:

> "A remoção da cobertura vegetal reduz o intervalo de tempo observado entre a queda da chuva e os efeitos nos cursos de água, diminui a capacidade de retenção de água nas bacias hidrográficas e aumenta o pico de cheias. Além disso, a cobertura vegetal limita a possibilidade de erosão do solo, minimizando a poluição dos cursos de água por sedimentos".

A mata ciliar contribui não só para a qualidade, mas também para a quantidade das águas, pois "tem sido demonstrado que a recuperação da vegetação ciliar contribui para com o aumento da capacidade de armazenamento da água na microbacia ao longo da zona ripária, o que contribui para o aumento da vazão na estação seca do ano", sendo que "a destruição da mata ciliar pode, a médio e longo prazos, pela degradação da zona ripária, diminuir a capacidade de armazenamento da microbacia, e consequentemente a vazão na estação seca.".[18] Volvendo à qualidade, tem-se que "a manutenção da mata ciliar garante uma maior quantidade de nutrientes, permite o controle do aporte destes e de produtos químicos, bem como possibilita o aumento da produção de água na bacia."[19]

Alerte-se, ainda, para o fato de que o conceito de florestas está condicionado pelos territórios e biomas em que as pessoas habitam. Para aquele que vive no cerrado, determinado tipo de vegetação quando agrupado, é a sua floresta, assim como para o pampeano, para o geraizeiro ou para o pantaneiro. Cada qual possui uma floresta para chamar de sua. Na linguagem, visão e percepção de sua comunidade, aquilo que ali está é uma floresta.

---

pelas barreiras e outros males conhecidamente resultantes de sua insensatez. As árvores nesses lugares estão para as respectivas terras como o vestuário está para o corpo humano. Proibindo a devastação, o Estado nada mais faz do que auxiliar o próprio particular a bem administrar os seus bens individuais, abrindo-lhe os olhos contra os danos que poderia inadvertidamente cometer contra si mesmo." (*Direito florestal brasileiro.* Rio de Janeiro: Borsoi, 1950, p. 210)

18 LIMA, Walter de Paula; ZAKIA, Maria José Brito. *Hidrologia de matas ciliares.* Em: *Matas ciliares. Conservação e recuperação.* Editores Ricardo Ribeiro Rodrigues, Hermógenes Freitas Leitão Filho. 2ª ed., São Paulo: Universidade de São Paulo, Fapesp, 2.001, p. 37.

19 SOUZA, José Fernando Vidal de. *Mata ciliar.* Em: *Manual prático da Promotoria de Justiça do Meio Ambiente* Organizado por Antônio Herman de Vasconcelos e Benjamin – 2ª ed., São Paulo: IMESP, 1999, p. 174.

E isso não é questão de somenos importância, pois, por mais que nos valhamos de um raciocínio jurídico, é por palavras que nos expressamos, e, como ensina Roxin, se de um lado é certo que o legislador cria com o teor literal de um preceito penal um marco de regulação que é preenchido e concretizado pelo juiz, por outro também é certo que esse marco de regulação é delimitado pelo sentido literal possível na linguagem corrente do texto da lei[20]. E, se em determinados território, bioma, ou agrupamento de vegetação é visto como floresta, não pode a interpretação penal se dirigir em sentido contrário, opondo-se ao conhecimento geral, excluindo vastos territórios e biomas brasileiros da proteção penal.

Por todas estas razões, digno de aplauso é o julgado em comento, que vivificou, com brilhantismo, o enunciado 31 da II Carta de Araxá, conferindo a devida e necessária proteção ao bem jurídico tutelado pelo artigo 38 da Lei de Crimes Ambientais.

5. REFERÊNCIAS BIBLIOGRÁFICAS

FRISTER, Helmut. *Derecho penal. Parte general.* Buenos Aires: Hammurabi, 2011.

GRACIA MARTÍN, Luis. *Estudios de Derecho Penal.* Lima: Idemsa, 2004.

HEFENDEHL, Roland. *El bien jurídico como eje material de la norma penal.* Em: HEFENDHEL, Roland (ed.). *La teoría del bien jurídico. ¿Fundamento de legitimación del Derecho penal o juego de abalorios dogmático?* Madrid: Marcial Pons, 2007.

LIMA, Walter de Paula; ZAKIA, Maria José Brito. *Hidrologia de matas ciliares.* Em: *Matas ciliares. Conservação e recuperação.* 2ª ed., São Paulo: Universidade de São Paulo, Fapesp, 2001.

LORENZETTI, Ricardo Luis. *Teoria del Derecho Ambiental.* Buenos Aires: La Ley, 2009

LUHMANN, Niklas. *El derecho como sistema social.* Em: *Teoría de sistemas y Derecho Penal. Fundamentos y posibilidad de aplicación.* Organizador Carlos Gómez-Jara Díez. Lima: Ara Editores, 2007.

20 ROXIN, Claus. *Derecho penal. Parte general. Tomo I. Fundamentos, la estructura de la teoría del delito.* Madrid: Civistas, 2010, p. 148-149.

GIMBERNAT ORDEIG, Enrique. *Modernas tendencias en la Ciencia del Derecho Penal y en la Criminología.* Madrid: UNED, 2001.

OST, François. *A natureza à margem da lei: a ecologia á prova do Direito.* Lisboa: Instituto Piaget, 1995.

PEREIRA, Osny Duarte. *Direito florestal brasileiro.* Rio de Janeiro: Borsoi, 1950.

ROXIN, Claus. *Derecho penal. Parte general. Tomo I. Fundamentos. La estructura de la teoria del delito.* Traducción de la 2ª ed. alemana. Madrid: Civitas, 2010.

SANTIAGO, Alex Fernandes. "Compreendendo o papel do Direito Penal na defesa do meio ambiente." *Revista de Direito Ambiental*, n. 61, jan.-mar. de 2011.

______. *Fundamentos de direito penal ambiental.* Belo Horizonte: Del Rey, 2015.

SARRABAYROUSE, Eugenio C. *Medio ambiente y derecho penal.* Buenos Aires: Ad-Hoc, 2008.

SCHÜNEMANN, Bernd. *El principio de protección de bienes jurídicos como punto de fuga de los lìmites constitucionales de los tipos penales y de su interpretación.* Em: HEFENDHEL, Roland (ed.). *La teoría del bien jurídico. ¿Fundamento de legitimación del Derecho penal o juego de abalorios dogmático?* Madrid: Marcial Pons, 2007.

SILVA, Ivan Luiz da. *Princípio da insignificância e os crimes ambientais.* Rio de Janeiro: Lumen Juris, 2008.

SILVA SÁNCHEZ, Jesús M. *La expansión del Derecho penal. Aspectos de la política criminal en las sociedades postindustriales.* Reimpressão da 2ª ed., ampliada. Buenos Aires, B de f, 2008.

SOUZA, José Fernando Vidal de. *Mata ciliar.* Em: *Manual prático da Promotoria de Justiça do Meio Ambiente* Organizado por Antônio Herman de Vasconcelos e Benjamin. 2 ed., São Paulo: IMESP, 1999.

TIEDEMANN, Klaus. *Derecho penal económico. Introducción y parte general.* Lima: Grijley, 2009.

VON HIRSCH; Andrew; WOHLERS, Wolfgang. *Teoría del bien jurídico y estructura del delito. Sobre los criterios de una imputación justa.* Em: HEFENDHEL, Roland (ed.). *La teoría del bien jurídico. ¿Fundamento de legitimación del Derecho penal o juego de abalorios dogmático?* Madrid: Marcial Pons, 2007.

AGRAVO DE INSTRUMENTO - AÇÃO CIVIL PÚBLICA - MEIO AMBIENTE - INVERSÃO DO ÔNUS DA PROVA - POSSIBILIDADE - RECURSO PROVIDO. Possível a inversão do ônus da prova em sede de ação civil pública, conforme precedente do Superior Tribunal de Justiça. - Recurso parcialmente provido. Aquele que cria ou assume o risco de danos ambientais tem o dever de reparar os danos causados e, em tal contexto, transfere-se a ele todo o encargo de provar que sua conduta não foi lesiva. (TJMG - Agravo de Instrumento-Cv 1.0342.13.017531-4/002, Relator(a): Des.(a) Belizário de Lacerda , 7ª CÂMARA CÍVEL, julgamento em 12/04/2016, publicação da súmula em 18/04/2016).

A INVERSÃO DO ÔNUS DA PROVA NA AÇÃO CIVIL PÚBLICA AMBIENTAL

ÁLVARO LUIZ VALERY MIRRA
Juiz de Direito em São Paulo-SP; Doutor em Direito Processual pela Faculdade de Direito da Universidade de São Paulo; Diplomado em Estudos Superiores Especializados em Direito Ambiental pela Faculdade de Direito da Universidade de Estrasburgo (França); membro do Instituto "O Direito Por Um Planeta Verde" e da Associação dos Professores de Direito Ambiental do Brasil.

1. O CASO SOB JULGAMENTO E A DECISÃO PROFERIDA

O Ministério Público do Estado de Minas Gerais propôs ação civil pública de responsabilidade civil por danos ao meio ambiente, visando à imposição ao proprietário de área desmatada do cumprimento de obrigação de fazer consistente na recomposição da vegetação destruída/inexistente.

No curso do feito, houve requerimento de inversão do ônus da prova, indeferido pelo magistrado de primeira instância. Interposto agravo de instrumento pelo autor da demanda, o Tribunal de Justiça de Minas Gerais reformou a decisão de primeiro grau, para autorizar a inversão do ônus da prova pretendida, em julgado que teve voto condutor do eminente Desembargador Belizário de Lacerda.

De início, firmou a Colenda Corte de Justiça o entendimento a respeito da responsabilidade do proprietário de imóvel pelo dano ambiental causado em sua propriedade, decorrente da supressão ou inexistência de vegetação protegida, independentemente de ter sido ele o responsável pelo desmatamento. Tal responsabilidade, na esfera civil, como pontuou o julgado, é objetiva, sendo desnecessária a demonstração de culpa do titular do domínio.

Na sequência, o TJMG, com base no diálogo das fontes, considerou aplicáveis à legislação que disciplina o microssistema do processo coletivo as normas de outros diplomas que possam ser utilizadas em caráter subsidiário para o preenchimento de lacunas.

Nesse sentido, amparado na jurisprudência do Superior Tribunal de Justiça, segundo a qual, nas ações coletivas ambientais, admite-se a inversão do ônus da prova, fundada no art. 6º, VIII, do CDC, no princípio da precaução e no princípio do *in dubio pro natura*, bem como se tem por autorizada a distribuição dinâmica do ônus probatório, decidiu o TJMG pela inversão do ônus da prova no caso concreto, a fim de impor à parte demandada a comprovação da inexistência de conduta lesiva ao meio ambiente.

2. COMENTÁRIOS DE ORDEM DOUTRINÁRIA A RESPEITO DO JULGADO

O julgado em questão apresenta grande relevância para o direito ambiental e para o direito processual ambiental, sob vários aspectos.

2.1. A responsabilidade objetiva do proprietário pelo dano ambiental

O primeiro aspecto digno de nota no julgado concerne à reafirmação da responsabilidade objetiva do proprietário pela degradação ambiental causada no interior da sua propriedade, a partir da norma do art. 14, § 1º, da Lei n. 6.938/1981.[1]

Nunca é demais lembrar que, conforme entendimento consagrado na jurisprudência, a obrigação do proprietário rural de manter, em sua propriedade, a vegetação nas áreas de preservação permanente ou de reserva florestal legal é considerada como uma obrigação *propter rem*, de natureza real, que

1 Sobre o tema, em doutrina, ver LEMOS, Patrícia Faga Iglecias. *Meio ambiente e responsabilidade civil do proprietário*: análise do nexo causal. São Paulo: Ed. Revista dos Tribunais, 2008, p. 150 e seguintes; STEIGLEDER, Annelise Monteiro. *Responsabilidade civil ambiental*: as dimensões do dano ambiental no direito brasileiro. 2ª ed. Porto Alegre: Livraria do Advogado Editora, 2011, p. 202 e seguintes.

acompanha o imóvel, quem quer que seja o titular do domínio, independentemente de ter sido este último o causador ou não do desmatamento.[2]

Daí por que responde o proprietário atual do imóvel pelo dano ambiental decorrente da destruição ou inexistência da vegetação, independentemente de culpa, no mínimo pela omissão no restabelecimento da área protegida, pouco importando, ainda, ter ou não ele conhecimento dessa sua obrigação legal. Não por outra razão, afirmou o eminente desembargador relator ser, na hipótese examinada, "(...) irrelevante a discussão acerca da culpa do proprietário, pois o desconhecimento da lei não autoriza seu descumprimento (...)".

2.2. O diálogo das fontes entre as normas que integram o microssistema do processo coletivo e entre estas últimas e o CPC

Outro aspecto a merecer destaque no julgado refere-se à análise da legislação processual aplicável ao caso sob a ótica mais atualizada do diálogo das fontes, com incidência simultânea e harmônica das normas do microssistema do processo coletivo e do Código de Processo Civil.

Segundo a doutrina autorizada, o "diálogo das fontes" é uma expressão criada por Erik Jayme para conceituar a aplicação simultânea, coerente e coordenada de plúrimas fontes legislativas, especiais e gerais, a uma determinada matéria, com a admissão de influências recíprocas entre elas, em substituição à tradicional análise da questão sob a ótica do conflito de leis no tempo. Introduzido no direito brasileiro por Cláudia Lima Marques para o estudo da legislação protetiva do consumidor (diálogos entre o Código de Defesa do Consumidor e o Código Civil e entre o CDC e demais leis especiais)[3], o conceito em

2 STJ – 2ª T. – REsp n. 948.921/SP – j. 23.10.2007 – rel. Min. Herman Benjamin; STJ – 2ª T. – REsp n. 263.383/PR – j. 16.05.2005 – rel. Min. João Otávio de Noronha; STJ – 2ª T. – REsp n. 217.858/PR – j. 04.11.2003 – rel. Min. Franciulli Netto.

3 Sobre todos esses aspectos, ver MARQUES, Cláudia Lima. Diálogo das fontes. In: BENJAMIN, Antônio Herman V.; MARQUES, Claudia Lima; BESSA, Leonardo Roscoe. *Manual de direito do consumidor*. 2ª ed. São Paulo: Ed. Revista dos Tribunais, 2009, p. 89 e seguintes.

exame tem tido a sua aplicação expandida para outros ramos do direito, como o direito ambiental[4] e o direito processual.[5]

A importância do diálogo das fontes, no tema aqui analisado, está na possibilidade de, a partir dele, extrair-se das normas gerais do sistema processual e das normas especiais que disciplinam o processo coletivo a máxima efetividade[6], pela convivência de todas e sua aplicação coordenada, em vista da finalidade última do processo ambiental, que é a implementação concreta do direito ambiental e a efetiva proteção do meio ambiente pela via do exercício da jurisdição. Daí por que o diálogo das fontes se estabelece, no caso, tanto entre as normas que compõem o microssistema de direito processual coletivo, quanto entre estas e aquelas gerais emanadas do Código de Processo Civil, à luz, ainda, dos princípios e regras do direito ambiental decorrentes da Constituição Federal e da legislação infraconstitucional.

Nesse sentido, no direito brasileiro, toma-se como ponto de partida o microssistema de processo coletivo, constituído fundamentalmente pela Lei da Ação Popular, pela Lei da Ação Civil Pública e pela parte processual do Código de Defesa do Consumidor, com aplicação integrada de suas normas (art. 21 da LACP, art. 90 do CDC), admitindo-se, ainda, a incidência das normas do CPC, em caráter supletivo ou subsidiário[7], naquilo que não contrariarem as disposições próprias e específicas daquele primeiro (art. 22 LAP, art. 19 da LACP, art. 1.046, parágrafo 2º, do CPC), sempre observados os princípios fundamentais do direito ambiental passíveis de incidência nesse campo.

---

4 Em matéria ambiental, ver STJ – 2ª T. – REsp n. 994.120/RS – j. 25.08.2009 – rel. Min. Herman Benjamin - aplicação simultânea e coordenada da Lei n. 9.433/1997 (Lei da Política Nacional de Recursos Hídricos) e da Lei n. 6.938/1981 (Lei da Política Nacional do Meio Ambiente), a respeito do poder de polícia do Município em matéria de recursos hídricos, à vista, ainda, da CF.

5 Em matéria processual civil, ver STJ – 1ª Seção – REsp n. 1.184.765/PA – j. 12.06.2013 – rel. Min. Luiz Fux – recurso que tramitou sob o regime dos recursos repetitivos (art. 543-C do CPC/1973); STJ – AREsp n. 912.661/SP – j. 02.06.2017 – rel. Min. Paulo de Tarso Sanseverino (decisão monocrática).

6 Sobre o princípio da máxima efetividade do processo coletivo, ver ALMEIDA, Gregório Assagra de. *Direito processual coletivo brasileiro*: um novo ramo do direito processual. São Paulo: Saraiva, 2003, p. 576-578.

7 DIDIER JUNIOR, Fredie; ZANETI JUNIOR, Hermes. *Curso de direito processual civil*: processo coletivo. 10ª ed. Salvador: JusPodivm, 2016, p. 47-60 e 110.

Observe-se, no ponto, que a aplicação integrada das normas do microssistema do processo coletivo e a aplicação supletiva ou subsidiária das normas do CPC, ao processo ambiental, devem-se dar sempre com a observância dos princípios fundamentais, das características próprias e da finalidade específica deste último. A aplicação coerente e coordenada das normas gerais do CPC e das normas especiais do microssistema de processo coletivo tem lugar, na matéria, como forma de aperfeiçoar o regime jurídico do processo ambiental, para que este cumpra a sua finalidade última, que é a implementação pela via judicial do direito ambiental, o qual, por sua vez, se destina a propiciar a proteção do meio ambiente.[8]

Bem por isso, sob o prisma do diálogo das fontes, a incidência simultânea de tais normas gerais e especiais não pode jamais levar ao enfraquecimento do processo coletivo ambiental como instrumento de tutela do direito ambiental e de proteção do meio ambiente.[9]

2.3. A distribuição do ônus da prova no processo coletivo ambiental

A partir do diálogo das fontes, acima examinado, o V. Acórdão em análise chega à inversão do ônus da prova para o caso concreto, por entender que "refletem-se na legislação processual esparsa, que disciplina microssistemas, as normas que possam ser subsidiariamente utilizadas para o preenchimento de lacunas".

Efetivamente, o diálogo entre as normas do microssistema de processo coletivo e entre estas e as normas do CPC a respeito do ônus probatório, iluminado pelos princípios fundamentais do direito ambiental aplicáveis à matéria, faz com que incidam no processo coletivo ambiental, de forma simultânea e coordenada, as regras do CPC sobre a distribuição do ônus da prova, seja a do art. 373, *caput*, relativa à distribuição dita estática do ônus probatório, como regra geral, seja a do art. 373, parágrafo 1º, que abre a possibilidade de distribuição dinâmica do ônus da prova, com atribuição diversa deste em função

---

8 MIRRA, Álvaro Luiz Valery. A distribuição do ônus da prova no processo coletivo ambiental e o novo CPC. *Revista Eletrônica Consultor Jurídico*, 12.08.2017.

9 MIRRA, Álvaro Luiz Valery. A distribuição do ônus da prova no processo coletivo ambiental e o novo CPC. *Revista Eletrônica Consultor Jurídico*, 12.08.2017.

das peculiaridades da causa, bem como a regra do art. 6º, VIII, do CDC e os princípios da precaução[10] e do *in dubio pro natura*[11], a fim de autorizar a inversão do ônus probatório.

Essa, inclusive, foi a orientação firmada, em mais de uma ocasião, pelo Superior Tribunal de Justiça[12], como no julgado invocado pelo eminente Desembargador Belizário de Lacerda, no voto condutor do recurso ora analisado (STJ – 2ª T. – REsp n. 883.656/RS – j. 09.03.2010 – rel. Min. Herman Benjamin).

---

10 O princípio da precaução é, reconhecidamente, um dos princípios fundamentais do direito ambiental, de natureza constitucional, conforme já reconhecido pelo Supremo Tribunal Federal (STF – Tribunal Pleno – Ação cível originária n. 876-0/BA – j. 19.12.2008 – rel. Min. Menezes Direito – em especial os votos dos Ministros Carlos Britto, Cezar Peluso, Cármen Lúcia e Gilmar Mendes; STF – Plenário – ADPF n. 101/DF – j. 24.06.2009 – rel. Min. Cármen Lúcia), sendo, ainda, largamente aplicado pelo Superior Tribunal de Justiça (STJ – 2ª T. – AgInt no AREsp 779250/SP – j. 06.12.2016 – rel. Min. Herman Benjamin; STJ – 1ª T. – AgRg no REsp 1139791/SE – j. 18.10.2016 – rel. Min. Napoleão Nunes Maia Filho; STJ – 2ª T. – AgRg no REsp n. 1356449/TO – j. 03.05.2016 – rel. Min. Herman Benjamin; STJ – 3ª T. – AgRg no AREsp 183202/SP – j. 10.11.2015 – rel. Ricardo Villas Bôas Cueva; STJ – 2ª T. – AgRg no AREsp 431420/MG – j. 06.02.2014 – rel. Min. Humberto Martins; STJ 2ª T. REsp n. 1235467/RS – j. 20.08.2013 – rel. Min. Herman Benjamin; STJ – 2ª T. – AgRg no SLS 1552/BA – j. 16.05.2012 – rel. Min. Ari Pargendler). Sobre o tema, ver MIRRA, Álvaro Luiz Valery. Tutelas jurisdicionais de prevenção e de precaução no processo coletivo ambiental. *Revista do Advogado*. São Paulo: AASP, março/2017, n. 133, p. 09-17.

11 O princípio do *in dubio pro natura* é, igualmente, um dos princípios do direito ambiental, encampado também pela jurisprudência do STJ (STJ – 2ª T. – REsp n. 883656/RS – j. 09.03.2010 – rel. Min. Herman Benjamin). Na doutrina, MACHADO, Paulo Affonso Leme (*Direito ambiental brasileiro*. 25ª ed. São Paulo: Malheiros, 2017, p. 106) e LEITE, José Rubens Morato (Sociedade de risco e Estado. In: CANOTILHO, José Joaquim Gomes; LEITE, José Rubens Morato. *Direito constitucional ambiental brasileiro*. 6ª ed. São Paulo: Saraiva, 2015, p. 189), os quais analisam o princípio em questão igualmente sob a ótica da precaução. Ainda: MILARÉ, Édis. *Direito do ambiente*. 10ª ed. São Paulo: Ed. Revista dos Tribunais, 2015, p. 262 (o autor trata do princípio do *in dubio pro ambiente*, como reflexo do princípio da natureza pública da proteção ambiental).

12 STJ – 1ª T. – REsp 1.049.822/RS – j. 23.04.2009 – rel. Min. Francisco Falcão (inversão do ônus da prova com base no art. 6º, VIII, do CDC); STJ – 2ª T. – REsp n. 883656/RS – j. 09.03.2010 – rel. Min. Herman Benjamin (inversão do ônus da prova com base no art. 6º, VIII, do CDC e nos princípios da precaução e do *in dubio pro natura* e atribuição diversa do ônus da prova fundada na teoria da distribuição dinâmica do ônus da prova); STJ – 2ª T. AgRg no REsp n. 1.192.569/RJ – j. 19.10.2010, rel. Min. Humberto Martins (inversão do ônus da prova com base no princípio da precaução); STJ – 2ª T. – REsp n. 972.902/RS – j. 25.08.2009 – rel. Min. Eliana Calmon (inversão do ônus da prova com base no art. 6º, VIII, do CDC e no princípio da precaução); STJ – 2ª T. – REsp n. 1.060.753/SP – j. 01.12.2009 – rel. Min. Eliana Calmon (inversão do ônus da prova com base no princípio da precaução).

Portanto, têm-se, hoje, no processo coletivo ambiental[13]:

(a) a incidência da regra do art. 373, *caput*, do novo CPC, a respeito da distribuição do ônus da prova; distribuição estática, com o ônus da prova previamente definido na lei – é a regra geral;

(b) a possibilidade de distribuição dinâmica do ônus da prova, com fundamento no art. 373, parágrafo 1º, do novo CPC, em função das peculiaridades da causa, com atribuição diversa do ônus probatório quando for impossível ou excessivamente difícil à parte sobre a qual recairia normalmente o ônus da prova cumprir o encargo ou quando for mais fácil à outra parte a produção da prova do fato contrário;

(c) a possibilidade de inversão do ônus da prova, pela aplicação da norma do art. 6º, VIII, do CDC ou dos princípios da precaução e do *in dubio pro natura*.

Saliente-se que, conforme decidido pelo Superior Tribunal de Justiça, no acórdão acima indicado, da lavra do eminente Ministro Herman Benjamin, a técnica do ônus dinâmico da prova "aglutina os cânones da solidariedade, da facilitação do acesso à Justiça, da efetividade da prestação jurisdicional e do combate às desigualdades, bem como expressa um renovado *due process*, tudo a exigir uma genuína e sincera cooperação entre os sujeitos na demanda"[14], o mesmo se podendo dizer da inversão do ônus da prova.

Na hipótese em exame, o eminente relator do recurso comentado, em consonância com a orientação estabelecida pelo STJ, decidiu pela inversão propriamente dita do ônus da prova, na forma requerida pelo autor da ação civil pública ambiental, forte no fundamento de que "Aquele que cria ou assume o risco de danos ambientais tem o dever de reparar os danos causados e, em tal contexto, transfere-se a ele todo o encargo de provar que sua conduta não foi lesiva".

---

13 SALTZ, Alexandre Sikinowski. O ônus da prova nas ações ambientais: inversão e distribuição dinâmica como técnicas de efetivação do direito fundamental ao ambiente adequado, p. 14-22 (texto inédito gentilmente cedido pelo autor). Sobre o tema, ainda: RODRIGUES, Marcelo Abelha. *Processo civil ambiental*. 4ª ed. Salvador: JusPodivm, 2016, p. 223 e seguintes.

14 STJ – 2ª T. – REsp n. 883656/RS – j. 09.03.2010 – rel. Min. Herman Benjamin.

3. CONSIDERAÇÕES FINAIS

Como vem de ser analisado, o julgado ora comentado, da Colenda 7ª Câmara Civil do Egrégio Tribunal de Justiça de Minas Gerais, relatado pelo eminente Desembargador Belizário de Lacerda, apresenta grande relevância, sob a ótica do direito ambiental e do direito processual ambiental.

A importância da decisão proferida está não apenas na admissão da inversão do ônus da prova nas ações civis públicas ambientais, mas também no reconhecimento de que tal inversão do encargo probatório decorre da responsabilidade civil objetiva do proprietário de imóvel, o qual, ao criar ou assumir o risco de causar danos ambientais, pela simples titularidade do domínio, fica obrigado a repará-los, motivo pelo qual, para afastar a sua responsabilidade, incumbe-lhe demonstrar que a sua conduta (comissiva ou omissiva) não foi lesiva à qualidade ambiental.

Além disso, o julgado em questão, para autorizar a inversão do ônus da prova no caso concreto, fez uso do conceito mais atualizado do diálogo das fontes, adequado à situação retratada nos autos, a fim de propiciar, pela aplicação simultânea, coerente e coordenada das normas do microssistema do processo coletivo e das normas gerais do Código de Processo Civil, iluminada pelos princípios gerais do direito ambiental, maior efetividade ao processo ambiental, em vista da finalidade última a que este se destina: a implementação da ordem jurídica ambiental e a proteção do meio ambiente pela via do exercício da jurisdição.

Trata-se, como é fácil de perceber, de orientação perfeitamente afinada com as mais modernas tendências doutrinárias do direito ambiental e do processo coletivo ambiental, sufragada, ainda, pela nossa mais alta instância jurisdicional encarregada da interpretação do direito federal.

4. REFERÊNCIAS BIBLIOGRÁFICAS

ALMEIDA, Gregório Assagra de. *Direito processual coletivo brasileiro*: um novo ramo do direito processual. São Paulo: Saraiva, 2003.

DIDIER JUNIOR, Fredie; ZANETI JUNIOR, Hermes. *Curso de direito processual civil*: processo coletivo. 10ª ed. Salvador: JusPodivm, 2016.

LEITE, José Rubens Morato. Sociedade de risco e Estado. In: CANOTILHO, José Joaquim Gomes; LEITE, José Rubens Morato. *Direito constitucional ambiental brasileiro.* 6ª ed. São Paulo: Saraiva, 2015.

LEMOS, Patrícia Faga Iglecias. *Meio ambiente e responsabilidade civil do proprietário*: análise do nexo causal. São Paulo: Ed. Revista dos Tribunais, 2008.

MACHADO, Paulo Affonso Leme. *Direito ambiental brasileiro.* 25ª ed. São Paulo: Malheiros, 2017.

MARQUES, Cláudia Lima. Diálogo das fontes. In: BENJAMIN, Antônio Herman V.; MARQUES, Claudia Lima; BESSA, Leonardo Roscoe. *Manual de direito do consumidor.* 2ª ed. São Paulo: Ed. Revista dos Tribunais, 2009.

MILARÉ, Édis. *Direito do ambiente.* 10ª ed. São Paulo: Ed. Revista dos Tribunais, 2015.

MIRRA, Álvaro Luiz Valery. A distribuição do ônus da prova no processo coletivo ambiental e o novo CPC. *Revista Eletrônica Consultor Jurídico*, 12.08.2017.

MIRRA, Álvaro Luiz Valery. Tutelas jurisdicionais de prevenção e de precaução no processo coletivo ambiental. *Revista do Advogado.* São Paulo: AASP, março/2017, n. 133.

RODRIGUES, Marcelo Abelha. *Processo civil ambiental.* 4ª ed. Salvador: JusPodivm, 2016.

SALTZ, Alexandre Sikinowski. O ônus da prova nas ações ambientais: inversão e distribuição dinâmica como técnicas de efetivação do direito fundamental ao ambiente adequado (texto inédito gentilmente cedido pelo autor).

STEIGLEDER, Annelise Monteiro. *Responsabilidade civil ambiental*: as dimensões do dano ambiental no direito brasileiro. 2ª ed. Porto Alegre: Livraria do Advogado Editora, 2011.

APELAÇÃO CÍVEL. AÇÃO CIVIL PÚBLICA. REEXAME NECESSÁRIO DE OFÍCIO. MUNICÍPIO DE ARAGUARI. IMÓVEL DA DÉCADA DE VINTE. "RELICÁRIO". ALTERNATIVAS PARA A PROTEÇÃO DO PATRIMÔNIO HISTÓRICO E ARTÍSTICO. INVENTÁRIOS, REGISTROS, VIGILÂNCIA, TOMBAMENTO E DESAPROPRIAÇÃO. ART. 216, § 1º DA CONSTITUIÇÃO DA REPÚBLICA. TOMBAMENTO NÃO HOMOLOGADO PELO PREFEITO MUNICIPAL. DISCRICIONARIEDADE. RESPONSABILIDADE DO CHEFE DO PODER EXECUTIVO. NÃO CONFIGURAÇÃO. DESCARACTERIZAÇÃO DO BEM APÓS O INVENTÁRIO. NOTIFICAÇÃO DO PROPRIETÁRIO. RESPONSABILIDADE. DANO MORAL COLETIVO EVIDENCIADO. QUANTUM INDENIZATÓRIO. SENTENÇA REFORMADA. RECURSO VOLUNTÁRIO PREJUDICADO.

I. Por analogia ao artigo 19, caput, primeira parte, da Lei da Ação Popular, é de se proceder ao reexame necessário da sentença proferida na Ação Civil Pública que julgou improcedentes os pedidos formulados pelo Ministério Público Estadual; II. O tombamento é apenas um dos institutos que tem por fim a tutela do patrimônio histórico e artístico, mas não o único: III. A Constituição da República de 1988 alçou o inventário como instrumento jurídico de preservação do patrimônio cultural, ao lado do tombamento, da desapropriação, dos registros, da vigilância e de outras formas de acautelamento e preservação (art. 216, § 1º, CR/88); IV. O bem de valor cultural inventariado merece a proteção do Estado, de tal sorte que o seu proprietário tem o dever de protegê-lo, pois este instituto de proteção, ao lado dos

demais, constitui importante cadastro de bens sociais de inegável valor sociocultural, razão porque não pode o Poder Judiciário ignorá-lo, sob pena de esvaziar a memória de um povo;

V. A notificação do proprietário deflagra o tombamento provisório, devendo o proprietário se abster de realizar qualquer intervenção no bem, sob pena de fazê-lo com vontade livre e consciente no sentido de causar ofensa ao sentimento coletivo, ou de valores compartilhados pela coletividade;

VI. As diversas atividades de dilapidação do antigo "Relicário", intensificadas após o inventário e a notificação do tombamento provisório, evidenciam a responsabilidade do proprietário pelos danos causados à coletividade;

VII. Afasta-se a responsabilidade do Prefeito Municipal pela não homologação do tombamento, visto que aludido ato administrativo reveste-se de natureza discricionária e, no caso, o alcaide quedou-se à constatação de que o bem, há tempos, vinha sendo paulatinamente dissipado e arruinado pelo segundo réu;

VIII. O dano moral coletivo constitui a agressão a bens e valores jurídicos comuns a toda a coletividade ou parte dela. Cediço que um imóvel histórico representa um determinado ponto da história e do desenvolvimento de uma comunidade. Ao se contemplar um espaço de relevância histórica, esse espaço evoca lembranças de um passado que, mesmo remoto, é capaz de produzir a sensação de reviver momentos e fatos ali vividos. Cada edificação, portanto, carrega em si não apenas o material de que é composto, mas toda uma gama de significados e vivências ali experimentados.

Não é possível preservar a memória de um povo sem, ao mesmo tempo, preservar os espaços por ele utilizados e as manifestações quotidianas de seu viver, daí porque associa-se a destruição do imóvel da Avenida Tiradentes, 294 a um atentado aos valores e à memória da sociedade de Araguari. IX. Basta a lesão injusta e intolerável a qualquer dos interesses ou direitos titularizados pela coletividade, independentemente do número de pessoas atingidas e da configuração da culpa, para se impor ao infrator o dever de indenizar;

X. A reparação pelo dano moral coletivo tem caráter punitivo- pedagógico e opera-se por meio de imposição judicial ao ofensor de uma parcela pecuniária.

XI. O valor da condenação a ser arbitrado sob o norte da equidade e da razoabilidade deverá ser capaz de representar sanção eficaz para o agente causador do dano e, por outro lado, suficiente para dissuadir outras condutas (TJMG - Apelação Cível 1.0035.09.161507-6/001, Relator(a): Des.(a) Washington Ferreira, 7ª CÂMARA CÍVEL, julgamento em 11/12/2012, publicação da súmula em 14/12/2012).

RESPONSABILIDADE CIVIL POR DESTRUIÇÃO DE BEM IMÓVEL INVENTARIADO COMO PATRIMÔNIO CULTURAL

ANA MARIA MOREIRA MARCHESAN
Promotora de Justiça no Estado do Rio Grande do Sul.
Mestre em Direito Ambiental e Biodireito pela Universidade Federal de Santa Catarina e Doutoranda pela mesma Universidade.
Integrante da Diretoria da ABRAMPA e do Instituto "O Direito por um Planeta Verde".
Autora de diversas obras na área do direito ambiental e patrimônio cultural.
Professora dos cursos de pós-graduação da UFRGS e do IDC.

1. INTRODUÇÃO

O acórdão comentado enfrenta profundamente pelo menos 05 temas ligados ao direito ambiental, mais especificamente ao meio ambiente cultural. No presente comentário, iremos nos ater a cada um desses tópicos, procurando agregar nossa posição pessoal e outras lições obtidas junto à jurisprudência e doutrina nacional e estrangeira.

O julgado oriundo da 7ª Câmara Cível do Tribunal de Justiça mineiro é fruto da análise de um reexame necessário de sentença que, em apreciando ação civil pública aviada pelo Ministério Público da Comarca de Araguari, reformou a sentença para julgar a ação parcialmente procedente.

Já na introdução do acórdão, externou o eminente Des. Relator um entendimento bastante curioso de aplicação analógica do art.19, "caput", da Lei da Ação Popular para os fins de se proceder ao reexame necessário da sentença proferida em ação civil pública que julgara improcedentes os pedidos formulados pelo Ministério Público.

O Superior Tribunal de Justiça vem, reiteradamente, aplicando analogicamente esse dispositivo para os casos de ação civil pública de improbidade administrativa, conquanto nas ementas dos acórdãos utilizem a expressão genérica "ação civil pública"[1]. Afigura-se deveras interessante a extensão do microssistema da Lei da Ação Popular à Lei da Ação Civil Pública porquanto, sem sombra de dúvidas, estamos a tratar, em ambos os casos, de bens-interesses públicos, vinculados ou não ao erário.

O bem jurídico remoto pretendido tutelar com a ação que gerou o acórdão é o meio ambiente, mais especificamente na sua dimensão cultural.

Trata-se de demanda objetivando a responsabilidade civil do então prefeito do Município de Araguari e contra o proprietário de um imóvel, denominado como "Relicário", considerado como integrante do patrimônio cultural daquela localidade e que fora demolido, após sucessivos atos de descaracterização.

A ação civil pública foi julgada improcedente no primeiro grau, sob os argumentos de que o imóvel não se achava tombado e nem mesmo integrava o patrimônio cultural de Araguari quando de sua demolição.

O caso foi objeto de recurso voluntário do Ministério Público, o qual foi considerado prejudicado em função do Tribunal ter aplicado analogicamente o já referido dispositivo da Lei da Ação Popular.

Passemos agora aos principais temas discutidos no aresto.

2. O TOMBAMENTO COMO UM DOS MÚLTIPLOS INSTRUMENTOS DE PROTEÇÃO DO PATRIMÔNIO CULTURAL

O acórdão acompanha o leito da tendência doutrinária e jurisprudencial que predomina no atual contexto da Ciência Jurídica, segundo a qual o tombamento é uma das formas, mas não a única, de proteção do patrimônio cultural material.

Não há dúvidas de que o tombamento ainda goza de um protagonismo inegável no leque de instrumentos previstos, exemplificativamente, no § 1º[2] do

1 BRASIL. Superior Tribunal de Justiça. REsp 1.108.542 – SC, Relator Min. Castro Meira. J. em 19.mai.2009.No mesmo sentido AgRg no REsp 1219033; REsp 1556576, dentre outros julgados. Disponível em: <http://www.stj.jus.br/SCON/jurisprudencia/toc> Acesso em 16.set.2017.

2 "O Poder Público, com a colaboração da comunidade, promoverá e protegerá o

art. 216 da Constituição Federal. Observe-se que a cláusula de abertura para múltiplos instrumentos advêm da expressão "outras formas de acautelamento e preservação" empregada pelo Constituinte. Portanto, o Decreto-lei nº 25/37, conhecido como "A Lei do Tombamento", deixou há muito de ser o único marco regulatório para tutela do patrimônio cultural edificado. A Constituição, mais preocupada com a preservação de todas as formas de patrimônio cultural, desde o mais elitizado ao mais simplório, passando pela arquitetura vernacular e pelos lugares desprovidos até de beleza estética, mas que gozem apreço popular, enfatizou o dever do Poder Público, com a colaboração da comunidade, de proteção e preservação do patrimônio cultural.

Em decisão monocrática, o Des. Armínio José Abreu Lima da Rosa, integrante do Tribunal de Justiça gaúcho, sintetiza a questão:

> CONSTITUCIONAL. ADMINISTRATIVO. IMÓVEL DE VALOR HISTÓRICO. PROTEÇÃO. TOMBAMENTO. DISPENSABILIDADE. REGRAMENTO MUNICIPAL. ARTIGO 30, IX, CF/88. CASO DOS AUTOS. BEM DE EVIDENTE VALOR HISTÓRICO.
>
> Os valores históricos, artísticos, preexistem ao tombamento e merecem proteção por si mesmos, pelo que representam, independentemente do ato declaratório de tombamento.
>
> **A não ser assim, a omissão ou, até, a falha do Poder Público, poderia ensejar irreparável perda da memória dos valores em que se estrutura e traduz uma Nação.**
>
> Na hipótese dos autos, está-se diante de bem imóvel de evidente valor histórico, não apenas pelo que representa em termos arquitetônicos e o retrato de determinada época da Região Sul do Estado, como também quanto a aqueles que por ali passaram suas vidas[3](grifos nossos).

---

patrimônio cultural brasileiro, por meio de inventários, registros, vigilância, tombamento e desapropriação, e de outras formas de acautelamento e preservação".

3 RIO GRANDE DO SUL. Tribunal de Justiça. AGRAVO DE INSTRUMENTO 70040785040. Relator: Des. ARMINIO JOSÉ ABREU LIMA DA ROSA, J. em 12.jan.2011. Disponível em: <http://www.tjrs.jus.br> Acesso em 16.set.2017. No mesmo sentido: SANTA CATARINA. Tribunal de Justiça. Apelação Cível n. 97.001063-0. Relator: Des. Silveira Lenzi. J. em 24 ago. 1999. Disponível em: <http://www.tj.sc.gov.br> Acesso em: 07 abr 2005. MINAS GERAIS Tribunal de Justiça. Apelação Cível nº 51.346-5. Apelante: Antônio Marcelo de Borges Nunes. Apelado: Ministério Público do Estado de Minas Gerais. Relator: Des. Schalcher Ventura. 22 ago. 1996. In: ACADEMIA PAULISTA DE MAGISTRADOS

Em escrito anterior[4], identificamos alguns princípios específicos da tutela do patrimônio cultural. Dentre eles, salientamos o denominado "princípio pro monumento". Expresso na Convenção da UNESCO para a Proteção do Patrimônio Mundial, Cultural e Natural, assinada em Paris em 16 de novembro de 1972, uma das principais cartas internacionais que orientam a proteção e o restauro dos bens culturais, o princípio revela que o valor cultural do bem precede a qualquer chancela judicial, legal ou administrativa que sobre ele recaia.

Reza o art. 12 da Convenção:

> O fato de que um bem do patrimônio cultural ou natural não haja sido incluído numa ou outra das duas listas mencionadas nos parágrafos 2 e 4 do art. 11 não significará, em absoluto, que ele não tenha valor universal excepcional para fins distintos dos que resultam da inclusão nessas listas[5].

Mesmo não incluído nos fichários previstos na convenção, ainda assim pode o bem ser merecedor de algum tipo de tutela.

No direito brasileiro, a legislação consagra a mais ampla tutela ao meio ambiente, nele inserida a dimensão cultural. O cardápio de instrumentos jurídicos para tutela do meio ambiente cultural vai muito além do tombamento, como se pode inferir da leitura do art. 216, § 1º, da Constituição.

Intuitivo afirmar a existência de uma espécie de benefício da dúvida, ao possibilitar que se busque no Judiciário a tutela de bens ainda não reconhecidos como culturais pelo Poder Executivo ou Legislativo.

A doutrina, por sua vez, avança a passos largos nesse sentido.

Milaré[6], ao catalogar as diversas formas de "promoção" dos bens culturais, identifica a via judicial como sendo uma delas. Sustenta, à luz da Lei da Ação Civil Pública e do art. 216 da Constituição Federal, a possibilidade de inclusão de bens no patrimônio cultural brasileiro por meio de decisão judicial, in-

---

(Org.). Direito ambiental: legislação, doutrina, jurisprudência e prática forense. São Paulo: Plenum/Petrobrás. CD-ROM. SÃO PAULO. Tribunal de Justiça. Apelação Cível n. 95.285-1. Relator: Des. Jorge Almeida. J. em 28 mar. 1988. RJTJESP-LEX 114, p. 38-41.

4 MARCHESAN, Ana Maria Moreira. **A tutela do patrimônio cultural sob o enfoque do Direito Ambiental**. Porto Alegre: Livraria do Advogado, 2006.

5 Disponível em: <http://whc.unesco.org/archive/convention-pt.pdf>Acesso em 16.set.2017.

6 MILARÉ, Édis. **Direito do ambiente**. São Paulo: Revista dos Tribunais 2000, p. 192-193.

dependentemente do critério administrativo. A falta de proteção de tais bens pode derivar de omissão administrativa, cabendo ao Poder Judiciário reconhecê-la e corrigi-la[7].

No direito espanhol, a doutrina e a jurisprudência têm reconhecido esse princípio, a partir de uma exegese alargada do art. 46[8] da Constituição, do qual se absorve um compromisso para com o futuro a partir do emprego desse tempo verbal para os comandos impostos ao Poder Público[9].

Citando pesquisa jurisprudencial que classificou os julgados em três blocos: 1) sentenças que recaíram sobre monumentos singulares; 2) sentenças referentes a um conjunto monumental ou a um bem imóvel incluído dentro dele; 3) sentenças que envolvam a possibilidade ou não de efetuar obras que afetem a visibilidade ou entorno de um monumento, Pérez Luño identifica uma crescente tutela dos bens culturais, restando plasmado o chamado princípio "pro monumento" ou, como dizem Orozco Pardo e Pérez Alonso, "*pro bem cultural*"[10], os quais o relacionam com a ideia de um direito social à cultura, que inclusive transcende aos limites nacionais para ser objeto de crescente regulação internacional e que, no campo espiritual, se insere no patrimônio coletivo da humanidade, tornando imperativa a aplicação da

---

7 Comungam desse entendimento, dentre outros especialistas: CARVALHO FILHO, José dos Santos. **Ação civil pública**: comentários por artigo. Rio de Janeiro: Freitas Bastos, 1995, p. 27; MACHADO, Paulo Affonso Leme. **Ação civil pública:** ambiente, consumidor, patrimônio cultural e tombamento. 2. ed. São Paulo: Revista dos Tribunais, 1987, p. 15; RICHTER, Rui Arno. **Meio ambiente cultural:** omissão do Estado e tutela judicial. Curitiba: Juruá, 1999, p. 108-109.

8 "*Artículo 46 - Conservación del patrimônio artístico: Los poderes públicos garantizarán la conservación y promoverán el enriquecimiento del patrimonio histórico, cultural y artístico de los pueblos de España y de los bienes que lo integran, cualquiera que sea su régimen jurídico y su titularidad. La ley penal sancionará los atentados contra este patrimônio*". (Os poderes públicos garantirão a conservação e promoverão o enriquecimento do patrimônio histórico, cultural e artístico dos povos da Espanha e dos bens que o integram, qualquer que seja seu regime jurídico ou sua titularidade. A Lei Penal sancionará os atentados contra este patrimônio)[Tradução livre da autora].

9 PÉREZ LUÑO, Antonio Enrique. ***Derechos humanos, estado de derecho e constitución.*** 6.ed. Madrid: Tecnos, 1999.1984, p. 283.

10 PARDO, Guilhermo Orozco; ALONSO, Esteban Pérez. ***La tutela civil y penal del patrimonio histórico, cultural o artístico***. Madrid: McGraw-Hill, 1996, p. 43.

legislação protetora no sentido mais favorável aos fins de conservação dos bens culturais[11] .

Assim, aliar o art. 216, § 1°, da CR ao princípio do "in dubio pro monumento" resulta na assertiva de que o tombamento é apenas um dentre os vários instrumentos para tutela do patrimônio cultural, conforme bem assentado no aresto.

3. O INVENTÁRIO COMO INSRUMENTO JURÍDICO DE PRESERVAÇÃO DO PATRIMÔNIO CULTURAL

Em relação ao inventário ser um dentre os vários instrumentos de proteção do patrimônio cultural, é relevante destacar que o Superior Tribunal de Justiça, em apreciando agravo contra a decisão que determinou, no caso da decisão ora comentada, o seu não conhecimento, enfatizou essa posição. Na decisão monocrática do Min. Herman Benjamin, está sacramentado:

> II. O tombamento é apenas um dos institutos que tem por fim a tutela do patrimônio histórico e artístico, mas não o único:
>
> III. A Constituição da República de 1988 alçou o inventário como instrumento jurídico de preservação do patrimônio cultural, ao lado do tombamento, da desapropriação, dos registros, da vigilância e de outras formas de acautelamento e preservação (art. 216, § 1º, CR/88)[12].

O Recurso Especial 403.796 já foi apreciado e improvido, mas até a data do fechamento desse comentário (27 de setembro de 2017) não aparece disponível no *website* do Tribunal da Cidadania.

Para fins didáticos, na linha desenvolvida por Silva, podemos separar os meios primários e secundários de proteção do patrimônio cultural.

---

11 Nesse sentido, Sentença de 13 de abril de 1981 do Supremo Tribunal Espanhol, Sala 4ª, referida Ibidem, p. 42.

12 BRASIL. Superior Tribunal de Justiça. AGRAVO EM RECURSO ESPECIAL Nº 403.796 - MG (2013/0332847-8). Relator Ministro Herman Benjamin. J. em 26.mai.2017. Disponível em: <https://ww2.stj.jus.br/processo/pesquisa/>. Acesso 27.set.2017.

Dentre os primários, figuram o inventário, registro, tombamento, desapropriação e zoneamento, por representarem a formação, o reconhecimento da importância de determinados bens. Os meios secundários seriam aqueles pertinentes à vigilância, fiscalização, reparos, restauração, restrições à imodificabilidade e à alienabilidade continuamente impostos à Administração[13]. Como destacado em doutrina citada no próprio acórdão, os inventários, aliados ao tombamento, registros e desapropriação, são exemplos de "meios destinados à formação oficial do patrimônio cultural, por constituírem técnicas jurídicas destinadas à elevar determinado bem à condição de participante desse patrimônio"[14].

Previsto no § 1º do art. 216 da CR, o inventário pode ser singelamente definido como um cadastro de bens de valor cultural, os quais podem ser de domínio público ou particular. Independentemente de lei que o regulamente, o inventário consubstancia prova pré-constituída da relevância cultural do bem, tornando-se submetido ao regime de proteção típico dos bens funcionalizados à preservação da memória cultural, no cumprimento de um direito de toda a coletividade.

Poucos estados e municípios brasileiros possuem essa relação de bens cuja importância cultural é reconhecida por técnicos especializados nas mais diversas áreas (história, arquitetura, artes plásticas, folclore, entre outras).

Na órbita federal, o inventário ainda carece de lei reguladora.

Isso vem suscitando uma infinidade de problemas quanto aos efeitos jurídicos desse instrumento, carência essa que não deve servir de obstáculo a que os entes governamentais realizem os seus inventários, nem de pretexto para que se assista passivamente à demolição de bens integrantes do patrimônio cultural.

Alguns municípios, além de incorporarem à sua política pública de proteção do patrimônio cultural a listagem de bens inventariados (alguns o fazem como anexo ao Plano Diretor), editaram legislação detalhando o regime jurídico respectivo ao qual estão esses bens sujeitos.

---

13 SILVA, José Afonso da. **Ordenação constitucional da cultura**. São Paulo: Malheiros, 2001, p. 156.

14 SILVA, ob. cit., p. 155-156.

É o caso de Porto Alegre. O art. 92[15] do Plano Diretor Urbano-Ambiental prevê a realização do inventário. Por sua vez, no art. 14[16] da mesma Lei Complementar, estão conceituadas as duas categorias do inventário: estruturação e compatibilização.

Em 2008, sobreveio a Lei Complementar n° 601, na qual foram melhor esclarecidos os regimes jurídicos dos bens inventariados nas duas categorias.

Partindo-se, pois, da premissa de que é dado aos municípios e estados-membros legislar sobre proteção do patrimônio cultural, suplementando a legislação federal, não resta difícil afirmar que podem esses entes, na omissão

---

15 Art. 92. Áreas de Interesse Cultural são áreas que apresentam ocorrência de Patrimônio Cultural e que devem ser analisadas, visando a sua preservação no quadro da sustentabilidade urbana e ao resgate da memória cultural por meio da revitalização, restauração potencialização das áreas significativas, por meio de flexibilização e fomento pelo Poder Público, identificadas no Anexo 3 desta Lei Complementar.
§ 2º A preservação de Áreas, Lugares e Unidades far-se-á pela definição de regime urbanístico específico, por tombamento **e inventário** (grifo nosso).
§ 4º A identificação das áreas e dos bens que constituem Patrimônio Cultural será objeto de estudos específicos baseados **no Inventário do Patrimônio Cultural**, observados o valor histórico, o valor arqueológico, a excepcionalidade, os valores de representatividade, de referência, arquitetônicos, simbólicos, práticas culturais, tradições e heranças, considerando, ainda, as relações físicas e culturais com o entorno e a necessidade de manutenção de ambientação peculiar.(Alterado pela L.C. n° 646, de 22 de julho de 2010).
§ 5º **Lei específica regulamentará o Inventário do Patrimônio Cultural, incluindo sítios arqueológicos e áreas de interesse arqueológico, estabelecendo conceitos, conteúdos, critérios de seleção, características, vigência, formas de proteção e de incentivo.** (Alterado pela L.C. n° 646, de 22 de julho de 2010).

16 Art. 14. Integram o Patrimônio Cultural, para efeitos desta Lei Complementar, o conjunto de bens imóveis de valor significativo – edificações isoladas ou não, ambiências, parques urbanos e naturais, praças, sítios e áreas remanescentes de quilombos e comunidades indígenas –, paisagens, bens arqueológicos – históricos e pré–históricos –, bem como manifestações culturais – tradições, práticas e referências, denominados bens intangíveis, que conferem identidade a esses espaços (Alterado pela L.C. n° 646, de 22 de julho de 2010).
Parágrafo único. As edificações que integram o Patrimônio Cultural são identificadas como Tombadas e **Inventariadas de Estruturação ou de Compatibilização**, nos termos de lei específica, observado que: I – de Estruturação é aquela que por seus valores atribui identidade ao espaço, constituindo elemento significativo na estruturação da paisagem onde se localiza; II – de Compatibilização é aquela que expressa relação significativa com a de Estruturação e seu entorno, cuja volumetria e outros elementos de composição requerem tratamento especial.

da União, legislar a respeito do regime jurídico dos bens sujeitos ao inventário, o que inclusive é sugerido por Souza Filho[17] e fomentado por Tuglio[18] .

O Tribunal de Justiça do Rio Grande do Sul, em decisão relacionada ao inventário dos bens culturais de Pelotas, vedou a demolição de uma fachada, chancelando a eficácia do instrumento:

> APELAÇÃO CÍVEL. DIREITO PÚBLICO NÃO ESPECIFICADO. AÇÃO DEMOLITÓRIA. PRESERVAÇÃO DO PATRIMÔNIO CULTURAL. BEM INVENTARIADO. JUÍZO DE CONVENIÊNCIA E OPORTUNIDADE DA ADMINISTRAÇÃO. LEI MUNICIPAL DE PELOTAS Nº 4.568/2000. CONTROLE JUDICIAL NA ADMINISTRAÇÃO. 1. A respeito da preservação cultural, o art. 216, § 1º da CF/88 estipula que não apenas o tombamento é capaz de criar limitação administrativa, mas também "inventários e outras formas de acautelamento" promovidas pelo poder público. 2. Inviável autorização judicial para demolição de fachada de prédio inventariado, pois é matéria adstrita ao juízo de conveniência e de oportunidade do administrador, ao qual é vedado o controle judicial. 3. A par do mérito administrativo, a fachada em questão não mais oferece risco à incolumidade pública, pois já realizado o devido escoramento[19].

Feitas essas digressões a respeito do instrumento do inventário, não resta difícil intuir que figura ele dentre os mais importantes nas tarefas de identificar, selecionar e preservar o patrimônio cultural brasileiro. Andou bem o julgado sob análise ao considerar prescindível o tombamento prévio para a proteção do "Relicário".

---

17 SOUZA FILHO, Carlos Frederico Marés. **Bens culturais e proteção jurídica**. Porto Alegre: Unidade Editorial, 1997, p. 93.

18 TUGLIO, Vania Maria. Patrimônio histórico: uma lacuna legal? Disponível em: <http://www.mp.sp.gov.br/caouma/doutrina/amb/teses>. Acesso em: 21 mar. 2005.

19 BRASIL. Tribunal de Justiça do Rio Grande do Sul. Apelação Cível n. 70033805474. Rel. Des. Luiz Felipe Silveira Difini. J. em 24.mar. 2010. Disponível em <http://www1.tjrs.jus.br/busca>. Acesso em 09.set. 2017.

4. A NOTIFICAÇÃO DO PROPRIETÁRIO DO BEM TOMBADO E SUA REPERCUSSÃO NO REGIME JURÍDICO DA PROPRIEDADE

No caso analisado no acórdão, conquanto alegue a nulidade da notificação, o proprietário do bem chegou a ser cientificado da deflagração do procedimento administrativo do tombamento e, mais do que isso, impugnou-o.

Mesmo após isso, segundo informa o voto condutor da maioria, o proprietário não procurou conservar o bem.

O fato é que o tombamento pode ser definitivo ou provisório. Esse último tem início a partir da notificação do proprietário e, por força do art. 10[20] do Decreto-lei n° 25/37, o tombamento provisório equipara-se ao definitivo.

Todas as repercussões geradas pelo tombamento já se fazem presentes desde a notificação do proprietário. São elas restrições que podem implicar, e invariavelmente implicam, nas construções circunvizinhas, nas reformas externas e internas, nas licenças edilícias e ambientais, no trânsito e arquitetura das vias, nos cuidados com a poluição e no zoneamento urbanístico.

Nesse sentido, vale trazer à baila acórdão do Superior Tribunal de Justiça:

> PROCESSO CIVIL. ADMINISTRATIVO. AÇÃO CIVIL PÚBLICA. TOMBAMENTO PROVISÓRIO. EQUIPARAÇÃO AO DEFINITIVO. EFICÁCIA.
>
> 1. O ato de tombamento, seja ele provisório ou definitivo, tem por finalidade preservar o bem identificado como de valor cultural, contrapondo-se, inclusive, aos interesses da propriedade privada, não só limitando o exercício dos direitos inerentes ao bem, mas também obrigando o proprietário às medidas necessárias à sua conservação. O tombamento provisório, portanto, possui caráter preventivo e assemelha-se ao definitivo quanto às limitações incidentes sobre a utilização do bem tutelado, nos termos do parágrafo único do art. 10 do Decreto-Lei nº 25/37.
>
> 2. **O valor cultural pertencente ao bem é anterior ao próprio tombamento.** A diferença é que, não existindo qualquer ato do Poder Público

---

20 Art. 10. O tombamento dos bens, a que se refere o art. 6º desta Lei, será considerado provisório ou definitivo, conforme esteja o respectivo processo iniciado pela notificação ou concluído pela inscrição dos referidos bens no competente Livro do Tombo.
Parágrafo único. Para todos os efeitos, salvo a disposição do art. 13 desta Lei, o tombamento provisório se equiparará ao definitivo.

formalizando a necessidade de protegê-lo, descaberia responsabilizar o particular pela não conservação do patrimônio. **O tombamento provisório, portanto, serve justamente como um reconhecimento público da valoração inerente ao bem.**

3. As coisas tombadas não poderão, nos termos do art. 17 do Decreto-Lei nº 25/37, ser destruídas, demolidas ou mutiladas. O descumprimento do aludido preceito legal enseja, via de regra, o dever de restituir a coisa *ao status quo ante*. Excepcionalmente, sendo manifestamente inviável o restabelecimento do bem ao seu formato original, autoriza-se a conversão da obrigação em perdas e danos.

4. À reforma do aresto recorrido deve seguir-se à devolução dos autos ao Tribunal a quo para que, respeitados os parâmetros jurídicos ora estipulados, prossiga o exame da apelação do IPHAN e aplique o direito consoante o seu convencimento, com a análise das alegações das partes e das provas existentes.

5. Recurso especial provido em parte[21] (grifos nossos).

Em função das consequências jurídicas derivadas do tombamento provisório, as quais incidem muitas vezes na esfera de terceiros, é altamente recomendável que se averbe na matrícula do imóvel essa situação. Acolhendo pedido do Ministério Público Estadual, a Corregedoria-Geral da Justiça do Rio Grande do Sul, com base no art. 246, "caput", da Lei dos Registros Públicos, inseriu na Consolidação Normativa Notarial e Registral[22] essa previsão.

5. DO DANO MORAL COLETIVO E SEU ARBITRAMENTO

Por fim, o acórdão ainda analisa com maestria a possibilidade jurídica e suas implicações relacionadas ao dano moral extrapatrimonial ou coletivo advindo de lesões ilícitas ao patrimônio cultural.

---

21 BRASIL. Superior Tribunal de Justiça. REsp 753.534 – MT. Relator Ministro Castro Meira. J. em 25.out.2011. Disponível em: <http://www.stj.jus.br/SCON>. Acesso em 17.set.2017.

22 Art. 424. Disponível em:<https://www.tjrs.jus.br/export/legislacao/estadual/>. Acesso em 17.set.2017.

Em primeiro lugar, enfrenta a questão de ser ou não possível a indenização pelo dano moral coletivo, concluindo positivamente.

Salienta o eminente Relator do acórdão que, com o advento da Constituição de 1988, "descortinou-se um novo horizonte quanto à tutela dos danos morais, particularmente no que tange à sua feição coletiva".

De fato, o art. 5°, incs.V e X, da CR abriu caminho para isso. Posteriormente, a Lei da Ação Civil Pública (n° 7.347/85) foi alterada pela chamada Lei Antitruste (n°. 8.884/94), a qual acrescentou ao art. 1° da Lei n° 7.347/85 a possibilidade de responsabilização pelos danos morais coletivos. No dizer de Leite, "Trata-se da consagração, em nosso ordenamento jurídico, da reparação de toda e qualquer espécie de dano coletivo, no que toca à sua extensão"[23].

O Código Civil igualmente estatui que aquele que por ação ou omissão voluntária, negligência ou imprudência,violar direito e causar dano a outrem, ainda que exclusivamente moral, comete ato ilícito, ficando obrigado a repará-lo (arts. 186 e 927).

A jurisprudência[24] vem avançando no sentido do reconhecimento do dever de indenizar o dano moral coletivo em matéria ambiental.

Especificamente relacionado ao viés cultural, aflora como exemplo marcante de reconhecimento do dever de indenizar imposto a uma empresa que causou danos estéticos à chamada fonte "*Las Nereidas*" situada no Município argentino de Tandil. Nesse precedente, o Tribunal de Azul considerou que a comunidade local merecia ser indenizada, à guisa de dano moral, em razão da privação do gozo estético que estaria a justificar o cuidado com a ornamentação urbana (o acórdão está integralmente reproduzido na Revista de Direito Ambiental, São Paulo, v. 2., n. 6, p. 128-142, abr./jun. 1997).

A doutrina especializada vem entendendo que não são todos os casos de danos ao patrimônio cultural que seriam aptos a gerarem o dever de indeni-

23 LEITE, José Rubens Morato. **Dano ambiental:** do individual ao coletivo extrapatrimonial. São Paulo: Revista dos Tribunais, 2000, p. 286.

24 BRASIL. TRF4. Apelação Cível n. 5083890-46.2014.404.7100. Relator Des. Federal SÉRGIO RENATO TEJADA GARCIA. J. em 25.jan.2017. Disponível em: <https://jurisprudencia.trf4.jus.br/pesquisa/resultado_pesquisa.php>. Acesso em 23.set.2017.

zar, mas somente aqueles graves, que ultrapassem os limites da tolerabilidade social[25].

Sem sombra de dúvidas o caso do imóvel denominado "Relicário", consoante fartamente explorado no voto do Des. Relator, ostenta qualidades suficientes para, em tendo ocorrido danos aos valores justificadores da sua preservação, induzir ao dever de indenizar. Houve afronta a um bem cultural portador de grande apreço pela comunidade de Araguari, associado inclusive a fatos relevantes não só daquela localidade como a outros integrantes da cultura nacional (destaque para as filmagens do "Caso dos Irmãos Naves").

Por derradeiro, assegurada a possibilidade jurídica de indenização, o acórdão ingressou ainda nos critérios para balizamento do *quantum debeatur*, baseando-se sobretudo nas lições de Medeiros Neto[26]. Para esse autor, que acompanha, nesse ponto, praticamente os mesmos critérios indicados por Miranda, são relevantes: a) a natureza, a gravidade e a repercussão da lesão; b) a situação econômica do ofensor; c) o proveito obtido com a conduta ilícita; d) o grau de culpa ou dolo, se presentes, e a verificação da reincidência; e) o grau de reprovabilidade social da conduta adotada[27].

Após tecer considerações sobre cada um desses requisitos, o Des. Relator considerou que a quantia de R$ 60.000,00 (sessenta mil reais) seria adequada e suficiente para reparar o dano moral coletivo.

Interessante destacar que o magistrado ressentiu-se de não haver nos autos elementos de prova a respeito da situação econômica do ofensor nem do possível proveito obtido com a conduta ilícita, fatores esses que poderiam ter elevado o montante a ser pago. Essa observação serve de alerta para demandas futuras, em cujo contexto de prova os autores terão de se preocupar com esse aspecto da prova.

---

25 MIRANDA, Marcos Paulo de Souza. Configuração e indenizabilidade de danos morais coletivos decorrentes de lesões a bens integrantes do patrimônio cultural brasileiro. **Revista de Direito Ambiental**, v. 14, n. 54, p. 229-253, abr./jun. 2009.

26 MEDEIROS NETO, Xisto Tiago de. Dano moral coletivo. 3.ed. São Paulo: LTR, 2012.

27 Ob. cit., p. 349.

6. CONCLUSÃO

Aproveitando a oportunidade singular para render homenagens ao Ministério Público mineiro, cuja atuação se alimenta o Tribunal de Justiça do mesmo Estado, consideramos que o acórdão é exemplar em suas análises, sobretudo por romper com uma tendência que chegou a ter guarida no Superior Tribunal de Justiça de que a vítima do dano moral teria de ser necessariamente uma pessoa.

O caráter da irrepetibilidade dos bens ambientais em geral e dos bens integrantes do patrimônio cultural, em especial, vincula a magistratura brasileira à construção de precedentes que encampem as funções preventiva e punitiva da indenização pelo dano moral ambiental coletivo.

7. REFERÊNCIAS BIBLIOGRÁFICAS

BRASIL. TRF4. **Apelação Cível n. 5083890-46.2014.404.7100.** Relator Des. Federal SÉRGIO RENATO TEJADA GARCIA. J. em 25.jan.2017. Disponível em: <https://jurisprudencia.trf4.jus.br/pesquisa/resultado_pesquisa.php>. Acesso em 23.set.2017.

BRASIL. Superior Tribunal de Justiça. **REsp 753.534** – MT. Relator Ministro Castro Meira. J. em 25.out.2011. Disponível em: <http://www.stj.jus.br/SCON>. Acesso em 17.set.2017.

BRASIL. Tribunal de Justiça do Rio Grande do Sul. **Apelação Cível n. 70033805474.** Rel. Des. Luiz Felipe Silveira Difini. J. em 24.mar. 2010. Disponível em <http://www1.tjrs.jus.br/busca>. Acesso em 09.set. 2017.

BRASIL. Superior Tribunal de Justiça. **REsp 1.108.542** – SC, Relator Min. Castro Meira. Julgado em 19.mai.2009. Disponível em: <http://www.stj.jus.br/SCON/jurisprudencia/toc>. Acesso em 16.set.2017.

BRASIL. Superior Tribunal de Justiça. AGRAVO EM RECURSO ESPECIAL Nº 403.796 - MG (2013/0332847-8). Relator Ministro Herman Benjamin. J. em 26.mai.2017. Disponível em: <https://ww2.stj.jus.br/processo/pesquisa/>. Acesso 27.set.2017.

CARVALHO FILHO, José dos Santos. **Ação civil pública**: comentários por artigo. Rio de Janeiro: Freitas Bastos, 1995, p. 27.

LEITE, José Rubens Morato. **Dano ambiental:** do individual ao coletivo extrapatrimonial. São Paulo: Revista dos Tribunais, 2000, p. 286.

MACHADO, Paulo Affonso Leme. **Ação civil pública:** ambiente, consumidor, patrimônio cultural e tombamento. 2. ed. São Paulo: Revista dos Tribunais, 1987, p. 15.

MARCHESAN, Ana Maria Moreira. **A tutela do patrimônio cultural sob o enfoque do direito ambiental**. Porto Alegre: Livraria do Advogado, 2006.

MEDEIROS NETO, Xisto Tiago de. **Dano moral coletivo**. 3.ed. São Paulo: LTR, 2012.

MILARÉ, Édis. **Direito do ambiente**. São Paulo: Revista dos Tribunais 2000, p. 192-193.

MIRANDA, Marcos Paulo de Souza. Configuração e indenizabilidade de danos morais coletivos decorrentes de lesões a bens integrantes do patrimônio cultural brasileiro. **Revista de Direito Ambiental**, v. 14, n. 54, p. 229-253, abr./jun. 2009.

PARDO, Guilhermo Orozco; ALONSO, Esteban Pérez. ***La tutela civil y penal del patrimonio histórico, cultural o artístico***. Madrid: McGraw-Hill, 1996, p. 43.

PÉREZ LUÑO, Antonio Enrique. ***Derechos humanos, estado de derecho e constitución***. 6.ed. Madrid: Tecnos, 1999.

RICHTER, Rui Arno. **Meio ambiente cultural:** omissão do Estado e tutela judicial. Curitiba: Juruá, 1999.

SILVA, José Afonso da. **Ordenação constitucional da cultura**. São Paulo: Malheiros, 2001.

SOUZA FILHO, Carlos Frederico Marés. **Bens culturais e proteção jurídica**. Porto Alegre: Unidade Editorial, 1997.

TUGLIO, Vania Maria. **Patrimônio histórico: uma lacuna legal?** Disponível em: <http://www.mp.sp.gov.br/caouma/doutrina/amb/teses>. Acesso em: 21 mar. 2005.

APELAÇÃO CÍVEL - AÇÃO CIVIL PÚBLICA - DANO AMBIENTAL - MANUTENÇÃO DE ENGENHO DE PUBLICIDADE EM AFRONTA AO DECRETO MUNICIPAL DE REGÊNCIA - PRAZO PARA ADEQUAÇÃO - INOBSERVADO - POLUIÇÃO VISUAL - CARACTERIZADA - INDENIZAÇÃO - CABIMENTO - SENTENÇA REFORMADA.

Na esteira do princípio da reparação integral, tem-se admitido a cumulação abstrata das obrigações de fazer, não fazer e de indenização pelo dano ambiental causado, entendimento este já assente no âmbito do STJ. Entretanto, embora reconheça a possibilidade de cumulação dos pedidos, entende o STJ que não será devida a indenização quando for possível a completa restauração do dano ambiental e desde que não se verifique a existência de dano remanescente ou reflexo.

No caso em tela, ainda que a apelada tenha dado cumprimento à obrigação específica, deve ser condenada ao pagamento de indenização, visto que sua conduta, atentando à legislação ambiental, acarretou dano à coletividade, pois prejudicou a visibilidade do conjunto arquitetônico localizado no centro histórico do Município, em evidente poluição visual.

Importante considerar, ainda, o caráter pedagógico do dano extrapatrimonial, no intuito de desestimular o ofensor, ou terceiros, a reiterarem a conduta reprimida pelo ordenamento, especialmente porque, no caso em tela, noticiou-se que os demais comerciantes promoveram as adequações necessárias, nos moldes da determinação legal. (TJMG - Apelação Cível 1.0625.15.004285-5/001, Relator(a): Des. (a) Geraldo Augusto, 1ª CÂMARA CÍVEL, julgamento em 26/07/2016, publicação da súmula em 02/08/2016).

A FUNÇÃO DISSUASÓRIA DA INDENIZAÇÃO POR DANO EXTRAPATRIMONIAL DECORRENTE DE POLUIÇÃO VISUAL

ANNELISE MONTEIRO STEIGLEDER
Promotora de Justiça do Estado do Rio Grande do Sul. Mestre em Direito pela Universidade Federal do Paraná. Doutoranda em Planejamento Urbano e Regional pela Universidade Federal do Estado do Rio Grande do Sul. Professora de Direito Ambiental no Curso de Especialização em Direito Público da PUC/RS, no Curso de Especialização em Direito Empresarial da PUC/RS, na Escola da Magistratura do Estado do Rio Grande do Sul – AJURIS e no Curso de Especialização em Direito Ambiental da UFRGS.

1. INTRODUÇÃO

O presente artigo dedica-se a comentar o acórdão do Tribunal de Justiça do Estado de Minas Gerais que, reconhecendo a incidência do princípio da reparação integral por danos ambientais, impôs o pagamento de indenização por danos extrapatrimoniais decorrentes de poluição visual associada à manutenção de engenho de publicidade na fachada de estabelecimento comercial localizado no centro histórico do Município de São João Del Rey, o qual conta com diversos prédios tombados, afirmando-se que,

> "ainda que a apelada tenha dado cumprimento à obrigação específica, deve ser condenada ao pagamento de indenização, visto que sua conduta atentando à legislação ambiental acarretou dano à coletividade, pois prejudicou a visibilidade do conjunto arquitetônico localizado no centro histórico do Município, em evidente poluição visual".

O precedente atribuiu à indenização por dano extrapatrimonial a função dissuasória, apontando expressamente para o seu caráter pedagógico, com o objetivo de "desestimular o ofensor, ou terceiros, a reiterarem a conduta reprimida pelo ordenamento, especialmente porque (...) os demais comerciantes promoveram as adequações necessárias, nos moldes da determinação legal".

O caso concreto apreciado pela Corte enfrentou o tema da poluição visual decorrente da instalação de engenhos de publicidade na fachada de estabelecimento comercial localizado no Centro Histórico de São João Del Rey, em desacordo com o Decreto Municipal nº 4.762/11, que estabelecia prazo para que os comerciantes situados nesta área da cidade procedessem à adequação dos respectivos engenhos de publicidade e toldos às normas protetivas do patrimônio cultural. Ocorre que o apelante não atendeu ao prazo legal para adequação e somente removeu os engenhos publicitários de sua fachada após o ajuizamento da ação civil pública. Foi apurado que tais equipamentos foram mantidos ilegalmente na fachada por, pelo menos, 03 (três) anos desde a entrada em vigor da legislação municipal. A sentença considerou descabido o pedido de indenização por dano extrapatrimonial, porquanto os engenhos haviam sido retirados[1], motivo pelo qual sobreveio recurso de apelação do Ministério Público, sob o argumento da ocorrência de poluição visual, que deveria ser objeto de reparação ainda que o ilícito tivesse sido removido.

O acórdão não chega a descrever o dano estético configurado no caso concreto, apontando quais bens culturais teriam sido afetados pelos engenhos publicitários, no que se refere à sua visibilidade, porém explora diversos precedentes jurisprudenciais do Superior Tribunal de Justiça, que consagram a possibilidade de cumulação dos pedidos de imposição de obrigações de fazer, não fazer e de indenizar tanto os danos materiais irreversíveis como os danos extrapatrimoniais[2], salientando a possibilidade de indenização do dano remanescente ou reflexo[3], para concluir que, no caso concreto, a indenização se justifica por conta do período durante o qual perdurou o descumprimento da norma, pelo que cumpriria nítida função dissuasória.

1 A sentença reconheceu a obrigação de não fazer, nos termos requeridos pelo autor, mas rechaçou o pleito indenizatório, ao fundamento de que o descumprimento temporário dos prazos para regularização dos engenhos publicitários não gera danos à paisagem urbana e ao patrimônio cultural.

2 STJ, REsp 605323/MG, Rel. Ministro José Delgado, Rel. p/ Acórdão Ministro Teori Albino Zavascki, 1ª. Turma, DJe 17/10/2005; REsp 1178294/MG, Rel. Ministro Mauro Campbell Marques, 2ª. Turma, DJe 10/9/2010; REsp 1227139/MG, Rel. Ministro Herman Benjamin, 2ª. Turma, julgado em 14/04/2011, DJe 13/04/2012.

3 STJ, REsp 1198727/MG, Rel. Ministro Herman Benjamin, 2ª. Turma, julgado em 14/08/2012, DJe 09/05/2013; REsp 1382999/SC, Rel. Ministro Humberto Martins, 2ª. Turma, julgado em 19/08/2014, DJe 18/09/2014.

O interesse que este precedente desperta diz respeito a dois aspectos principais: em primeiro lugar, pelo reconhecimento jurídico da indenizabilidade da poluição visual, categoria que se relaciona à sensibilidade humana em relação à importância da estética urbana e da paisagem. Ou seja, ao invés de o acórdão tratar o caso como uma singela ação para remoção do ilícito, entendeu cabível a indenização por dano extrapatrimonial diante do tempo de permanência do dano estético (três anos).

Em segundo lugar, o acórdão enfatiza a função dissuasória da indenização por dano extrapatrimonial, assunto este muito relevante para a compreensão da potencialidade de a responsabilidade civil ser utilizada como um instrumento capaz de desestimular condutas lesivas ao ambiente e ao patrimônio cultural, prevenindo, assim, a reiteração de ilícitos.

Adiante, passamos a explorar cada um desses aspectos.

2. A CARACTERIZAÇÃO JURÍDICA DA POLUIÇÃO VISUAL

O direito é um produto cultural, voltado à regulação de comportamentos humanos, com vistas à pacificação social e resultante de representações sobre o mundo, que desencadeiam a construção de institutos jurídicos, que são elaborados conforme os valores e os ideais de justiça vigentes na sociedade em determinado momento histórico[4], retratando as mentalidades de cada época, que justificam as escolhas traduzidas pela doutrina e pela jurisprudência e que, aos poucos, vão sendo incorporadas no direito positivo.Estes sistemas de representação, que outorgam sentido aos conceitos, vinculam-se às sensibilidades de cada época e proporcionam a construção de um imaginário comum. Assim, quando se exploram os conceitos de "dano ambiental" e de "poluição", estes apontam para determinada representação de fatos do mundo real, cuja qualificação jurídica é construída a partir do imaginário predominante na sociedade, e que muda ao longo do tempo.

---

4 MARTINS-COSTA, Judith. Os fundamentos da responsabilidade civil. *Revista Trimestral de Jurisprudência dos Estados,* 93/31, outubro/1991, p. 31.

No caso específico da poluição visual, conceituada por Castanheira como "violação estética de um padrão paisagístico médio a ser aferido em cada caso, seja afetando uma paisagem naturalmente bela, ou portadora de outro predicado relevante, ou alterando uma paisagem urbana de maneira desarmônica e agressiva"[5], o amparo jurídico para o seu reconhecimento reside no art. 3º, III, da Lei nº 6.938/81, que define poluição como "a degradação da qualidade ambiental resultante de atividades que direta ou indiretamente:

a) prejudiquem a saúde, a segurança e o bem-estar da população;
b) criem condições adversas às atividades sociais e econômicas;
c) afetem desfavoravelmente a biota;
d) afetem as condições estéticas ou sanitárias do meio ambiente;
e) lancem matérias ou energia em desacordo com os padrões ambientais estabelecidos."

Veja-se que o atributo "estético" foi expressamente acolhido no dispositivo ora transcrito, o que denota a valorização de determinada harmonia paisagística como um bem jurídico de interesse transindividual, a ser tutelado pela via da ação civil pública. A respeito, a Lei nº 7.347/85 disciplina as ações de responsabilidade por danos morais e patrimoniais causados ao meio ambiente, à ordem urbanística, e "a bens e direitos de valor artístico, estético, turístico e paisagístico" (art. 1º, III). Por sua vez, o Estatuto da Cidade (Lei nº 10.257/01), em seu art. 2º, arrola dentre as diretrizes gerais da política urbana, a "proteção, preservação e recuperação do meio ambiente natural e construído, do patrimônio cultural, histórico, artístico, paisagístico e arqueológico" (inciso XII). Certamente, ao valorizar a paisagem natural e urbana, o Estatuto também enaltece o valor estético, a harmonia que proporciona a qualidade de vida e o sentimento de bem estar para os habitantes da cidade.

No caso dos bens dotados de valor cultural, a harmonia da inserção do bem tombado ou inventariado com o seu entorno, formando-se uma moldura estética que valorize a ambiência do bem, justifica as restrições jurídicas sobre

---

5 CASTANHEIRA, Ivan Carneiro. A poluição visual: formas de enfrentamento pelas cidades. *Revista Internacional de Direito e Cidadania*, n. 4, p. 63-78, junho/2009, disponível em: <http://www.egov.ufsc.br/portal/sites/default/files/anexos/33343-42646-1-PB.pdf>, acesso em 20 de setembro de 2017.

os imóveis inseridos neste entorno. Há expressa proibição, no art. 18 do Decreto-Lei n° 25/1937, de realização de construções ou instalação de anúncios ou cartazes, na vizinhança de bens tombados, que lhes impeçam a visibilidade, tema que já foi enfrentando pelo Superior Tribunal de Justiça, ocasião em que o Ministro Herman Benjamin afirmou que "a publicidade – por meio de anúncios, cartazes, outdoors, painéis – é uma das mais sérias e agressivas interferências em bens tombados"[6].

Discorrendo sobre a proteção jurídica do entorno de bens tombados, Marchesan ensina que as áreas do entorno encarnam espaços geográficos que exercem influência direta na conservação e desfrute dos bens culturais patrimonializados através do vínculo do tombamento, porquanto conferem "coerência entre o bem protegido e a ambiência que o envolve, ampliando a legibilidade que dele se faz e a eloquência do testemunho que ele pode prestar"[7].

A valorização da "estética urbana", no contexto da tutela jurídica da paisagem urbana, justifica-se, segundo Rufinoni, em razão de sua importância para o processo de compreensão do ambiente edificado como patrimônio cultural[8]. Aponta para a contribuição de Buls, que, em 1893, impulsionado pela obra de Camilo Sitte, aprofundou o estudo estético dos ambientes urbanos e elaborou princípios gerais sobre tais espaços em obra intitulada "Estética das Cidades", a qual descreve a cidade construída como objeto histórico e cognitivo.

Trata-se de enfoque valioso, pois permite a compreensão do sentido jurídico da poluição visual como uma forma de alteração adversa que atinge a harmonia estética, artística e paisagística, seja de edificações, seja de ambiências formadas por conjuntos arquitetônicos, como é o caso dos centros históricos das cidades, que reúnem conjuntos de edifícios e espaços públicos que conformam um espaço harmônico, que remete à memória e contribui para a

---

6 Superior Tribunal de Justiça, Resp. 1.127.633, 2ª. Turma, Rel. Min. Herman Benjamin, j. 23.03.2010.

7 MARCHESAN, Ana Maria Moreira.O entorno dos bens tombados na legislação brasileira. In *Revista Magister de Direito Ambiental e Urbanístico*, v. 1 (ago/set.2005), Porto Alegre: Magister, 2005, pp. 75/76.

8 RUFINONI, Manoela Rossinetti. Os estudos de Estética Urbana e a percepção da cidade artefato no alvorecer do século XX, in. Revista CPC, São Paulo, n.14, p. 1-187, maio 2012/out. 2012. Disponível em: <https://www.revistas.usp.br/cpc/article/download/45354/48966>, acesso em 13 de setembro de 2017.

construção da identidade do lugar, como um espaço geográfico dotado de alta carga simbólica.

José Afonso da Silva, em obra referida pelo acórdão, agrega ainda outra perspectiva sobre a poluição visual, correlacionando-a com a saúde humana, ao destacar que

> "a boa aparência das cidades surte efeitos psicológicos importantes sobre a população, equilibrando, pela visão agradável e sugestiva de conjuntos e elementos harmoniosos, a carga neurótica que a vida cotidiana despeja sobre as pessoas que nela hão de viver, conviver e sobreviver"[9].

No mesmo sentido, Marchesan afirma que o ser humano necessita de uma "configuração espacial que propicie o bem-estar físico e psíquico", salientando, com apoio em Portella, que a importância da alta qualidade visual é enfatizada por que proporciona ao usuário do espaço público a percepção de segurança e por que potencializa o sentido comunitário, induzindo o melhor comportamento do usuário[10].

Estas considerações doutrinárias sobre a poluição visual são imprescindíveis para que se possa compreender o fundamento da indenização por este tipo de dano, como forma conjugada de reparação que convive com as tutelas específicas, voltadas à inibição e à remoção do ilícito, como se deu no caso da retirada dos engenhos publicitários das fachadas dos estabelecimentos comerciais localizados no centro histórico de São João Del Rey.

Ou seja, ao invés de se reduzir o assunto à mera pretensão de remoção do ilícito, com obrigações de fazer voltadas à retirada dos equipamentos, e de inibição de sua repetição (obrigações de não fazer), amplia-se o objeto a ser enfrentado pelo sistema jurídico, com o reconhecimento expresso de que ocorreu um dano estético pelo período durante o qual as normas de proteção do entorno dos bens culturais não foram respeitadas, com empecilhos à visibilidade dos edifícios históricos. E aqui, certamente, não se cuida de enge-

---

9 SILVA, José Afonso da. *Direito urbanístico brasileiro*, São Paulo, Malheiros Ed., 1995, p.273.

10 MARCHESAN, Ana Maria Moreira. Mídia exterior e a publicidade abusiva: o respeito à paisagem urbana e o patrimônio cultural. In *Revista Magister de Direito Ambiental e Urbanístico,* nº61, ago-set./2015, pp.112/113. A autora colaciona PORTELLA, Adriana. *Visual pollution: advertising, signage and environmental quality. (Design and the Built Environment.* Burlington: Ashgate, 2014, p. 4.

nhos que impediam a visibilidade, mas que maculavam determinada paisagem urbana, atentando contra o direito à contemplação de determinado cenário estético, dotado de significado e importância por remeter o expectador ao passado, permitindo-lhe conectar-se com esse significado e ler o patrimônio cultural como um todo.

Nestes termos é que se justifica o reconhecimento da dimensão extrapatrimonial do dano[11], associada ao tempo durante o qual perdurou a poluição visual, reparando-se integralmente esta perda da oportunidade de fruição plena da qualidade estética do conjunto arquitetônico dos prédios inseridos no Centro Histórico de São João Del Rey, como forma de garantir à coletividade a preservação de seus lugares de memória, dotados de atributos arquitetônicos, paisagísticos e históricos, que produzem a noção de pertencimento e encantam os visitantes.

A dimensão extrapatrimonial dos danos ambientais, amparada no art. 1º da Lei nº 7.347/85, combinado com o Decreto Federal nº 4.339/02, deve ser indenizada sempre que o dano atingir também valores imateriais significativos para a sociedade, tais como os valores culturais, religiosos, educacionais, científicos e estéticos. Para Bittar Filho, dano extrapatrimonial coletivo é a injusta lesão da esfera moral de uma dada comunidade, ou seja, é a violação antijurídica de um determinado círculo de valores coletivos. Refere que "quando se fala em dano moral coletivo, está-se fazendo menção ao fato de que o patrimônio valorativo de uma certa comunidade (maior ou menor), idealmente considerada, foi agredido de maneira absolutamente injustificável do ponto de vista jurídico: quer isso dizer, em última instância, que se feriu a própria cultura, em seu aspecto imaterial"[12].

---

11 A respeito, ver LEITE, José Rubens Morato. *Dano ambiental: do individual ao coletivo extrapatrimonial.* São Paulo: Ed. Revista dos Tribunais, 2000, p. 298, e STEIGLEDER, Annelise Monteiro. *Critérios para o arbitramento do dano extrapatrimonial ao meio ambiente.* In Anais do Congresso Internacional de Direito Ambiental (12: 2008: São Paulo: SP) Mudanças Climáticas, biodiversidade e uso sustentável de energia. Coords. Antônio Herman Benjamin, Eládio Lecey, Silvia Cappelli, São Paulo: Imprensa Oficial do Estado de São Paulo, 2008, p. 23.

12 BITTAR FILHO, Carlos Alberto. *Do dano moral coletivo no atual contexto jurídico brasileiro.* Revista de Direito do Consumidor, SP: RT, v. 12, out/dez. 1994, p.55.

3. A FUNÇÃO DISSUASÓRIA DA INDENIZAÇÃO POR DANO EXTRAPATRIMONIAL

Para além da função reparatória que foi expressamente reconhecida pelo acórdão, quando este se refere ao princípio da reparação integral, incidente na responsabilidade civil ambiental, o precedente também justificou a imposição da indenização pecuniária aludindo ao objetivo de que a responsabilidade civil opere como instrumento dissuasório, especialmente diante da existência de "outros comerciantes", que deveriam ser desestimulados quanto ao descumprimento da lei.

Em outras palavras: o acórdão pretendeu que a condenação do comerciante resistente à remoção dos engenhos de publicidade fosse exemplar, com caráter pedagógico, para os demais comerciantes, a exemplo do que o Tribunal já vinha decidindo em outros casos semelhantes[13].

Bruno Miragem adverte que a função dissuasória da responsabilidade civil não deve ser confundida com a função punitiva, com a qual manifestamente não concorda. Afirma que, ao passo em que a função dissuasória busca evitar a reiteração de comportamentos lesivos, a função punitiva mira o passado. Elenca os seguintes argumentos contrários à atribuição de função punitiva à indenização por dano extrapatrimonial:

> "a) ofensa ao art. 944 do Código Civil, o qual estabelece que a indenização mede-se pela extensão do dano; b) possibilidade da fixação de valores excessivamente elevados de indenização a partir do arbitramento judicial, ferindo a previsibilidade das sanções; c) incentivo a demandas judiciais reclamando danos extrapatrimoniais em situações nas quais não há, necessariamente, lesão à personalidade; d) confusão entre as funções precípuas do Direito Civil (reparar/compensar) e do Direito Penal (punir); e) violação ao princípio da legalidade"[14].

---

13 TJMG - Apelação Cível 1.0625.12.005975-7/002, Relator Des. Armando Freire, 1ª Câmara Cível, j. em 23/09/2014, Apelação Cível 1.0625.12.004682-0/001, Relator Des. Oliveira Firmo, 7ª Câmara Cível, j. em 14/10/2014; Apelação Cível 1.0625.12.0059724/001, Relator Des(a). Áurea Brasil, 5ª Câmara Cível j. em 12/11/2015.

14 MIRAGEM, Bruno. *Direito Civil.* Responsabilidade civil. São Paulo: Saraiva, 2014, pp. 292-393.

Caroline Vaz também diferencia as duas funções, muito embora seja partidária da atribuição de função punitiva à responsabilidade civil, e ensina que:

> A função punitiva diz com a intenção de punir alguém por uma conduta praticada que ofenda gravemente o sentimento ético-jurídico prevalecente em determinada comunidade. Já a função dissuasória (preventiva, exemplar) refere-se não a determinada ação pretérita, mas, pelo contrário, busca evitar, dissuadir semelhantes condutas futuras[15].

Efetivamente, nos parece essencial diferenciar a função punitiva da função dissuasória, enfatizando que, em um sistema objetivo de responsabilidade civil por danos ambientais e ao patrimônio cultural, deve-se afastar a pretensão punitiva, própria das responsabilidades criminal e administrativa, pois o dano pode ser decorrente de atos lícitos. Assim, o foco da responsabilidade civil ambiental é assegurar a ampla reparação dos danos materiais e imateriais produzidos. O efeito dissuasório desta indenização é secundário e vincula-se à eficiência do instituto. Quanto maior a probabilidade de a responsabilização civil incidir no caso concreto – o que se viabiliza por meio do regime objetivo, fundado em risco integral, refutando-se excludentes -, de tal modo a compelir o poluidor a reparar integralmente o dano, maior será o seu efeito pedagógico junto aos demais integrantes da comunidade social.

Assim, ao reconhecer o direito à indenização por dano estético, associado à permanência de engenhos de publicidade em pleno Centro Histórico de São João Del Rey, o Tribunal de Justiça percebeu a dimensão imaterial, valorativa, que foi lesada, pela degradação da paisagem histórica que compõe o entorno dos bens tombados e desqualifica o lugar, subtraindo da população, seja local ou visitante, a oportunidade de contemplação dos conjuntos arquitetônicos e de conexão com a memória deste lugar.

Por seu turno, a imposição desta indenização cumpre funções preventivas e dissuasórias em relação aos demais membros da comunidade, que recebem a mensagem de que a lesão aos bens culturais e seu entorno não ficará sem reparação, não sendo suficiente a mera remoção dos letreiros e toldos instalados na fachada do imóvel comercial.

---

15 VAZ, Caroline. *Funções da responsabilidade civil*. Da reparação à punição e dissuasão. Os *punitive damages* no Direito Comparado e Brasileiro. Porto Alegre: Livraria do Advogado, 2009, p. 22.

CONCLUSÃO

O acórdão ora comentado efetivamente contribuiu para o desenvolvimento teórico do Direito Ambiental, porquanto permite compreender a lesividade da poluição visual, como um dos tipos de poluição que atinge a qualidade de vida humana, por privar a comunidade do direito de fruir de ambientes que contem com harmonia paisagística e estética, em especial no que diz respeito ao entorno de bens culturais tombados.

O entorno dos bens culturais edificados e dos monumentos também é gravado com restrições ao direito de construir, com vistas a permitir uma melhor integração do patrimônio cultural com sua ambiência, com isso elaborando-se um cenário que remete ao passado e permite o efetivo resgate da memória e a construção da identidade do lugar.

Além de trabalhar com esta perspectiva de valorização do dano associado à poluição visual, o acórdão reforça a eficiência da responsabilidade civil ao atribuir à indenização pecuniária a função dissuasória, com o que contribui para a prevenção geral, outorgando maior efetividade à responsabilidade civil como instrumento de pacificação social e redistribuição de riscos e custos sociais.

REFERÊNCIAS BIBLIOGRÁFICAS

BITTAR FILHO, Carlos Alberto. *Do dano moral coletivo no atual contexto jurídico brasileiro.* Revista de Direito do Consumidor, SP: RT, v. 12, out/dez. 1994.

CASTANHEIRA, Ivan Carneiro. A poluição visual: formas de enfrentamento pelas cidades. *Revista Internacional de Direito e Cidadania*, n. 4, p. 63-78, junho/2009, disponível em <http://www.egov.ufsc.br/portal/sites/default/files/anexos/33343-42646-1-PB.pdf>, acesso em 20 de setembro de 2017.

LEITE, José Rubens Morato. *Dano ambiental: do individual ao coletivo extrapatrimonial.* São Paulo: Ed. Revista dos Tribunais, 2000.

MARCHESAN, Ana Maria Moreira. O entorno dos bens tombados na legislação brasileira. In *Revista Magister de Direito Ambiental e Urbanístico*, v. 1 (ago/set.2005), Porto Alegre: Magister, 2005, pp. 73-98.

MARCHESAN, Ana Maria Moreira. Mídia exterior e a publicidade abusiva: o respeito à paisagem urbana e o patrimônio cultural. In *Revista Magister de Direito Ambiental e Urbanístico,* nº61, ago-set./2015. Porto Alegre: Magister, 2015, pp. 105-127.

MARTINS-COSTA, Judith. Os fundamentos da responsabilidade civil. *Revista Trimestral de Jurisprudência dos Estados,* 93/31, outubro/1991.MIRAGEM, Bruno. *Direito Civil.* Responsabilidade civil. São Paulo: Saraiva, 2014, pp. 292-393.

RUFINONI, Manoela Rossinetti. Os estudos de Estética Urbana e a percepção da cidade artefato no alvorecer do século XX, in. Revista CPC, São Paulo, n.14, p. 1-187, maio 2012/out, 2012.

SILVA, José Afonso da. *Direito urbanístico brasileiro,* São Paulo, Malheiros Ed., 1995.

STEIGLEDER, Annelise Monteiro. *Critérios para o arbitramento do dano extrapatrimonial ao meio ambiente.* In Anais do Congresso Internacional de Direito Ambiental (12: 2008: São Paulo: SP) Mudanças Climáticas, biodiversidade e uso sustentável de energia. Coords. Antônio Herman Benjamin, Eládio Lecey, Silvia Cappelli, São Paulo: Imprensa Oficial do Estado de São Paulo, 2008, p. 23.

VAZ, Caroline. *Funções da responsabilidade civil.* Da reparação à punição e dissuasão. Os punitive damages no Direito Comparado e Brasileiro. Porto Alegre: Livraria do Advogado, 2009.

APELAÇÃO CRIMINAL - CRIME CONTRA O MEIO AMBIENTE - MATERIALIDADE E AUTORIA COMPROVADAS - DESTRUIÇÃO DE ÁREA PRESERVADA DO CERRADO - TIPICIDADE - CONDENAÇÃO MANTIDA.

- Ainda que o cerrado não possua uma flora densa e de alto porte, como as matas tropicais, apresenta uma formação arbórea considerável, capaz de enquadrar-se no termo "floresta". Assim, quem destrói área de preservação permanente do referido bioma, pratica o crime previsto no art. 38, da Lei nº. 9.605/1998.

- É de sabença geral que a mata ciliar possui inúmeras funções ambientais e deve ser preservada. (TJMG - Apelação Criminal 1.0512.08.052947-6/001, Relator(a): Des. (a) Cássio Salomé, 7ª CÂMARA CRIMINAL, julgamento em 25/04/2013, publicação da súmula em 03/05/2013).

APLICAÇÃO DO DISPOSTO NO ARTIGO 38 DA LEI N ° 9.605/1998 ÀS HIPÓTESES DE DESTRUIÇÃO DE CERRADO

ARLETE APARECIDA DA SILVA COURA
Juíza de Direito titular da 1ª Vara Criminal e Execução Penal da comarca de Santa Luzia - MG

1. INTRODUÇÃO

Dispõe o artigo 38 da Lei nº 9.605, de 12 de fevereiro de 1998, que constitui crime ambiental "destruir ou danificar floresta considerada de preservação permanente, mesmo que em formação, ou utilizá-la com infringência das normas de proteção".

Por se tratar de uma norma penal em branco, muito se tem discutido se o citado dispositivo somente deve ser aplicado em hipóteses nas quais a destruição ou o dano ambiental atinge apenas florestas, conceituadas como[1]:

> um grande grupo de árvores, especialmente (mas não necessariamente) as que crescem tão próximas umas das outras que os topos se tocam ou se sobrepõem, sombreando o solo e podendo ou não ter sub-bosque extensivo.

Aqueles que respondem positivamente a essa questão, argumentam que não se pode fazer uma extensão analógica do termo "floresta" para abranger outras formas de vegetação, sob pena de se ofender o princípio da legalidade estrita[2].

Além disso, asseveram que, caso fosse esse o objetivo do legislador, teria ele usado a fórmula contida nos artigos 42, 48 e 51, da mesma Lei, nos quais constam expressamente os termos "florestas e demais tipos de vegetação", deixando evidente a distinção entre elas.

---

1 FIORILLO, Celso Antonio Pacheco. Curso de Direito Ambiental Brasileiro. p. 239.

2 Apelação Criminal TJMG – 1.0534.07.008454-4/001 – Relatora: Desembargadora Beatriz Pinheiro Caires – 09/05/2013.

De outro lado, há aqueles que defendem que se deve fazer uma leitura constitucional do mencionado dispositivo legal, já que a Constituição da República estabeleceu, em seu artigo 225, §3º, mandados expressos de criminalização para a garantia de um meio ambiente ecologicamente equilibrado.

Neste trabalho, procura-se analisar a questão, tendo como embasamento os preceitos constitucionais e o acórdão paradigma nº 1.0512.08.52947-6/001, do egrégio Tribunal de Justiça de Minas Gerais.

2. O ACÓRDÃO PARADIGMA

> **APELAÇÃO CRIMINAL - CRIME CONTRA O MEIO AMBIENTE MATERIALIDADE E AUTORIA COMPROVADAS - DESTRUIÇÃO DE ÁREA PRESERVADA DO CERRADO - TIPICIDADE - CONDENAÇÃO MANTIDA. - Ainda que o cerrado não possua uma flora densa e de alto porte, como as matas tropicais, apresenta uma formação arbórea considerável, capaz de enquadrar-se no termo "floresta". Assim, quem destrói área de preservação permanente do referido bioma, pratica o crime previsto no art. 38, da Lei nº 9.605/1998. - É de sabença geral que a mata ciliar possui inúmeras funções ambientais e deve ser preservada.**
>
> **APELAÇÃO CRIMINAL Nº 1.0512.08.052947-6/001 - COMARCA DE PIRAPORA - APELANTE(S): IRINEU DIAS JARDIM CALHAU - APELADO(A)(S): MINISTÉRIO PÚBLICO DO ESTADO DE MINAS GERAIS. Relator(a): Des. (a) Cássio Salomé, 7ª CÂMARA CRIMINAL, julgamento em 25/04/2013, publicação da súmula em 03/05/2013).**

No caso objeto do julgamento, o apelante foi denunciado como incurso nas sanções do artigo 38 da Lei nº 9.605/98, por ter promovido desmatamento em 1,65 ha (um hectare e sessenta e cinco ares) de floresta, que margeava um córrego d'água, com vistas a obter material lenhoso para a produção de carvão.

O réu foi condenado em primeiro grau de jurisdição a pena privativa de liberdade de um ano de detenção, substituída por pena restritiva de direitos, consistente em prestação pecuniária em valor correspondente a cinco salários mínimos.

Aviou recurso de apelação pugnando por sua absolvição, por atipicidade de conduta, ao argumento de que o dispositivo legal em questão se refere apenas ao termo "floresta" e que a vegetação destruída era do tipo cerrado, que se caracteriza pela incidência de árvores baixas e esparsas.

Os ilustres Julgadores negaram provimento ao recurso, por entenderem que o cerrado apresenta formação arbórea considerável, capaz de enquadrá-lo no termo "floresta".

Pela leitura do v. acórdão, percebe-se que os eminentes Desembargadores da 7ª Câmara Criminal do egrégio Tribunal de Justiça de Minas Gerais, adotaram o entendimento que é o que mais se coaduna com os comandos constitucionais, na medida em que respeita o piso vital mínimo instituído pela Carta Magna, que não pode ser diminuído, nem mesmo interpretado de modo restritivo, sob pena de lesão a direito fundamental.

A interpretação restritiva ao disposto no artigo 38 da Lei nº 9.605/98 parece violar os direitos dos cidadãos e de gerações futuras de terem um meio ambiente ecologicamente equilibrado (art. 225, CR/88), além de propiciar tratamento desigual a um mesmo bem constitucional, já que confere proteção a áreas de preservação permanente providas de floresta e exclui as áreas de preservação permanente que não se enquadram naquele conceito.

Domingos Sávio de Arruda explica que:

> "para analisar o alcance do citado artigo 38, deve-se levar em conta o bem jurídico que se pretende proteger, que é, genericamente, o Meio Ambiente, assim considerado como bem incorpóreo, imaterial, autônomo e visto na sua totalidade, ou seja, a partir do conjunto dos recursos naturais que o integram (água, solo, ar, fauna, flora), bem como das interligações e inter-relações operadas entre aqueles recursos e que proporcionam o equilíbrio ecológico fundamental à sadia qualidade de vida (art. 225, caput, da C.F.)"[3].

---

3 ARRUDA, Domingos Sávio. Crimes contra a flora. Crimes ambientais: comentários à Lei 9.605/98., p. 189.

Assevera ainda que:

> "Destarte, seria um equívoco retumbante e, diga-se, desastroso, imaginar que a expressão "floresta" presente no dispositivo penal em análise, deve ser interpretada de forma restritiva, de modo a ser considerada, exclusivamente, a formação arbórea densa e de alto porte que recobre grandes extensões de terras, consoante sintetizam a maioria dos conceitos formulados pelos estudiosos das ciências naturais. Com efeito, as Áreas de Preservação Permanente, de cuja cobertura vegetal, segundo dispõe o Código Florestal, se exige proteção, não estão localizadas, evidentemente, em espaços territoriais ocupados, tão somente, por vegetação daquela espécie ou em grandes extensões de terras"[4].

O cerrado é o segundo maior bioma do Brasil e compreende diversos tipos de vegetação, possuindo grande importância por abrigar, em suas planícies e montanhas, enorme diversidade de plantas e animais, não havendo, pois, nenhuma razão para excluí-lo da abrangência do artigo ora comentado. "Além disso, ele pode ser chamado de 'berço das águas' ou 'caixa d'água do Brasil', pois contém as nascentes das principais bacias hidrográficas brasileiras"[5].

É ainda de se destacar:

> "Dez das 12 grandes regiões hidrográficas brasileiras estão no cerrado. Importantes bacias hidrográficas, como Tocantins-Araguaia, São Francisco, Paraná-Paraguai e Parnaíba, têm suas nascentes no cerrado. É a água proveniente dessas bacias que abastece os sistemas ecológicos desse e de outros biomas, como a caatinga e o pantanal, e até de bacias da Bolívia e do Paraguai"[6].

Tratando-se do mesmo bem constitucional, de igual importância, não há porque imprimir tratamento desigual às duas hipóteses – destruição de floresta e destruição de cerrado, sob pena de se promover retrocesso.

Sobre o princípio da vedação ao retrocesso, o ambientalista Celso Antônio Pacheco Fiorillo cita magistral definição dada pelo Ministro do Supremo Tribunal Federal, Luís Roberto Barroso[7]:

---

4 ARRUDA, Domingos Sávio. Crimes contra a flora. Crimes ambientais: comentários à Lei 9.605/98, p. 190.

5 FERNANDES, Geraldo Wilson ... [et al.] - Cerrado: em busca de soluções sustentáveis. p. 13.

6 FERNANDES, Geraldo Wilson ... [et al.] - Cerrado: em busca de soluções sustentáveis. p. 28.

7 FIORILLO, Celso Antonio Pacheco. Curso de direito ambiental brasileiro. p. 98.

> Por este princípio, que não é expresso mas decorre do sistema jurídico-constitucional, entende-se que se uma lei, ao regulamentar um mandamento constitucional, instituir determinado direito, ele se incorpora ao patrimônio jurídico da cidadania e não pode ser arbitrariamente suprimido. Nessa ordem de ideias uma lei posterior não pode extinguir um direito ou garantia, especialmente os de cunho social, sob pena de promover um retrocesso, abolindo um direito fundado na Constituição. O que se veda é o ataque à efetividade da norma, que foi alcançado a partir de sua regulamentação. Assim, por exemplo, se o legislador infraconstitucional deu concretude a uma norma programática ou tornou viável o exercício de um direito que dependia de sua intermediação, não poderá simplesmente revogar o ato legislativo, fazendo a situação voltar ao estado de omissão legislativa anterior.

Embora o caso que ora se comenta não diga respeito à revogação de lei, a explicação dada à proibição de vedação ao retrocesso aqui se aplica perfeitamente, sob o enfoque de que o legislador infraconstitucional, assim como o intérprete e aplicador da lei, não pode restringir proteção jurídica concedida pela Constituição da República.

Segundo ensinamento de Luiz Carlos dos Santos Gonçalves[8], "a obrigação de criminalizar implica a proibição de descriminalizar", o que decorre do disposto no artigo 225, caput, e §3º, da Constituição da República.

De acordo com o texto constitucional, tem-se que as sanções penais ambientais deverão adequar-se à necessidade imposta pelo mencionado artigo, consistente na defesa e preservação dos bens ambientais para as "presentes e futuras gerações", o que não seria observado caso se adotasse interpretação restritiva à norma prevista no artigo 38 da Lei nº 9.605/98.

Este entendimento restritivo parece violar, também, o princípio da proporcionalidade, o qual, segundo interessante artigo escrito pela Procuradora do Estado do Mato Grosso, Renata Maciel Cuiabano[9], remete à noção de coerência, cuja adequação depende dos valores escolhidos pelo sistema jurídico.

---

8 GONÇALVES, Luiz Carlos dos Santos. Mandados expressos de criminalização e a proteção dos direitos fundamentais na Constituição brasileira de 1988. Belo Horizonte: Editora Fórum, 2007, p. 166.

9 O Princípio da Proporcionalidade no Direito Ambiental: Breves Exemplos de Implementação no Direito Brasileiro – Revista da Faculdade de Direito da UFPR, v. 36, 2001.

Ainda segundo a ilustre Procuradora, a relação entre juiz e legislador é caracterizada pela constante tensão entre a aptidão do primeiro para empregar uma jurisprudência construtiva e as restrições impostas a esta atividade pela lei.

De acordo com o mencionado artigo, não existe conflito entre os princípios da proporcionalidade e da legalidade, na medida em que este fortalece aquele, já que ameniza a generalidade fria da lei, incapaz de prever, no caso concreto, todos os arbítrios contra as liberdades individuais e coletivas.

No caso concreto, percebe-se que o Tribunal de Justiça mineiro adotou entendimento que fortaleceu o princípio da legalidade, assim como o princípio da proporcionalidade, na medida em que confirmou a condenação de pessoa que promoveu a destruição de um bem constitucionalmente protegido.

O juízo de primeiro grau fez constar na sentença proferida transcrição de parte do histórico da ocorrência lavrada pela Polícia Militar, onde ficou registrado:

> Sr. Delegado de Polícia Judiciária, na data de 10/08/06, em fiscalização ambiental no município de Jequitaí, detectamos empreendimento e atividades lesivas ao meio ambiente, na Fazenda Santana, de propriedade do autor arrolado, local onde o autor desmatou, em corte raso com destoca, usando trator de esteira, 25 hectares de cerrado nativo e 05 hectares em área de preservação permanente - APP. Suprimindo vegetação natural, gramíneas e arbustos, integrantes da vegetação nativa de cerrado, bem como suprimindo floresta às margens de um córrego, tudo isso para carvoejar a madeira em uma bateria em pleno funcionamento, ali existente. O autor, além de desmatar o cerrado nativo, interferiu em área de preservação permanente - APP, em desacordo com o art. 38 da Lei Fed. n° 9.605/98 - Destruir ou danificar floresta considerada de preservação permanente, mesmo que em formação, ou utilizá-la com infringência das normas de proteção (Lei Federal n° 9.605/98), e Art. 25 do Decreto Federal nº 3.179/99 (...).

Na fundamentação do mencionado decisum, também se fez constar a conclusão a que chegaram os peritos que examinaram a área destruída:

> (...) IV - CARACTERÍSTICAS DA ÁREA
>
> Apresenta topografia plana a suave ondulada. O solo predominante é caracterizado macroscopicamente como latossolo amarelo e apresenta textura areno-argilosa. A cobertura vegetal apresenta formações de cerrado e

áreas de campo sujo com pequena faixa ciliar ao longo do Córrego.

Espécies arbóreas encontradas na propriedade: Sucupira, Pequizeiro, Aroeira, Jatobá e Angico.

Em consulta aos arquivos do IEF não foi identificada averbação de reserva legal na propriedade.

V - DESENVOLVIMENTO DA PERÍCIA

De acordo com o BO nº 548/2006 e observações feitas in loco, o proprietário teria desmatado uma área de formação campestre (cerrado) sem prévia autorização especial do órgão competente para a fabricação de carvão.

Esta área desmatada estende-se até as margens do córrego conhecido como Córrego Velho e atinge 1,65 ha de Área de Preservação Permanente.

No ponto de coordenadas UTM: 8105907/0550055 foi encontrado 01 forno para fabricação de carvão cheio com capacidade aproximada de 3 mdc. Também foi observado no pátio um volume de 6,3 m^3 de lenha nativa e 11 metros de carvão. Foi identificado outro forno para fabricação de carvão vazio com capacidade aproximada de 3 mdc no ponto de coordenadas UTM: 8105498/0550056. Na praça foi constatado "ao" armazenamento de 13,5 m^3 de lenha nativa e 3 metros de carvão.

Foi constatado que houve intervenção em 6,08 ha de formação campestre sem autorização do órgão competente. Desta área, 1,65 ha correspondem a Área de Preservação Permanente, infringindo a Lei Estadual n° 14.309/92, a Lei de Crimes Ambientais nº 9.605/98 artigo 38 e enquadra-se como infração gravíssima no decreto 44.309/06 artigo 96, inciso II. A área de Preservação Permanente (APP) afetada refere-se às margens dos cursos d'água definidas pela Lei Estadual Florestal n° 14.309/02 artigo 10, inciso II. (...).

O que se verifica com a leitura de tais transcrições, é que o caso concreto se amolda perfeitamente às considerações lançadas neste trabalho, uma vez que o apelante, além de destruir área de preservação permanente, também promoveu o desmatamento de espécies arbóreas como Sucupira, Pequizeiro, Aroeira, Jatobá e Angico.

Os ilustres Desembargadores da 7ª Câmara Criminal do egrégio Tribunal de Justiça mineiro manifestaram o mesmo entendimento em mais de uma oportunidade:

> APELAÇÃO CRIMINAL - CRIME CONTRA O MEIO AMBIENTE -MATERIALIDADE E AUTORIA COMPROVADAS - DESTRUIÇÃO DE ÁREA PRESERVADA DO CERRADO - TIPICIDADE - FIXAÇÃO DAS PENAS - PRESCRIÇÃO RECONHECIDA. - Ainda que o cerrado não possua uma flora densa e de alto porte, como as matas tropicais, apresenta uma formação arbórea considerável, capaz de ser entendido no caput do artigo 38 do Código específico. Assim, quem destrói área de preservação permanente do referido bioma, pratica o crime previsto no art. 38, da Lei nº. 9.605/1998. - Quando o apelo ministerial é provido, mas o quantum da pena imposta ao acusado acarreta a perda da pretensão punitiva do Estado, deve, o Tribunal, reconhecer a extinção da punibilidade do agente, nos termos do art. 107, IV, do CP. (TJMG - Apelação Criminal 1.0520.07.015845-3/001, Relator(a): Des.(a) Cássio Salomé, 7ª CÂMARA CRIMINAL, julgamento em 04/04/2013, publicação da súmula em 12/04/2013).

A 6ª Câmara Criminal do Tribunal de Justiça mineiro também se posicionou da mesma maneira quando do julgamento da apelação nº. 1.0216.05.030319-9/001:

> APELAÇÃO CRIMINAL - CRIME AMBIENTAL - SENTENÇA CONDENATÓRIA - ART. 38 DA LEI Nº. 9.605/98 - EXTINÇÃO DA PUNIBILIDADE PELA PRESCRIÇÃO DA PRETENSÃO PUNITIVA - PENA 'IN CONCRETO' - OCORRÊNCIA - PRELIMINAR ACOLHIDA - MÉRITO - ART. 38 DA LEI Nº. 9.605/98 - MATERIALIDADE E AUTORIA DELITIVAS DEVIDAMENTE COMPROVADAS - DESTRUIÇÃO DE FLORESTA EM ÁREA DE PRESERVAÇÃO PERMANENTE - PRINCÍPIO DA INSIGNIFICÂNCIA - INOVAÇÃO NÃO-RECEPCIONADA PELO ORDENAMENTO JURÍDICO - CONDENAÇÃO MANTIDA - PRELIMINAR DE EXTINÇÃO DE PUNIBILIDADE ACOLHIDA. RECURSO NÃO PROVIDO. - 1. Decorrido o lapso prescricional entre data dos fatos e o recebimento da denúncia e, estando a sentença transitada em julgado para a acusação, declara-se extinta a punibilidade do apelante, pela prescrição da pretensão punitiva do Estado, na modalidade retroativa. 2. Configura o crime previsto no art. 38 da Lei n° 9.605/98 a conduta daquele que destrói ou danifica floresta considerada de preservação permanente, ainda que a vegetação desmatada seja do tipo cerrado. 3. Não há como acolher o pedido absolutório com base no princípio da insignificância, na medida em que tal preceito não foi recepcionado pelo ordenamento jurídico brasileiro. (TJMG - Apelação Criminal 1.0216.05.030319-9/001, Relator(a): Des.(a) Rubens Gabriel Soares, 6ª CÂMARA CRIMINAL, julgamento em 25/01/2011, publicação da súmula em 17/02/2011).

O Superior Tribunal de Justiça, quando do julgamento do HC 52722/SP, reconheceu a incidência do tipo penal descrito no artigo 38 da Lei nº 9.605/98 na hipótese de área de preservação permanente que não apresenta cobertura de formação arbórea densa e de alto porte, com isso superando posicionamento jurisprudencial conservador até então adotado.

Com a citada decisão, o c. Superior Tribunal de Justiça, da mesma forma que o Pretório mineiro, interpretou a norma penal de acordo com o bem jurídico que a Constituição da República pretende proteger, quer seja, o meio ambiente ecologicamente equilibrado[10].

3. CONSIDERAÇÕES FINAIS

Pelo que se depreende dos acórdãos acima citados e de tantos outros pesquisados para a elaboração deste trabalho, o Direito Penal Ambiental vem ganhando maiores contornos nas decisões judiciais, o que outrora não possuía tanta evidência, seja porque o escopo maior da Lei nº 9.605/98 é a reparação do dano, seja pelo fato de se prever, para os crimes nela estatuídos, sanções pequenas, que permitem, em sua maioria, a composição, como a transação penal e a suspensão condicional do processo, bem diferente do sistema penal comum[11].

Diante da intensa degradação ambiental e da reiteração criminosa por parte dos infratores, vem-se evoluindo para um Direito Penal Ambiental mais enérgico, conjugando-se a reparação dos danos com a punição dos agentes.

Assim, tem-se formado uma jurisprudência construtiva, como aquela aqui citada através do acórdão paradigma, em que o julgador se preocupa com a efetivação da justiça no caso concreto, deixando o juiz de ser um "expectador apático dos fatos que lhe são submetidos"[12], passando a acompanhar a prova e a avaliá-la com base no interesse coletivo.

---

10 Habeas Corpus STJ nº 52.722 - SP (2006/0007632-0) - Relatora: Ministra Maria Thereza de Assis Moura.

11 SANTIAGO, Alex Fernandes. Fundamentos de direito penal ambiental. Belo Horizonte: Del Rey, 2015, p. 287.

12 FREITAS, Vladimir Passos e Gilberto Passos. Crimes contra a natureza. 6ed. rev., atual. e ampl. São Paulo: Editora Revista dos Tribunais, 2000, p. 28.

4. REFERÊNCIAS BIBLIOGRÁFICAS

ARRUDA, Domingos Sávio. Crimes contra a flora. Crimes ambientais: comentários à Lei 9.605/98. Porto Alegre: Livraria dos Advogados Editora, 2013.

FERNANDES, Geraldo Wilson ... [et al.] - Cerrado: em busca de soluções sustentáveis. Rio de Janeiro: Vertente Produções artísticas, 2016.

FIORILLO, Celso Antonio Pacheco. Curso de Direito Ambiental Brasileiro. 17ed., rev., atual. e ampl. São Paulo: Saraiva, 2017.

FREITAS, Vladimir Passos e Gilberto Passos. Crimes contra a natureza. 6ed. rev., atual. e ampl. São Paulo: Editora Revista dos Tribunais, 2000.

GONÇALVES, Luiz Carlos dos Santos. Mandados expressos de criminalização e a proteção dos direitos fundamentais na Constituição brasileira de 1988. Belo Horizonte: Editora Fórum, 2007.

SANTIAGO, Alex Fernandes. Fundamentos de Direito Penal Ambiental. Belo Horizonte: Del Rey, 2015.

AGRAVO DE INSTRUMENTO - AÇÃO CIVIL PÚBLICA - PRESERVAÇÃO AMBIENTAL DOS MANANCIAIS HÍDRICOS - RECURSOS DESTINADOS À PROTEÇÃO E PRESERVAÇÃO DOS CURSOS DE ÁGUA E DOS TRECHOS DEGRADADOS - DISPOSIÇÕES CONTIDAS NA LEI Nº 12.503/97- ANTECIPAÇÃO DE TUTELA - REQUISITOS PRESENTES. A Lei Estadual nº 12.503/97 determina que as empresas concessionárias de serviços de abastecimento de água invistam pelo menos 0,5% (meio por cento) de sua receita operacional na proteção e preservação ambiental da bacia hidrográfica explorada. Para o deferimento da antecipação de tutela de urgência, necessário se faz a probabilidade do direito invocado e o perigo na demora da prestação jurisdicional (inteligência CPC/2015, artigo 300). A Constituição de 1988 contemplou o meio ambiente em capítulo próprio, considerando-o como bem de uso comum do povo e essencial à qualidade de vida, impondo ao Poder Público e à coletividade o dever de preservá-lo e defendê-lo, para as gerações presentes e futuras (inteligência CF/88, artigo 225). Presentes os requisitos, deve a tutela antecipada de urgência ser deferida. (TJMG - Agravo de Instrumento-Cv. 1.0242.16.001974-9/001, Relator(a): Des.(a) Dárcio Lopardi Mendes, 4ª CÂMARA CÍVEL, julgamento em 20/04/2017, publicação da súmula em 27/04/2017).

APLICAÇÃO DE RECURSOS NA PRESERVAÇÃO DE MANANCIAIS HÍDRICOS: *A EFETIVIDADE DA LEI MINEIRA 12.503/97 COMO OBRIGAÇÃO DAS CONCESSIONÁRIAS DE SERVIÇO PÚBLICO*

BERGSON CARDOSO GUIMARÃES
Promotor de Justiça do Ministério Público do Estado de Minas Gerais
Mestre em Direito das Relações Sociais pela PUC-SP
Doutorando em Engenharia Florestal pela UFLA-MG

1.INTRODUÇÃO

O presente trabalho busca analisar julgado do Tribunal de Justiça de Minas Gerais que trata de recursos destinados à proteção e preservação dos cursos de água e dos trechos degradados. A decisão contempla a necessidade de apoio à preservação ambiental dos mananciais hídricos do Estado de Minas Gerais, tratando-se de decisão pertinente às disposições contidas na Lei nº 12.503, de 30 de maio de 1997, também conhecida como Lei Piau.

A Lei n° 12.503 criou o chamado Programa Estadual de Conservação da Água instituindo, ao status de política pública, o objetivo de proteger e preservar os recursos naturais das bacias hidrográficas sujeitas à exploração, com a finalidade de abastecimento público ou de geração de energia elétrica, conforme está disposto no artigo 1º, da referida Legislação Estadual.

Dispôs ainda a Lei Piau que para a consecução dos objetivos previstos, as empresas concessionárias de serviços de abastecimento de água e de geração de energia elétrica, públicas e privadas, ficam obrigadas a investir na proteção e na preservação ambiental da bacia hidrográfica em que ocorrer a exploração, o equivalente a, no mínimo, 0,5% (meio por cento) do valor total da receita operacional ali apurada no exercício anterior ao do investimento (art. 2º).

Também restou posto pelo Poder Legislativo Estadual que, do montante de recursos financeiros a ser aplicado na forma do *caput* deste artigo 2º da Lei, no mínimo, (I) 1/3 (um terço) será destinado à reconstituição da vegetação ciliar ao longo dos cursos de água, nos trechos intensamente degradados por atividades antrópicas.

Com modificações posteriores também ficou determinado que (II) 1/3 (um terço) será destinado à preservação ou à recuperação de nascentes e outras áreas de igual importância para a conservação das águas, como as áreas de recarga hídrica, localizadas em topos de morro, chapadas e áreas de declividade, assim como as veredas[1].

Assim, retornando ao caso concreto, a decisão do Tribunal de Justiça deferiu a antecipação de tutela de urgência, no entendimento de que necessário se faz a probabilidade do direito ali invocado e o perigo na demora da prestação jurisdicional, dentro da inteligência do artigo 300 do Código Processual Civil.

O acórdão cita expressamente a Lei Estadual nº 12.503/97, determinando às empresas concessionárias de serviços de abastecimento de água a obrigação do investimento de pelo menos 0,5% (meio por cento) de sua receita operacional na proteção e preservação ambiental da bacia hidrográfica explorada.

A decisão ainda faz conexão ao artigo 225 da Constituição Federal de 1988, no sentido de que esta contemplou o meio ambiente em capítulo próprio, considerando-o como bem de uso comum do povo e essencial à qualidade de vida, impondo ao Poder Público e à coletividade o dever de preservá-lo e defendê--lo, para as gerações presentes e futuras.

2. ACÓRDÃO

> AGRAVO DE INSTRUMENTO - AÇÃO CIVIL PÚBLICA - PRESERVAÇÃO AMBIENTAL DOS MANANCIAIS HÍDRICOS - RECURSOS DESTINADOS À PROTEÇÃO E PRESERVAÇÃO DOS CURSOS DE ÁGUA E DOS TRECHOS DEGRADADOS - DISPOSIÇÕES CONTIDAS NA LEI Nº 12.503/97 - ANTECIPAÇÃO DE TUTELA - REQUISITOS PRESENTES. A Lei Estadual nº 12.503/97 determina que as empresas concessioná

1 Houve modificação da Lei nº 12.305/97, através da Lei nº 22.622, de 27 de julho de 2017, que previu, também, que - conforme o art. 3º - o descumprimento do disposto nesta lei sujeita o infrator às penalidades previstas para as infrações às normas de proteção ao meio ambiente e aos recursos hídricos.

> rias de serviços de abastecimento de água invistam pelo menos 0,5% (meio por cento) de sua receita operacional na proteção e preservação ambiental da bacia hidrográfica explorada. Para o deferimento da antecipação de tutela de urgência, necessário se faz a probabilidade do direito invocado e o perigo na demora da prestação jurisdicional (inteligência CPC/2015, artigo 300). A Constituição de 1988 contemplou o meio ambiente em capítulo próprio, considerando-o como bem de uso comum do povo e essencial à qualidade de vida, impondo ao Poder Público e à coletividade o dever de preservá-lo e defendê-lo, para as gerações presentes e futuras (inteligência CF/88, artigo 225).
>
> Presentes os requisitos, deve a tutela antecipada de urgência ser deferida (TJMG - Agravo de Instrumento-Cv. 1.0242.16.001974-9/001, Relator (a): Des.(a) Dárcio Lopardi Mendes, 4ª CÂMARA CÍVEL, julgamento em 20/04/2017, publicação da súmula em 27/04/2017).

O acórdão em questão segue uma linha decisória no sentido de que a aplicação do investimento para proteção e preservação ambiental da bacia hidrográfica, de que trata a Lei Estadual nº 12.503/97, encontra respaldo no princípio do poluidor pagador que também rege o Direito Ambiental, o que afasta o argumento de intervenção no domínio econômico. Ademais, o princípio do poluidor pagador, antes que um instituto moderno, já tinha sido previsto pela visão de gênio do ex-ministro do STF, Alfredo Valladão, já na década de 1930, que estabeleceu o princípio do poluidor pagador (como a previsão também vanguardista do instituto da outorga e cobrança pelo uso da água), através de disposições insculpidas no primeiro Código de Águas do Brasil, o Decreto nº 24.643, de 10 de julho de 1934.

3. PRECEDENTES JURISPRUDENCIAIS

O Tribunal de Justiça de Minas Gerais vem decidindo, reiteradamente, que as concessionárias de abastecimento de água e energia estão obrigadas a cumprir o disposto no artigo 2º, da Lei Estadual nº 12.503/1997. Isso tem se dado conforme pode se observar nos seguintes julgados:

> "EMENTA: AGRAVO DE INSTRUMENTO - AÇÃO CIVIL PÚBLICA - LEI ESTADUAL 12.503/97 - OBRIGAÇÃO DE INVESTIMENTO DE

PERCENTUAL DE RECEITA OPERACIONAL NA PROTEÇÃO E PRESERVAÇÃO AMBIENTAL DE BACIA HIDROGRÁFICA EXPLORADA POR CONCESSIONÁRIA DE SERVIÇO PÚBLICO - CONSTITUCIONALIDADE DECLARADA PELA CORTE SUPERIOR DESTE TRIBUNAL - DEFERIMENTO DA TUTELA ESPECÍFICA - REQUISITOS PRESENTES - MANUTENÇÃO.

É Constitucional a Lei Estadual nº 12.503, de 30 de maio de 1997, que institui o Programa Estadual de Conservação da Água, conforme já reconheceu, incidentalmente, a Corte Superior deste Tribunal.

Os provimentos liminares em geral, sempre fundados em um juízo de aparência, porque de cognição superficial (em contraposição à tutela definitiva que se funda em certeza), consagram o princípio da efetividade, a partir da autorização da concessão da medida reclamada, em caráter provisório, como forma de evitar o perecimento do direito reclamado, até a concessão definitiva da tutela jurisdicional perseguida.

Em matéria ambiental, vige o princípio da prevenção, que engloba a precaução, já que, em geral, as medidas voltadas à recuperação do ecossistema não permitem o retorno ao estado anterior, justificando-se toda cautela, quando haja potencialidade de prejuízos ambientais, que devem ser evitados a todo custo (TJMG - Agravo de Instrumento-Cv 1.0521.09.089057-0/001, Relator(a): Des.(a) Elias Camilo, 3ª CÂMARA CÍVEL, julgamento em 02/12/2010, publicação da súmula em 16/12/2010).

"EMENTA: Incidente de arguição de inconstitucionalidade. Ação Civil Pública. Lei Estadual nº 12.503, de 1997. Programa estadual de conservação de água. Proteção e preservação ambiental das bacias hidrográficas sujeitas à exploração. Concessionárias de serviço de abastecimento. Obrigatoriedade de investimento. Constitucionalidade. Incidente rejeitado. 1. Inexistem quaisquer vícios formais de inconstitucionalidade na Lei Estadual nº 12.503, de 1997, diante da competência concorrente dos Estados-membros para legislarem sobre proteção do meio ambiente. 2. O meio ambiente sadio é direito de todos e patrimônio da humanidade, nos termos do art. 225 da Constituição da República. 3. A aplicação do investimento para proteção e preservação ambiental da bacia hidrográfica de que trata a Lei Estadual nº 12.503, de 1997, encontra respaldo no princípio do poluidor pagador que também rege o direito ambiental, o que afasta a intervenção no domínio econômico. 4. É constitucional a lei que institui o programa estadual de conservação de água e prevê a obrigatoriedade, pelas concessionárias de serviços de abastecimento de água e de geração de energia elétrica, do investimento na proteção e preservação ambiental da bacia hidrográfica em

> que ocorrer a exploração e na base de 0,5% do valor da receita operacional. 5. Arguição de inconstitucionalidade conhecida e rejeitada, declarada a constitucionalidade dos artigos 1º e 2º da Lei Estadual nº 12.503, de 30 de maio de 1997 (Arg Inconstitucionalidade 1.0016.07.068703-9/002, Relator (a): Des.(a) Caetano Levi Lopes, CORTE SUPERIOR, julgamento em 28/07/2010, publicação da súmula em 08/10/2010)".
>
> "EMENTA: APELAÇÃO CÍVEL - AÇÃO CIVIL PÚBLICA - COPASA - LEI ESTADUAL Nº 12.503/97 - ALEGAÇÃO DE INCONSTITUCIONALIDADE - ART. 480 DO CPC - AFASTAMENTO - INVESTIMENTO - PROGRAMA ESTADUAL DE CONSERVAÇÃO DA ÁGUA - OBRIGAÇÃO DE FAZER - DESCUMPRIMENTO POR PARTE DA CONCESSIONÁRIA - AUSÊNCIA DE PROVAS - HONORÁRIOS ADVOCATÍCIOS - VALOR EXCESSIVO - REDUÇÃO - RECURSO PROVIDO EM PARTE. - A obrigação de fazer imposta pelo art. 2º, da Lei Estadual nº 12.503/97 não interfere na relação contratual estabelecida entre a municipalidade e a concessionária. Busca, na verdade, implementar mais um mecanismo de defesa do meio ambiente, cumprindo um dever-poder que lhe incumbe e fazendo-o nos termos do art. 24, § 2º, da CF/88. - Cabe a redução dos honorários advocatícios fixados em valor excessivo".

Há, nesse sentido, vários precedentes, vejamos:

> "Apelação Cível 1.0144.05.010382-5/002, Relator (a): Des.(a) Antônio Sérvulo, 6ª CÂMARA CÍVEL, julgamento em 14/04/2009, publicação da súmula em 22/05/2009; Apelação Cível 1.0432.07.014010-3/001, Relator(a): Des.(a) Sandra Fonseca, 6ª CÂMARA CÍVEL, julgamento em 02/08/2011, publicação da súmula em 19/08/2011; Apelação Cível 1.0283.07.006754-3/001, Relator(a): Des.(a) Eduardo Andrade, 1ª CÂMARA CÍVEL, julgamento em 01/03/2011, publicação da súmula em 13/05/2011; Apelação Cível 1.0026.07.027099-1/001, Relator(a): Des.(a) Caetano Levi Lopes, 2ª CÂMARA CÍVEL, julgamento em 07/04/2009, publicação da súmula em 30/04/2009; Apelação Cível 1.0016.07.068704-7/001, Relator(a): Des.(a) Belizário de Lacerda, 7ª CÂMARA CÍVEL, julgamento em 03/02/2009, publicação da súmula em 17/04/2009".

4. CONTEXTUALIZAÇÃO DA APLICAÇÃO DA LEI Nº 12.503/97

Não só em Minas Gerais, mas vários Estados da Federação, como é caso de São Paulo, no final da década de 1990 procuraram estabelecer princípios acerca da responsabilidade compartilhada - empresas, população, órgãos públicos, proprietários urbanos e rurais, quanto a preservação prática de mananciais de relevância hídrica. Em São Paulo, também em 1997, veio a normativa (São Paulo, Lei Estadual nº 9.866, de 28 de novembro de 1997) sobre diretrizes para a proteção e recuperação das bacias hidrográficas dos mananciais de interesse regional do Estado. Ela trouxe novos princípios para a gestão das áreas de mananciais. A nova legislação mudou a perspectiva com a qual era tratada a questão, incluindo a gestão participativa e descentralizada, com o recorte do planejamento para uma ou mais sub-bacias.

Foi também em 1997 que foi sancionada a Lei n° 9.433, que estabeleceu a Política Nacional dos Recursos Hídricos, que, entre vários princípios e instrumentos, estabeleceu a necessidade de compensação aos municípios (art. 5º, V).

A resistência com que sempre houve as concessionárias de serviço público no Estado de Minas Gerais, no cumprimento da Lei Piau, chama atenção através das posições das principais empresas. Essas são a Companhia de Saneamento de Minas Gerais (COPASA), que é uma empresa de economia mista que tem como principal atividade a prestação de serviços em abastecimento de água, esgotamento sanitário e resíduos sólidos e a Companhia Energética de Minas Gerais (CEMIG), além de Consórcios Hidrelétricos para exploração de energia. Esse último caso é a situação do antigo Consórcio Funil, no município de Perdões e Lavras, Sul de Minas, compreendido pela CEMIG e Vale do Rio Doce, onde a questão encontra-se também judicializada com decisão procedente do TJMG.

Coube a poucas entidades do terceiro setor (como a ONG VERDE-GAIA, do município de Muzambinho) e, em sua grande maioria, pelo Ministério Público, a necessidade dessa judicialização da questão, através de ações coletivas, para que se pudesse, nos municípios específicos e sub-bacias hidrográficas, ver implementada, com efetividade, as determinações da lei. Esse processo de busca de acesso à Justiça Ambiental e ao Judiciário tem se dado não sem dificuldades (para ambas as partes das demandas) de toda ordem, dado o grande poder de atuação das mesmas concessionárias, e principalmente a resistência que continua a ser praticada nas execuções das sentenças. Vários são os expedientes legais usados no plano judicial e de instalação dos programas, mesmo em sentenças condenatórias, para o cumprimento das disposições da lei.

As empresas concessionárias vêm argumentando nessas ações que já têm programas próprios de aplicação em bacias hidrográficas, e que estariam a fazer cumprir as determinações da lei, mas não se apresentam os trabalhos e resultados específicos que foram feitos no investimento determinado. De outro turno, sempre surge o argumento de que as comunidades não têm e não sabem efetuar projetos específicos e viáveis, com baixa capacidade de organização (Jornal O Tempo, 06/04/2016).

A CEMIG, por exemplo, ainda vem alegando que as leis estaduais que geram obrigações tributárias ambientais contra as concessionárias federais de energia são inconstitucionais, uma vez que a competência para legislar sobre o assunto seria da União. Advoga nessas ações e contestações às ações civis públicas, que há possibilidade de haver grave lesão ao patrimônio da empresa em razão do que se aponta como "elevados valores envolvidos", risco de arrestos e de penhoras de seus bens na fase de cumprimento de sentença.

A realidade prática, no entanto, vem revelando que não se tratam de valores ou programas vultosos impostos ao estabelecimento da lei em face dos fatores tempo, programas de investimento e ação, municípios e sub-bacias hidrográficas.

Os casos judicializados analisados antes, revelam que não há, nas decisões, transmutação da natureza da obrigação de fazer prevista no art. 2º da Lei Estadual nº 12.503/97. Não se trata sequer de ofensa ao princípio da razoabilidade, tratando-se quase sempre de medidas proporcionais à realidade finalística das concessionárias, que de fato usam a água como matéria essencial e têm responsabilidade compartilhada na conservação hídrica, através de recursos que a lei prevê, principalmente em pequenos municípios.

No ano de 2014 a Companhia Energética de Minas Gerais (CEMIG) ajuizou no Supremo Tribunal Federal (STF) Ação Cautelar (AC – 3699), com pedido de liminar, buscando dar efeito suspensivo a recurso extraordinário, já admitido na origem, contra acórdão do Tribunal de Justiça de Minas Gerais (TJMG). Como tem reiteradamente entendido, ao julgar apelação contra sentença de primeiro grau, o TJMG manteve sentença que obriga a empresa a investir, no mínimo, 0,5% da receita operacional na proteção e preservação ambiental de mananciais hídricos nos municípios de Uberaba, Água Comprida, Delta, Campo Florido e Veríssimo.

5. APLICAÇÃO E IMPLEMENTAÇÃO DA LEGISLAÇÃO PROTETIVA E CONSERVACIONISTA *(ENFORCEMENT LAW)*

O acórdão analisado procura dar concretude efetiva ao disposto na lei. O problema da implementação das leis no Brasil, além de ser temática pouco debatida e estudada, encontra, infelizmente, um vasto leque de exemplos e antinomias instaladas por todo o país. Há sim uma profusão de leis, mas essas formam na questão socioambiental, na maioria das vezes, um sistema protetivo e articulado de comando, controle e instrumentos para atuação. Mas não são implementadas em sua integralidade ou totalidade, mesmo com julgamentos de constitucionalidade e validade legal, pelos Tribunais Superiores, como é o caso aqui estudado. Passados mais de vinte anos da existência da Lei Piau, com comando automático no próprio dispositivo legal, prescinde de regulamentação específica, e não se faz aplicada.

As posições adotadas pelo TJMG procuram fazer valer não só a previsão constitucional insculpida no artigo 225 da Constituição Federal, mas todo um sistema infraconstitucional estabelecido. É o caso das disposições contidas na Política Nacional do Meio Ambiente (Lei nº 6.938/81), que prevê como objetivo a preservação, melhoria e recuperação da qualidade ambiental propícia à vida, visando assegurar, no país, condições ao desenvolvimento socioeconômico, aos interesses da segurança nacional e à proteção da dignidade da vida humana. Ali estão previstos princípios como (I) ação governamental na manutenção do equilíbrio ecológico; (II) racionalização do uso do solo, do subsolo, da água e do ar; (...); (IV) proteção dos ecossistemas, com a preservação de áreas representativas, dentre outros previstos no art. 2º daquele diploma legal.

6. CONSIDERAÇÕES FINAIS

A importância de atuação ordenada e institucionalizada de empresas, usuários e poder público em face das áreas que visam proteger mananciais e, consequentemente, funcionam como produtoras e conservadoras de recursos hídricos têm merecido atenção dos estudiosos de vários campos do saber, transcendendo ao limite da hidrogeologia e ciências florestais, por exemplo. O caso das áreas de preservação permanente, áreas de recarga hídrica, nascentes, por exemplo, formam uma nomenclatura jurídica que traz em sua essencialidade a obrigatoriedade em preservar, em caráter permanente, esses espaços com atributos ambientais necessários ao equilíbrio ecossistêmico, ou seja, a garantia da vida de um dos mais preciosos bens ambientais, que é a água.

O comando legal e suas decisões pelo Poder Judiciário, calcados em argumentos sólidos impõem um caráter austero na proteção a tais espaços que transcende à mera colocação de intenções. Revela-se a necessidade de investimento da maior importância às áreas de relevância hídrica, impondo-se ao Poder Público, e também à coletividade, o dever de preservação e conservação.

Há uma mobilização grande em torno da necessidade de recuperar as áreas degradadas e ampliar a cobertura vegetal em trechos de mananciais como ação básica e obrigatória de empresas que atuam no campo, empreendimentos rurais e cidadãos que trabalham em atividades que usam a água primordialmente como elemento básico econômico. Assim, a legislação ambiental impõe uma série de responsabilidade a vários entes, principalmente pequenos proprietários rurais. Ainda existe uma cultura de sobrevalorizar-se as - realmente necessárias e imprescindíveis - construções de estações de tratamento, sistemas de colhimento hídrico urbano, etc.; mas é relegada a segundo plano o investimento na gênese dos recursos hídricos, que são os mananciais, as nascentes e áreas de preservação permanente.

O chamado hidronegócio é um fator crescente a colaborar na falta de disponibilidade hídrica e de mercantilização da água. Essa situação também colabora a despertar conflitos em todo o Estado de Minas Gerais. A água tem que ser destinada a múltiplos usos, e alguns setores priorizam particularmente os serviços de abastecimento urbano e a água envazada. Esses setores obedecem a regras do mercado, mesmo no caso de empresas públicas. Muitas vezes ocorre o preço exagerado da água, cujas externalidades negativas são impostas às populações mais pobres, conquanto há necessidade de lucro das empresas sem uma contrapartida coletiva adequada.

Dessa forma, o acórdão do Tribunal de Justiça de Minas Gerais (TJMG), que julgou agravo de instrumento nº 1.0242.16.001974-9/001, sob a relatoria do Des. Dárcio Lopardi Mendes, da 4ª CÂMARA CÍVEL, em 20/04/2017, e súmula publicada em 27/04/2017, revela a essencialidade de atenção e responsabilidade geral quanto à preservação ambiental dos mananciais hídricos e da obrigação geral das políticas públicas. Traz a necessidade de previsão de recursos destinados à proteção e preservação dos cursos de água e dos trechos degradados, disposições essas contidas na Lei nº 12.503/97.

O decreto de validade da Lei Piau pelo julgamento analisado vai corroborar o entendimento de que sempre é essencial a presença organizada das comunidades afetadas pela indisponibilidade hídrica. Assim, os governos locais têm a missão de ordenar, através de processos legislativos e de gestão, os investimentos, o uso e conservação da água. Presente a realidade de que a construção de processos colaborativos inovadores são impostos também pela legislação, na linha de pactos de responsabilidade no uso e tratamento equilibrados entre as diferentes entidades e agentes sociais.

7. REFERÊNCIAS BIBLIOGRÁFICAS

SÃO PAULO. LEI ESTADUAL Nº 9.866, DE 28 DE NOVEMBRO DE 1997. Dispõe sobre diretrizes e normas para a proteção e recuperação das bacias hidrográficas dos mananciais de interesse regional do Estado de São Paulo e dá outras providências

JORNAL O TEMPO. Belo Horizonte. Minas Gerais. Acessível em: <http://www.otempo.com.br/cidades/copasa-e-cemig-admitem-não-cumprirem-lei-de-contrapartidas--ambientais>. Acesso em: 08.09.2017.

AGRAVO DE INSTRUMENTO - AÇÃO CIVIL PÚBLICA - OBTENÇÃO DE LICENÇA AMBIENTAL PARA A EXTRAÇÃO DE AREIA - OBRIGATORIEDADE - MEDIDA LIMINAR - CABIMENTO.

- Tratando-se de ação civil pública, o deferimento do pedido de liminar depende da demonstração inequívoca da verossimilhança das alegações e do receio de advir dano irreparável ou de difícil reparação (*fumus boni iuris* e *periculum in mora*).

- A extração de areia exige expressamente o licenciamento ambiental clássico.

- Existindo comprovação do *fumus boni iuris* e do *periculum in mora*, deve ser deferida a pretensão liminar de suspensão dos efeitos da Autorização Ambiental de Funcionamento para atividades de extração de areia e cascalho.

- Agravo desprovido (TJMG - AI n. 1.0570.14.000296-7/002, Rel. Des. Ana Paula Caixeta, 4ª CÂMARA CÍVEL, j. 12/03/2015, p. 19/03/2015).

DA OBRIGATORIEDADE DO LICENCIAMENTO AMBIENTAL PARA ATIVIDADES CAUSADORAS DE SIGNIFICATIVA DEGRADAÇÃO AMBIENTAL: ESTUDO DE CASO DA ATIVIDADE DE EXTRAÇÃO DE AREIA E CASCALHO

BRUNO GUERRA DE OLIVEIRA
Promotor de Justiça Titular da 6ª Promotoria de Justiça da Comarca de Ubá.
Coordenador Regional das Promotorias de Justiça de Meio Ambiente da Bacia Hidrográfica do Rio Paraíba do Sul de 2012 a 2016.
Conselheiro do COPAM – Unidade Regional Colegiada da Zona da Mata de 2012 a 2016.
Graduado em Direito pela Universidade Federal de Juiz de Fora.
Pós-Graduado em Direito Público pela Universidade Federal de Juiz de Fora.
Ex-Procurador do Estado do Espírito Santo.
Ex-Procurador da Fazenda Nacional.

1. INTRODUÇÃO

Por intermédio de diversas ações civis públicas ajuizadas pelo Ministério Público Estadual, o Tribunal de Justiça de Minas Gerais vem sendo chamado a se pronunciar sobre a inconstitucionalidade e a ilegalidade do instrumento previsto na legislação mineira denominado Autorização Ambiental de Funcionamento (AAF), rotineiramente utilizado pelo Poder Público Estadual como substituto ao licenciamento ambiental e por meio do qual é permitida a operação de diversas atividades causadoras de significativa degradação ambiental, dentre elas as minerárias, inclusive a atividade de extração de minério Classe II, como a areia e o cascalho.

Em uma dessas ações ajuizadas, oriunda da Comarca de Salinas, o Tribunal de Justiça mineiro, ao apreciar o recurso de Agravo de Instrumento, proferiu o seguinte julgado:

> AGRAVO DE INSTRUMENTO - AÇÃO CIVIL PÚBLICA - OBTENÇÃO DE LICENÇA AMBIENTAL PARA A EXTRAÇÃO DE AREIA - OBRIGATORIEDADE - MEDIDA LIMINAR - CABIMENTO. - Tratando-se de ação civil pública, o deferimento do pedido de liminar depende da demonstração inequívoca da verossimilhança das alegações e do receio de advir dano irreparável ou de difícil reparação (*fumus boni iuris* e *periculum in mora*). A extração de areia exige expressamente o licenciamento ambiental clássico. - Existindo comprovação do *fumus boni iuris* e do *periculum in mora*, deve ser deferida a pretensão liminar de suspensão dos efeitos da Autorização Ambiental de Funcionamento para atividades de extração de areia e cascalho. - Agravo desprovido (TJMG - AI n. 1.0570.14.000296-7/002, Rel. Des. Ana Paula Caixeta, 4ª CÂMARA CÍVEL, j. 12/03/2015, p. 19/03/2015).

Conforme se extrai, por meio da referida decisão, o Tribunal de Justiça, ainda que em sede de cognição sumária, entendeu que a extração de areia e cascalho exige o licenciamento ambiental clássico, isto é, faz-se necessário percorrer o itinerário das licenças prévias, de instalação e de operação para viabilizar o funcionamento do empreendimento, sendo vedada a utilização da citada AAF.

Cumpre salientar que, além da referida ação civil pública oriunda da Comarca de Salinas e de diversas outras nas quais são discutidos casos individuais de empreendimentos operando a atividade de extração de areia e/ou cascalho por meio de AAF´s, o Ministério Público ajuizou uma ação civil pública na Capital[1], a fim de impor ao Estado de Minas Gerais a obrigação de se abster de expedir AAF´s para autorizar tais tipos de atividade em todo o território estadual.

Aliás, no citado processo, foi proferida sentença pelo Juiz de Direito Elton Pupo Nogueira, ainda não transitada em julgado, por meio da qual o Estado de Minas Gerais foi condenado a se abster de conceder ou renovar as AAF´s para atividades de extração de areia e/ou cascalho em seu território, bem como a exigir a elaboração de Estudo de Impacto Ambiental (EIA) e obtenção de licenciamento ambiental para tais atividades, facultando ao órgão ambiental admitir, de maneira excepcional e fundamentada, a apresentação do Relatório

1 Autos n. 0580937-40.2014.8.13.0024, distribuídos para a 2ª Vara da Fazenda Pública Estadual e Autarquias da Comarca de Belo Horizonte.

de Controle Ambiental (RCA). Além disso, foi determinado que o Estado de Minas Gerais convocasse, no prazo de 180 dias, todos os empreendimentos atualmente em funcionamento com base em AAF´s para o licenciamento ambiental corretivo.

Relevante destacar que, embora as decisões citadas digam respeito à atividade minerária de extração de areia e cascalho, o mesmo raciocínio jurídico pode ser utilizado em relação a diversas outras atividades para as quais a legislação mineira, em contrariedade à Constituição Federal e à normatização federal, permitiu indevidamente a operação mediante o precário instrumento da AAF.

Enfim, trata-se de discussão jurídica com amplo alcance e repercussão, que extrapola as atividades de extração de areia e cascalho e, para a sua adequada compreensão, passa-se a discorrer sobre ela.

2. CONSIDERAÇÕES SOBRE O LICENCIAMENTO AMBIENTAL

Como se sabe, a Constituição Federal de 1988, com o objetivo de compatibilizar o desenvolvimento econômico com a preservação ambiental, previu a exigência do devido processo de licenciamento ambiental, com a apresentação de Estudo de Impacto Ambiental (EIA), para aferir o potencial danoso de determinado empreendimento ao meio ambiente:

> Art. 225. Todos têm direito ao meio ambiente ecologicamente equilibrado, bem de uso comum do povo e essencial à sadia qualidade de vida, impondo-se ao Poder Público e à coletividade o dever de defendê-lo e preservá-lo para as presentes e futuras gerações. § 1º - Para assegurar a efetividade desse direito, incumbe ao Poder Público: (...) IV - exigir, na forma da lei, para instalação de obra ou atividade potencialmente causadora de significativa degradação do meio ambiente, estudo prévio de impacto ambiental, a que se dará publicidade.

Seguindo orientação traçada pelo dispositivo constitucional, foi editada a Lei nº 6.938/81 que, em seu art. 8º, I e II, incumbiu ao Conselho Nacional de Meio Ambiente (CONAMA) estabelecer normas e critérios para licenciamento ambiental, bem como fixar as hipóteses em que se deve exigir o estudo prévio de impacto ambiental:

Art. 8º Compete ao CONAMA:

> I - estabelecer, mediante proposta do IBAMA, normas e critérios para o licenciamento de atividades efetiva ou potencialmente poluidoras, a ser concedido pelos Estados e supervisionado pelo IBAMA;
>
> II - determinar, quando julgar necessário, a realização de estudos das alternativas e das possíveis conseqüências ambientais de projetos públicos ou privados, requisitando aos órgãos federais, estaduais e municipais, bem assim a entidades privadas, as informações indispensáveis para apreciação dos estudos de impacto ambiental, e respectivos relatórios, no caso de obras ou atividades de significativa degradação ambiental, especialmente nas áreas consideradas patrimônio nacional.
>
> A Resolução CONAMA n.º 237/97, por sua vez, conceituou, em seu artigo 1º, inciso I, o licenciamento ambiental como:
>
> (...) procedimento administrativo pelo qual o órgão ambiental competente licencia a localização, instalação, ampliação e a operação de empreendimentos e atividades utilizadoras de recursos ambientais, consideradas efetiva ou potencialmente poluidoras ou daquelas que, sob qualquer forma, possam causar degradação ambiental, considerando as disposições legais e regulamentares e as normas técnicas aplicáveis ao caso.

Em seu art. 3º, a referida Resolução definiu a exigibilidade da licença ambiental, mediante a apresentação de Estudo de Impacto Ambiental (EIA), para os empreendimentos e atividades consideradas efetiva ou potencialmente causadoras de significativa degradação ambiental:

A licença ambiental para os empreendimentos e atividades consideradas efetiva ou potencialmente causadoras de significativa degradação do meio dependerá de prévio estudo de impacto ambiental e respectivo relatório de impacto sobre o meio ambiente (EIA/RIMA), ao qual dar-se-á publicidade, garantida a realização de audiências públicas, quando couber, de acordo com a regulamentação.

Já a Resolução CONAMA nº 01/86, em seu artigo 2º, trouxe um rol exemplificativo de atividades para as quais existe uma presunção absoluta de serem causadoras de significativo impacto ambiental, sendo, portanto, exigível o licenciamento ambiental, mediante a apresentação de EIA/RIMA, dentre as quais se destaca a atividade de extração de minério:

> Art. 2º - Dependerá de elaboração de estudo de impacto ambiental e respectivo relatório de impacto ambiental – RIMA, a serem submetidos à aprovação do órgão estadual competente, e do IBAMA em caráter supletivo, o licenciamento de atividades modificadoras do meio ambiente, tais como: (...) IX - Extração de minério, inclusive os da classe II, definidas no Código de Mineração; (...).

Enfim, frente ao que dispõe o texto constitucional e a legislação federal, torna-se evidente a obrigatoriedade de obtenção de licença ambiental prévia para todo e qualquer empreendimento de exploração minerária, inclusive aqueles enquadrados na Classe II, o que abrange areia e cascalho.

Aliás, em relação à atividade minerária, a previsão normativa a respeito de seu licenciamento ambiental possui regras ainda mais específicas, estipuladas pelas Resoluções CONAMA nº 09/90 e 10/90.

Acerca do tema, vale transcrever trecho das lições de Mauro da Fonseca Ellovitch[2]:

> A regulamentação do licenciamento ambiental também segue a sistemática de tratamento distinto a empreendimentos minerários. Enquanto as regras gerais para empreendimentos potencialmente poluidores são dadas pela Resolução n. 237/97, o licenciamento de empreendimentos minerários deve obedecer às especificidades das Resoluções CONAMA nº 09/90 e 10/90.

De fato, a Resolução CONAMA nº 09/90 estabelece a regra geral para o licenciamento ambiental das atividades minerárias, para as quais é exigível a apresentação de EIA/RIMA. Por outro lado, em relação às atividades de extração de minério Classe II (como areia e cascalho), incide a Resolução CONAMA nº 10/90, a qual reitera a referida regra geral do licenciamento ambiental com exigência de EIA, mas abre a possibilidade de, excepcionalmente, o órgão ambiental admitir a substituição do referido estudo por um de menor complexidade, o Relatório de Controle Ambiental (RCA)[3].

---

2 ELLOVITCH, Mauro da Fonseca. *Licenciamento ambiental de empreendimentos minerários e seu controle judicial. In* Revista do Ministério Público do Estado de Minas Gerais, Belo Horizonte, Edição Especial Mineração, 2012, p. 22.

3 Eis o texto da Resolução CONAMA 10/90: Art. 1º - A exploração de bens minerais da Classe II deverá ser precedida de licenciamento ambiental do órgão estadual de meio ambiente ou do IBAMA, quando couber, nos termos da legislação vigente e desta Resolução. Parágrafo Único - Para a solicitação da Licença Prévia-LP, de Instalação-LI e de Operação-LO deverão ser apresentados os documentos relacionados nos anexos I, II, III desta Resolução,

Conclui-se, portanto, que a legislação federal estabelece, de maneira cogente, um rol de atividades que possuem presunção absoluta de serem causadoras de significativo impacto ambiental (dentre as quais se incluem as atividades minerárias) e, para elas, exige o processo de licenciamento ambiental clássico, trifásico, por meio do qual o empreendedor necessita obter as licenças prévias, de instalação e operação, inclusive mediante a apresentação de EIA/RIMA (o qual, para a exploração de bens minerais Classe II, pode ser excepcionalmente substituído pelo RCA).

Nessas hipóteses, os Estados e Municípios não podem dispensar o licenciamento ou os estudos exigidos, pois, ao dispor sobre a repartição constitucional da competência legislativa sobre a matéria "meio ambiente", o artigo 24 da Constituição Federal conferiu à União atribuições para estabelecer as normas gerais, ao passo que incumbiu aos Estados legislar sobre regras específicas, mas que devem ser compatíveis com a previsão normativa federal.

Assim sendo, se a União já estabeleceu a imprescindibilidade do licenciamento ambiental clássico, o Estado não pode dispensar, em caráter geral, a exigência daquele procedimento, nem mesmo permitir sua substituição por outra espécie mais simplificada, como a AAF.

A esse respeito, Álvaro Luiz Valery Mirra[4] [5] leciona:

---

de acordo com o tipo de empreendimento e fase em que se encontre. (...) Art. 3º - A critério do órgão ambiental competente, o empreendimento, em função de sua natureza, localização, porte e demais peculiaridades, poderá ser dispensado da apresentação dos Estudos de Impacto Ambiental - EIA e respectivo Relatório de Impacto Ambiental - RIMA. Parágrafo Único - Na hipótese da dispensa de apresentação do EIA/RIMA, o empreendedor deverá apresentar um Relatório de Controle Ambiental-RCA, elaborado de acordo com as diretrizes a serem estabelecidas pelo órgão ambiental competente.

4 MIRRA, Álvaro Luiz Valery. *Impacto Ambiental. Aspectos da legislação brasileira.* 4ª ed. São Paulo: Ed. Juarez de Oliveira. 2008. p. 90.

5 No mesmo sentido são as lições de Paulo Affonso Leme Machado: "Não invade a autonomia dos Estados o estabelecimento dessas normas e critérios pelo CONAMA, pois a 'proteção do meio ambiente' é de competência concorrente da União e dos Estados (art. 24, VI, da CF) e à União está reservado o estabelecimento de 'normas gerais' (art. 24, §1º, da CF). Como assinala com acuidade a Profa. Odete Medauar: 'Se a Constituição Federal atribui competência à União para editar normas gerais sobre certa matéria, determina, em decorrência, que tais disposições fixadas em lei federal hão de ser observadas pelos Estados e Municípios, sem que se cogite, no caso, de qualquer interferência ou desrespeito à autonomia dos Estados-membros ou Municípios.'" (MACHADO, Paulo Affonso Leme. *Direito Ambiental Brasileiro,* 9ª ed. São Paulo: Malheiros. 2001. p. 201-202 e 254).

> Assim, o que se conclui é que as normas federais que disciplinam o estudo de impacto ambiental - Lei nº 6.938/1981, Decreto nº 99.274/1990 e Resolução CONAMA 001/1986 - são, efetivamente, em sua integralidade e em todos os seus aspectos, normas gerais e, por se mostrarem compatíveis com a previsão constitucional do art. 24, §1º da Constituição de 1988, não podem ser contrariadas pelas normas dos Estados e Municípios para o fim de reduzir o grau de proteção do meio ambiente. Por via de consequência, a dispensa pela legislação estadual ou municipal de determinadas atividades da realização do EIA, que pela regulamentação federal é de exigência obrigatória nessas hipóteses, é providência vedada igualmente pelo sistema constitucional em vigor.

No entanto, a despeito de todo o exposto, o Estado de Minas Gerais possui regras que dispensam indevidamente diversas atividades causadoras de significativo impacto ambiental do processo de licenciamento ambiental clássico e da apresentação dos estudos prévios, em flagrante contrariedade ao disposto na legislação federal.

3. CONSIDERAÇÕES SOBRE O TRATAMENTO CONFERIDO PELA LEGISLAÇÃO MINEIRA À MATÉRIA

Não obstante toda a normatização descrita no item anterior, o Estado de Minas Gerais estabeleceu regras que admitem a utilização do instrumento denominado Autorização Ambiental de Funcionamento (AAF) para viabilizar a operação de diversas atividades para as quais é exigido o licenciamento ambiental clássico, inclusive com a apresentação de EIA/RIMA.

A AAF possui previsão na legislação estadual, com destaque para o disposto no artigo 8º da Lei Estadual nº 7.772/80, no Decreto Estadual nº 44.844/2008[6] e na Deliberação Normativa COPAM 74/2004.

---

6 Art. 4º: A localização, construção, instalação, ampliação, modificação e operação de empreendimentos ou atividades utilizadoras de recursos ambientais considerados efetiva ou potencialmente poluidores, bem como dos que possam causar degradação ambiental, na forma estabelecida pelo COPAM, nos termos do *caput* do art. 3º, dependerão de prévio Licenciamento Ambiental ou da AAF. Art. 5º: Os empreendimentos ou atividades considerados de impacto ambiental não significativo ficam dispensados do processo de licenciamento ambiental no nível estadual, mas sujeitos à AAF, pelo órgão ambiental estadual com-

Necessário registrar que, em razão da Lei Estadual nº 21.972/2016, a AAF será substituída pelo Licenciamento Ambiental Simplificado (LAS), ainda carente de regulamentação, mas que já nasce com as mesmas máculas e irregularidades, pois em nada muda em sua essência, conforme se extrai do artigo 20[7] da citada norma.

De fato, a AAF (e o seu substituto "Licenciamento Ambiental Simplificado") constitui-se em um procedimento meramente cadastral, protocolar, burocrático, sem qualquer tipo de efetivo controle por parte do Poder Público a respeito da atividade poluidora que se pretende instalar.

Segundo a DN COPAM 74/2004, para a concessão da AAF, é exigido do empreendedor tão somente o cadastro realizado junto ao órgão ambiental, acompanhado de Termo de Responsabilidade assinado pelo titular do empreendimento e de Anotação de Responsabilidade Técnica, bem como, em sendo o caso, da autorização para intervenção ambiental/florestal e outorga para uso de recursos hídricos (artigo 2º).

Nota-se, portanto, que a concessão da AAF não pressupõe a apresentação de estudos, ainda que simplificados, que contemplem a análise da viabilidade ambiental do empreendimento, seus impactos positivos e negativos, bem como as medidas de mitigação e compensação ambiental.

Vale lembrar que o licenciamento ambiental é elencado pela Lei nº 6.938/81 como um instrumento da Política Nacional de Meio Ambiente e, nas lições de Erika Bechara[8], constitui-se em um "típico instrumento de prevenção de danos ambientais", eis que "enquadra o empreendimento na legislação ambiental para forçá-lo a se desenvolver dentro dos padrões preestabelecidos, sem gerar lesões irremediáveis e intoleráveis ao ambiente e à coletividade".

---

petente, na forma e de acordo com os requisitos dispostos pelo COPAM, em Deliberação Normativa específica, sem prejuízo da obtenção de outras licenças ou autorizações cabíveis.

7 Art. 20. O Licenciamento Ambiental Simplificado poderá ser realizado eletronicamente, em uma única fase, por meio de cadastro ou da apresentação do Relatório Ambiental Simplificado pelo empreendedor, segundo critérios e pré-condições estabelecidos pelo órgão ambiental competente, resultando na concessão de uma Licença Ambiental Simplificada - LAS.

8 BECHARA, Erika. *Licenciamento e compensação ambiental na lei do Sistema Nacional das Unidades de Conservação (SNUC)*. São Paulo: Atlas, 2009, p. 82.

Nota-se que a AAF não se constitui em um efetivo instrumento de prevenção aos danos ambientais e, dessa forma, não atende à normatização constitucional e federal, a qual exige o licenciamento ambiental clássico, inclusive mediante prévia apresentação de EIA/RIMA.

Aliás, no caso da extração de areia e cascalho, relevante detalhar que tal atividade, não obstante a inegável importância que possui para o desenvolvimento econômico, é capaz de causar relevantes impactos ambientais. A esse respeito, parecer elaborado pelo setor técnico do Ministério Público de Minas Gerais elencou alguns deles[9]: supressão de vegetação; instabilidade de margens e taludes de cursos d'água; degradação do solo; contaminação de águas superficiais pelo derramamento de óleos e graxas da draga de sucção; alteração na flora e na fauna; aprofundamento no nível do leito dos cursos d'água; poluição sonora; poluição visual; poluição atmosférica; etc.

Não obstante tais relevantes impactos, a Deliberação Normativa n° 74/2004[10] permite a extração de até 30.000 m^3/ano de areia e cascalho para utilização imediata na construção civil, com base na mera expedição de uma AAF, exigindo o licenciamento ambiental apenas para empreendimentos que possuam uma produção bruta superior a tal volume.

Admite-se, dessa forma, a atividade por meio de um procedimento meramente cadastral, sem qualquer estudo de impacto, sem que sejam analisadas as medidas de mitigação, sem sequer uma vistoria "in loco" pelo órgão ambiental e, ainda, sem a imposição de qualquer condicionante à instalação e operação do empreendimento.

Como se não bastasse, constata-se uma evidente incapacidade do Poder Público em exercer a fiscalização, ainda que *a posteriori*, das atividades autorizadas mediante as AAF´s, o que decorre não apenas de uma notória ausência de estruturação adequada do órgão ambiental estadual, mas também da impossibilidade fática de se verificar, por exemplo, o volume de areia extraído por determinado empreendimento ao longo de um ano[11].

---

9 Parecer Técnico elaborado pela Central de Apoio Técnico (CEAT) do Ministério Público de Minas Gerais, de autoria do Engenheiro de Minas Reinaldo Paulino Pimenta, em documento constante dos autos do processo n° 0580937-40.2014.8.13.0024.

10 Artigo 2°, c/c anexo I, item A-03-01-8.

11 A esse respeito, vale transcrever depoimento da ex-Secretária de Controle e Fiscalização da

Enfim, a completa ausência de controle prévio e a incapacidade fiscalizatória estatal – além de abrir uma evidente possibilidade para a fraude mediante o subdimensionamento pelo empreendedor do porte de sua atividade como forma de facilitar a emissão do documento hábil a autorizar a sua operação – fazem com que as milhares de AAF's expedidas pelo órgão ambiental estadual[12] constituam-se em uma carta branca para o exercício de uma atividade poluidora, sem qualquer controle pelo Poder Público, em flagrante prejuízo ao meio ambiente.

4. CONCLUSÃO

Conforme se extrai, a legislação estadual mineira possui dispositivos que, de maneira inadequada, viabilizam a operação de diversas atividades causadoras de significativo impacto ambiental mediante a expedição da AAF, um documento autorizativo de caráter meramente cadastral e inapto a prevenir a ocorrência de danos ambientais, eis que emitido sem a realização da análise prévia a respeito dos impactos que serão causados pelo empreendimento, bem como sem a imposição das medidas mitigadoras e compensatórias que porventura se mostrem necessárias.

Secretaria de Estado de Meio Ambiente e Desenvolvimento Sustentável de Minas Gerais, colhido durante a instrução processual da ACP nº 0580937-40.2014.8.13.0024: "(...) que existe uma grande dificuldade para os fiscais definirem a quantidade bruta de produção anual, pois na verdade não existe um instrumento para o fiscal conferir se a quantidade declarada da extração realmente confere com a realidade; que o fiscal tenta conferir a quantidade de extração com as notas fiscais emitidas pelo empreendedor, mas é uma checagem muito precária, que não permite certeza da quantidade de extração; que essa fiscalização é feita apenas por amostragem dentre os empreendimentos existentes; (...)".
No mesmo sentido, depoimento prestado por um Ten. Cel. integrante da Diretoria de Meio Ambiente e Trânsito da Polícia Militar de Minas Gerais: "(...) que nas fiscalizações da PM não era possível verificar o porte do empreendimento pois não era possível mensurar apenas em uma visita qual era a quantidade de areia e cascalho que tinha sido extraída; que o porte do empreendimento normalmente é definido pelo documento preenchido pelo próprio empreendedor informando o quantitativo de extração; que muitas vezes os consultores ambientais orientam o empreendedor a subdimensionar a quantidade de extração exatamente para que haja um enquadramento em AF (sic) e não em Licença Ambiental, que é mais complexa para ser obtida; que essa 'manobra' é realizada regularmente pelos empreendedores para facilitar a obtenção do documento e da extração; (...)".

12 Durante o curso do processo nº. 0580937-40.2014.8.13.0024, identificou-se que, desde 2011 até meados de 2014, foram expedidas 1.347 AAF's para a atividade de extração de areia e cascalho pelo Estado de Minas Gerais.

Tal previsão normativa contraria a regulamentação constitucional e federal, a qual exige o licenciamento ambiental clássico para os empreendimentos e atividades consideradas efetiva ou potencialmente causadoras de significativa degradação ambiental, inclusive mediante a apresentação de EIA/RIMA.

Aliás, a legislação federal traz um rol de atividades que possuem presunção absoluta de serem causadoras de significativo impacto ambiental, podendo-se citar, como exemplo, a exploração minerária, inclusive de areia e cascalho. Dessa forma, não pode o Estado dispensar tal procedimento para as referidas atividades.

Com base em tais fundamentos, o julgado em comento (AI nº 1.0570.14.000296-7/002) é expresso ao definir que a extração de areia exige o licenciamento ambiental clássico.

Por outro lado, necessário aduzir que os argumentos que sustentam a inconstitucionalidade e a ilegalidade dos dispositivos da legislação mineira que autorizam a emissão da AAF são aplicáveis não apenas para a extração de areia e cascalho, mas para todas as atividades tidas pela normatização federal como causadoras de significativo impacto ambiental. Aliás, o Tribunal de Justiça de Minas Gerais já teve a oportunidade de se pronunciar a respeito do tema em relação a outras atividades, como a exploração agropecuária em áreas superiores a 1.000 hectares[13] e a extração e beneficiamento de minério de ferro[14].

---

13 INCIDENTE DE ARGUIÇÃO DE INCONSTITUCIONALIDADE – DIREITO AMBIENTAL – UNIÃO E ESTADO – COMPETÊNCIA CONCORRENTE – DELIBERAÇÃO NORMATIVA Nº 74, DE 09.09.2004, DO CONSELHO ESTADUAL DE POLÍTICA AMBIENTAL – DISPENSA DA REALIZAÇÃO DE 'ESTUDO DE IMPACTO AMBIENTAL – EIA' E DO CORRESPONDENTE 'RELATÓRIO DE IMPACTO AMBIENTAL – RIMA' – DISPOSIÇÃO CONTRÁRIA À NORMA FEDERAL – VULNERAÇÃO AO PRINCÍPIO DA PROTEÇÃO AMBIENTAL – INCONSTITUCIONALIDADE FORMAL E MATERIAL. (...) 3. A indigitada Deliberação Normativa nº 74/2004, do COPAM, ao permitir o desenvolvimento de várias atividades agropecuárias, em áreas superiores a 1.000 ha (mil hectares), com base em mera "Autorização Ambiental de Funcionamento – AAF", sem qualquer estudo ambiental prévio, mostra-se flagrantemente inconstitucional diante dos vícios formal e material, sendo que, o primeiro, por dispor de modo contrário à norma federal geral; o segundo, porque a dispensa da realização do "Estudo de Impacto Ambiental – EIA" e do correspondente "Relatório de Impacto Ambiental – RIMA" vulnera o princípio da proteção ambiental". (Arg. Inconst. 1.0024.11.044610-1/002, Rel. Des. Elias Camilo, ÓRGÃO ESPECIAL, j. 24/04/2013).

14 AMBIENTAL - AGRAVO DE INSTRUMENTO - ATIVIDADE DE MINERAÇÃO - APARENTE AUSÊNCIA DE ESTUDO PRÉVIO DE IMPACTO AMBIENTAL - PRAZO DA AUTORIZAÇÃO AMBIENTAL DE FUNCIONAMENTO EXPIRADO - PRINCÍPIOS DA PREVENÇÃO E DA PRECAUÇÃO - TUTELA ANTECIPADA - REQUISITOS PRESENTES - DEFERIMENTO. (...)

Diante de todo o exposto, o que se constata é que não se mostra admissível que o Poder Público renuncie ao efetivo exercício do poder de polícia e dispense atividades potencialmente causadoras de significativa degradação ao meio ambiente da obrigatoriedade de se submeter ao licenciamento ambiental, o qual é um típico instrumento de prevenção dos danos ambientais e, definitivamente, não pode ser substituído pela AAF.

- 'Segundo o ordenamento jurídico brasileiro, todo e qualquer empreendimento que implique em intervenção ao meio ambiente, (...), deve ser precedido de estudo de impacto ambiental, de maior ou menor complexidade dependendo da natureza e peculiaridades da atividade a ser desempenhada, bem como autorização/licença do órgão ambiental competente.' (AI n. 1.0040.12.013468-5/001, Rel. Des. Versiani Penna , 5ª CÂMARA CÍVEL, j. 20/06/2013, p. 28/06/2013) Preliminares rejeitadas. Recurso não provido. EMENTA: AMBIENTAL - AGRAVO DE INSTRUMENTO - ATIVIDADE DE MINERAÇÃO - APARENTE AUSÊNCIA DE ESTUDO PRÉVIO DE IMPACTO AMBIENTAL - PRAZO DA AUTORIZAÇÃO AMBIENTAL DE FUNCIONAMENTO EXPIRADO - PRINCÍPIOS DA PREVENÇÃO E DA PRECAUÇÃO - TUTELA ANTECIPADA - REQUISITOS PRESENTES - DEFERIMENTO.
- "A concessão de liminar inaudita altera parte se justifica quando a demora no provimento possa acarretar prejuízos ao requerente ou ineficácia de seu provimento final. Ademais, a providência não impõe restrição ao princípio do contraditório, mas tão-somente posterga no tempo a oitiva da parte contrária". (AgRg na MC 8810 / AL - Relator(a) Ministra DENISE ARRUDA - PRIMEIRA TURMA - j. 28/09/2004 - Data da Publicação/Fonte: DJ 22/11/2004 p. 264).
- Inexiste, no controle difuso de constitucionalidade, qualquer óbice a que o órgão judicial aprecie a questão da constitucionalidade de determinado ato normativo em sede de um caso concreto.
- "Segundo o ordenamento jurídico brasileiro, todo e qualquer empreendimento que implique em intervenção ao meio ambiente, (...), deve ser precedido de estudo de impacto ambiental, de maior ou menor complexidade dependendo da natureza e peculiaridades da atividade a ser desempenhada, bem como autorização/licença do órgão ambiental competente." (Agravo de Instrumento Cv 1.0040.12.013468-5/001, Relator(a): Des.(a) Versiani Penna , 5ª CÂMARA CÍVEL, julgamento em 20/06/2013, publicação da súmula em 28/06/2013)
- Preliminares rejeitadas.
- Recurso não provido. (TJMG - AI 1.0024.10.244073-2/001; Rel. Des. Heloisa Combat; DJ 17/10/2013).

REMESSA NECESSÁRIA CÍVEL - DIREITO AMBIENTAL - SUPRESSÃO DE ÁRVORES URBANAS - COMPETÊNCIA DO MUNICÍPIO - AUSÊNCIA DE PROVA DE LEGISLAÇÃO MUNICIPAL - AUSÊNCIA DE JUSTIFICATIVA PARA A SUPRESSÃO - LEGISLAÇÃO ESTADUAL QUE PROTEGE A ESPÉCIE EM QUESTÃO.

- A supressão de espécies de *Tabebuia serratifolia* (Ipê-amarelo) e de *Roystoneaoleracea* (Palmeira-imperial) em praça pública do Município, de presumido interesse natural e cultural à população local, somente se justifica por relevante necessidade da administração pública.

- É desnecessária a supressão de espécies, sem autorização legal e desarrazoada de fundamento biológico, conforme atestou o laudo pericial. (TJMG - Remessa Necessária-Cv 1.0074.14.004656-1/002, Relator(a): Des.(a) Alice Birchal, 7ª CÂMARA CÍVEL, julgamento em 04/07/2017, publicação da súmula em 12/07/2017.

A PROTEÇÃO DE ÁRVORES URBANAS POR MEIO DE AÇÃO CIVIL PÚBLICA E A APLICAÇÃO DO INSTITUTO DA REMESSA NECESSÁRIA

CARLOS ALBERTO VALERA
Promotor de Justiça do Ministério Público do Estado de Minas Gerais.
Atualmente exerce o cargo de Coordenador Regional das Promotorias de Justiça de Defesa do Meio Ambiente das Bacias Hidrográficas dos Rios Paranaíba e Baixo Rio Grande.
Membro do Conselho Editorial da Revista "De Jure" do Ministério Público do Estado de Minas Gerais.
Pós-graduado em Direito Penal e Processo Penal e Mestre em Direito Público e doutorando em Ciência do Solo na Universidade Estadual Paulista – UNESP, campus Jaboticabal/SP.

1. INTRODUÇÃO

O Aresto proferido nos autos da Remessa Necessária-Cv 1.0074.14.004656-1/002, na forma do seu Relatório, decorre de remessa necessária da sentença (fls. 66/68) prolatada pelo Juízo da 1ª Vara Cível, Criminal e da Infância e da Juventude da Comarca de Bom Despacho/MG que, nos autos da ação civil pública ajuizada pelo Ministério Público do Estado de Minas Gerais em face do Município de Bom Despacho, deu provimento aos pedidos iniciais para que o Município Réu se abstenha de proceder à poda das espécies arbóreas Ipê e Palmeira Imperial que se encontram na Praça Matriz do Município, de modo a confirmar a liminar deferida (fls. 21/22).

Necessário registrar, ainda, igualmente, na forma do Relatório, que não foram apresentados recursos voluntários pelas partes.

2. DA REMESSA NECESSÁRIA

Antes de adentramos ao mérito da celeuma mister se faz uma breve análise do instituto da remessa necessária.

Historicamente a Lei Processual Civil impunha ao Juízo de 1º Grau, ainda que sem qualquer recurso voluntário das partes, submeter sua decisão ao Juízo de 2º Grau quando a União, Estados, Distrito Federal, Municípios e suas respectivas autarquias e fundações de direito público fossem vencidas na ação.

Nas ações civis públicas ambientais, o Superior Tribunal de Justiça, dando interpretação ao artigo 19 da Lei Federal n° 7.347/85 decidiu de forma reiterada que a remessa necessária é obrigatória, no caso de reconhecimento de ilegitimidade e improcedência do pedido. Nesse sentido o Recurso Especial - REsp 1108542/SC, da Relatoria do Ministro CASTRO MEIRA.

Contudo, há de se observar que o Recurso Especial acima citado aplica-se quando a ação civil pública – ambiental ou não – tiver os seus pedidos julgados improcedentes.

No caso posto, como se afere do Relatório alhures citado, os pedidos iniciais foram julgados procedentes.

O Tribunal de Justiça de Minas Gerais invocou para o conhecimento da remessa necessária o artigo 496, inciso I, do Novo Código de Processo Civil – Lei Federal n° 13.105, de 16 de março de 2015 e a Súmula 490, do Superior Tribunal de Justiça e, ainda, de forma mais específica o artigo 19, da Lei Federal n° 7.347, de 24 de julho de 1985, dispositivo este que determina a aplicação subsidiária das normas previstas no então revogado Código de Processo Civil – Lei nº 5.869, de 11 de janeiro de 1973 – naquilo que não contrarie as disposições contidas na legislação especial ora mencionada.

A nosso ver, em que pese pequeno dissenso jurisprudencial, sobre a aplicação ou não da remessa necessária em ações civis públicas – incluídas as ambientais – quando o pedido restar julgado procedente o Tribunal mineiro, no caso em comento, decidiu de forma acertada.

Ora, afora a invocação correta do artigo 496, inciso I, do Novo Código de Processo Civil, há de se considerar o artigo 19 da Lei de Ação Civil Pública de forma mais ampla, isto é, não somente em casos de improcedência do pedido ou ilegitimidade da parte que as ações civis públicas ambientais devem ser submetidas ao duplo grau de jurisdição.

Anote-se que no caso posto não houve recurso voluntário de nenhuma das partes e o tema em discussão é de extrema relevância, uma vez que discute-se direito difuso, o qual dada a sua natureza jurídica atinge indistintamente todos os moradores do município. Inegável também que parte vencida da ação civil foi o ente público municipal dando ensejo a aplicação, ainda que subsidiária, do dispositivo do Novo Código de Processo Civil alhures mencionado.

3. SUPRESSÃO DE ÁRVORES URBANAS

O julgado exarado pelo Tribunal de Justiça mineiro ao adentrar no mérito da controvérsia assevera que a supressão da vegetação – no caso, árvores urbanas localizadas na Praça da Igreja Matriz do município – sendo Ipê e Palmeira Imperial – exigia a existência de lei municipal autorizativa e, ainda, justificativa plausível para a poda, uma vez que, na forma do artigo 225, da Constituição Federal de 1988 é dever dos entes federados, dentre eles o município, de proteger o meio ambiente ecologicamente equilibrado.

A eminente Desembargadora Relatora vislumbrou que as árvores – Ipê e Palmeira Imperial – são dotadas de valor cultural e social.

O Acórdão é progressista e se ajusta a melhor doutrina aplicável.

Em recente artigo o ilustre colega Marcos Paulo de Souza Miranda pontuou:

> "Não raras vezes o senso comum compreende o patrimônio cultural brasileiro como um estrito conjunto de casarões coloniais, igrejas barrocas, estátuas, ruínas e outras obras produto da realização humana que, ao longo dos tempos, alcançaram o reconhecimento como símbolos identitários da nação, seja por sua antiguidade, beleza, qualidade artística ou raridade.

Entretanto, para além das produções humanas, o patrimônio cultural pode abranger bens naturais que, pela sua inter-relação com os homens, reúnem caracteres distintivos que os destacam como elementos de relevo para uma determinada comunidade. Nesse sentido, cachoeiras, serras e rios podem constituir elementos paisagísticos, geográficos, turísticos ou afetivos de destaque, o que justifica a sua proteção nos termos do artigo 216 da CF/1988.

Nessa toada, de igual sorte, as árvores podem ser protegidas como patrimônio cultural quando detentoras de atributos como a beleza, antiguidade, raridade ou vinculação com fatos históricos, por exemplo" (SOUZA MIRANDA, Marcos Paulo. *As árvores podem ser protegidas como patrimônio cultural.* Consultor Jurídico. 30 de setembro de 2017. www.conjur.com.br. Acesso em 09.10.2017).

4. DIREITO MUNICIPAL: PROVA

Situação corriqueira nos processos judiciais decorre da ausência de prova do Direito Municipal invocado e sua vigência.

O antigo Código de Processo Civil – Lei Federal n° 5.869, de 11 de janeiro de 1973 – já trazia previsão expressa sobre o tema.

"Art. 337. A parte, que alegar direito municipal, estadual, estrangeiro ou consuetudinário, provar-lhe-á o teor e a vigência, se assim o determinar o juiz" (BRASIL, 2017).

O Novo Código de Processo Civil – Lei Federal n° 13.105, de 16 de março de 2015 traz o mesmo dispositivo, desta feita, no artigo 376.

"Art. 376. A parte que alegar direito municipal, estadual, estrangeiro ou consuetudinário provar-lhe-á o teor e a vigência, se assim o juiz determinar" (BRASIL, 2017).

A redação dos dois dispositivos é praticamente idêntica.

É certo que sempre houve uma relativização dos dispositivos invocados.

Nesse sentido:

> "AGRAVO REGIMENTAL NO RECURSO ESPECIAL. DIREITO PROCESSUAL CIVIL. APLICAÇÃO DE LEI ESTADUAL DE OFÍCIO. *PRINCÍPIO IURA NOVIT CURIA*. COMPROVAÇÃO DO TEOR. DESNECESSIDADE, SALVO DETERMINAÇÃO PELO MAGISTRADO. INCIDÊNCIA DO ARTIGO 337 DO CÓDIGO DE PROCESSO CIVIL. AGRAVO IMPROVIDO.

> 1. Não se arguindo a própria aplicação de legislação estadual no âmbito deste Tribunal Superior, mas, sim, a violação do artigo 337 do Código de Processo Civil, que determina que "A parte, que alegar direito municipal, estadual, estrangeiro ou consuetudinário, provar-lhe-á o teor e a vigência, se assim o determinar o juiz", não há falar na incidência do enunciado nº 280 da Súmula do Pretório Excelso.
>
> 2. "O princípio *jura novit curia* aplica-se inclusive às normas do direito estadual e municipal. A parte não está obrigada a provar o conteúdo ou a vigência de tal legislação salvo quando o juiz o determinar (CPC, art. 337)" (AgRg nº 698.172/SP, Relator Ministro Teori Albino Zavascki, *in* DJ 19/12/2005).
>
> 3. Agravo regimental improvido" (AgRg no REsp 1174310/DF. Relator Ministro HAMILTON CARVALHIDO. Órgão Julgador: T1 - PRIMEIRA TURMA. Data de julgamento: 11/05/2010. Data de publicação/fonte: 11/05/2010).

Não obstante o precedente acima invocado, no caso julgado, afere-se que o Tribunal mineiro exigiu que a supressão das espécies arbóreas – dadas as características e valor social e cultural das árvores – estivesse amparada em lei municipal específica, a qual reclamava sua prova de existência e validade, esclarecendo que a validade de lei municipal se faz através da juntada de certidão emitida pela Câmara Municipal de Vereadores, a qual indique que o texto legal municipal está em plena vigência.

É fato que na forma exposta no Acórdão em comento em que pese à competência concorrente – artigo 24, incisos VI, VII e VIII, da Constituição Federal de 1988, o ente municipal possui competência suplementar.

Todavia, como esclarecido no Aresto, a hipótese de árvores urbanas se amolda a previsão do artigo 30, inciso I, da Carta Política de 1988:

> "Art. 30. Compete aos Municípios:
>
> I - legislar sobre assuntos de interesse local;".

Nesse contexto, como bem pontuado, há necessidade em razão do princípio da legalidade estrita da preexistência de lei municipal e respectiva prova de validade que amparasse a poda pretendida.

O ente municipal, como de resto, toda a Administração Pública submetem-se ao regramento do artigo 37, *caput*, da Constituição Federal de 1988.

Hely Lopes Meirelles escreveu "*significa que o administrador público está, em toda a sua atividade funcional, sujeito aos mandamentos da lei e às exigências do bem comum, e deles não pode se afastar ou desviar, sob pena de praticar ato inválido e expor-se a responsabilidade disciplinar, civil e criminal, conforme o caso*" (In MEIRELLES, Hely Lopes. *Direito Administrativo Brasileiro*, 34ª Edição, pg. 89. Malheiros. São Paulo, 2008).

5. COMPETÊNCIA PARA LEGISLAR EM MATÉRIA AMBIENTAL.

O julgado em destaque, embora tivesse pontuado de forma singela, as competências constitucionais, a nosso sentir, deveria ter ampliado a discussão jurídica.

Neste ponto, necessário revisitarmos o Direito Constitucional.

A competência legislativa (e administrativa) para a matéria ambiental é comum e concorrente, vale dizer, tanto União, Estados, Municípios e o Distrito Federal podem legislar, sendo certo, que deve ser aplicada à legislação que traga maior proteção ao bem ambiental, ou seja, aquela mais protetiva seguindo, na forma da interpretação do Supremo Tribunal Federal, as regras de competência do artigo 24, inciso VI, da Constituição Federal de 1988.

O assunto foi amplamente discutido no Recurso Extraordinário - RE 586.224:

> "05/03/2015 PLENÁRIO RECURSO EXTRAORDINÁRIO 586.224 SÃO PAULO RELATOR: MIN. LUIZ FUX. RECTE.(S):ESTADO DE SÃO PAULO PROC.(A/S)(ES): PROCURADOR-GERAL DO ESTADO DE SÃO PAULO. RECTE.(S): SINDICATO DA INDÚSTRIA DA FABRICAÇÃO DO ÁLCOOL DO ESTADO DE SÃO PAULO – SIFAESP. ADV.(A/S): ÂNGELA MARIA DA MOTTA PACHECO E OUTRO(A/S). RECDO.(A/S): CÂMARA MUNICIPAL DE PAULÍNIA. ADV.(A/S): FRANCISCO ANTONIO MIRANDA RODRIGUEZ E OUTRO(A/S). RECDO.(A/S): MUNICÍPIO DE PAULÍNIA. PROC.(A/S)(ES): PROCURADOR-GERAL DO MUNICÍPIO DE PAULÍNIA. EMENTA: RECURSO EXTRAORDINÁRIO EM AÇÃO DIRETA DE INCONSTITUCIONALIDADE ESTA-

DUAL. LIMITES DA COMPETÊNCIA MUNICIPAL. LEI MUNICIPAL QUE PROÍBE A QUEIMA DE PALHA DE CANA-DE-AÇÚCAR E O USO DO FOGO EM ATIVIDADES AGRÍCOLAS. LEI MUNICIPAL Nº 1.952, DE 20 DE DEZEMBRO DE 1995, DO MUNICÍPIO DE PAULÍNIA. RECONHECIDA REPERCUSSÃO GERAL. ALEGAÇÃO DE VIOLAÇÃO AOS ARTIGOS 23, *CAPUT* E PARÁGRAFO ÚNICO, Nº 14, 192, §§1º E 193, XX E XXI, DA CONSTITUIÇÃO DO ESTADO DE SÃO PAULO E ARTIGOS 23, VI E VII, 24, VI E 30, I E II DA CRFB. 1. O Município é competente para legislar sobre meio ambiente com União e Estado, no limite de seu interesse local e desde que tal regramento seja harmônico com a disciplina estabelecida pelos demais entes federados (art. 24, VI c/c 30, I e II da CRFB). 2. O Judiciário está inserido na sociedade e, por este motivo, deve estar atento também aos seus anseios, no sentido de ter em mente o objetivo de saciar as necessidades, visto que também é um serviço público. 3. *In casu*, porquanto inegável conteúdo multidisciplinar da matéria de fundo, envolvendo questões sociais, econômicas e políticas, não é permitido a esta Corte se furtar de sua análise para o estabelecimento do alcance de sua decisão. São elas: (i) a relevante diminuição – progressiva e planejada – da utilização da queima de cana-de-açúcar; (ii) a impossibilidade do manejo de máquinas diante da existência de áreas cultiváveis acidentadas; (iii) cultivo de cana em minifúndios; (iv) trabalhadores com baixa escolaridade; (v) e a poluição existente independentemente da opção escolhida. 4. Em que pese a inevitável mecanização total no cultivo da cana, é preciso reduzir ao máximo o seu aspecto negativo. Assim, diante dos valores sopesados, editou-se uma lei estadual que cuida da forma que entende ser devida a execução da necessidade de sua respectiva população. Tal diploma reflete, sem dúvida alguma, uma forma de compatibilização desejável pela sociedade, que, acrescida ao poder concedido diretamente pela Constituição, consolida de sobremaneira seu posicionamento no mundo jurídico estadual como um standard a ser observado e respeitado pelas demais unidades da federação adstritas ao Estado de São Paulo. 5. Sob a perspectiva estritamente jurídica, é interessante observar o ensinamento do eminente doutrinador Hely Lopes Meireles, segundo o qual "se caracteriza pela predominância e não pela exclusividade do interesse para o município, em relação ao do Estado e da União. Isso porque não há assunto municipal que não seja reflexamente de interesse estadual e nacional. A diferença é apenas de grau, e não de substância" (Direito Administrativo Brasileiro. São Paulo: Malheiros Editores, 1996. p. 121.). 6. Função precípua do município, que é atender diretamente o cidadão. Destarte, não é permitida uma interpretação pelo Supremo Tribunal Federal, na qual não se reconheça o interesse do município em fazer com que sua população goze de um meio ambiente equilibrado. 7. Entretanto, impossível identificar interesse local que fundamente a permanência da vigência da lei municipal, pois ambos os diplomas legislativos têm o fito de resolver a mesma necessidade social, que é a manutenção de um meio ambiente equilibrado no que tange especificamente a queima da cana-de-açúcar. 8. Distinção entre a proibição contida na norma questionada e a eliminação progressiva disciplina na legislação estadual, que gera efeitos totalmente diversos e, caso se opte pela sua constitucionalidade, acarretará esvaziamento do comando normativo de quem é competente para regular o assunto, levando ao completo descumprimento do dever deste Supremo Tribunal Federal de guardar a imperatividade da Constituição. 9. Recurso extraordinário conhecido e provido para declarar a inconstitucionalidade da Lei Municipal nº 1.952, de 20 de dezembro de 1995, do Município de Paulínia".

Importante registrar o entendimento da doutrina neste sentido:

> *"(...)*
>
> *Desta forma, podemos afirmar que à União caberá a fixação de pisos mínimos de proteção ao meio ambiente,* ***enquanto aos Estados e Municípios, atendendo aos seus interesses regionais e locais, a de um "teto" de proteção****. Com isso, oportuno frisar que os Estados e Municípios jamais poderão legislar, de modo a oferecer menos proteção ao meio ambiente do que a União, porquanto, como já ressaltado, a esta cumpre, tão só, fixar regras gerais.*
>
> *(...).*
>
> *Em linhas gerais, podemos concluir que a* ***competência legislativa em matéria ambiental estará sempre privilegiando a maior e mais efetiva preservação do meio ambiente, independentemente do ente político que a realize, porquanto todos receberam da Carta Constitucional aludida competência*** *(arts. 24, V, VI e VII e 30, I).* (FIORILLO, Celso Antônio Pacheco. Curso de Direito Ambiental Brasileiro, 10ª Edição, São Paulo: Editora Saraiva, 2009, p. 131, grifei).

No mesmo sentido a lição da Desembargadora Federal Consuelo Yoshida:

> "Na competência concorrente limitada (art. 24,§§1º e 2º), é importante distinguir as situações: o direito federal prevalece sobre o direito estadual/distrital/local somente se estiver dentro do campo de normatividade genérica que lhe é próprio. Se o direito federal invadir esfera de competência dos Estados e Municípios, ele não prevalece. O problema não é de hierarquia, mas de competência constitucional.

A norma geral, que ao traçar diretrizes para todo o país, invadir campo das peculiaridades regionais ou estaduais, ou entrar no campo do interesse exclusivamente local, passa a ser inconstitucional[1]. (I)

Na competência concorrente cumulativa (art. 24,§§3º e 4º), novidade introduzida pela Constituição de 88, como visto, os Estados podem legislar plenamente na ausência de vazios da legislação federal, para atender as suas peculiaridades. Sobrevindo a norma federal, a solução de eventual conflito se dá pela técnica da suspensão da eficácia da legislação estadual, no que lhe for contrária.

O Estado de São Paulo instituiu pioneiramente a Política Estadual de Recursos Hídricos (Lei Estadual n° 7.663/91)[2]*, que inspirou a superviente Política Nacional dos Recursos Hídricos (Lei n° 9.433/97), não tendo sido suspensa a eficácia de qualquer dos dispositivos da legislação estadual. Outro exemplo recente é a Política Estadual de Resíduos Sólidos (Lei Estadual n° 12.300/06) que precedeu a Política Nacional de Resíduos Sólidos, em tramitação (PL n° 121/2003).* (II)

Os Estados, Distrito Federal e Municípios têm autonomia para, no exercício da competência legislativa suplementar, dispor de forma diversa da legislação federal ambiental observando-se o ***patamar mínimo nacional de proteção ambiental*** *por ela estabelecido.*

Nesse sentido, as normas ambientais estaduais e municipais podem ser mais restritivas, e no caso devem prevalecer sobre a norma federal no âmbito do respectivo Estado e Município. Os precedentes jurisprudenciais em face da Constituição atual orientam-se nesse sentido (ADIN nº 384-4/PR e RE 286789/RS). ***Convém observar que são admitidas maiores restrições pela legislação suplementar estadual/municipal, não, contudo, a vedação da***

1 Paulo de Bessa Antunes, em sua mais recente obra, em tom crítico observa que é uma *realidade indiscutível* e *não discutida* a *centralização na União de todas as matérias ambientalmente relevantes*. Não nos parece que a instituição dessas políticas nacionais e setoriais seja em si mesma criticável; pelo contrário, vemos a iniciativa como salutar em razões das relevantes funções desempenhadas pelas normas gerais e federais ambientais. O que é criticável, por implicar perda e restrição à autonomia dos Estados e Municípios, e nesse ponto concordamos com o autor, é o fato da União legislar plenamente, de forma detalhada, como se a matéria de proteção ambiental fosse afeta, em nosso sistema constitucional, como regra, ao campo da competência privativa federal ou da competência concorrente cumulativa (ANTUNES, 2007, p. 107 e ss).

2 Muito embora a legislação sobre as águas figura no rol de matérias de competência privativa da União (art. 22, IV), entendemos que no que se refere aos aspectos ambientais e sanitários, entre outros, é caso de competência concorrente. V. nota de rodapé 7, *supra*.

> ***atividade** (Resp **nº 29.299-6/RS)".*** (MOROMIZATO YOSHIDA, Consuelo Yatsuda. *Jurisdição e Competência em Matéria Ambiental. In* Leituras Complementares de Direito Ambiental. Organizador José Roberto Marques. Editora PODVIM. 2008, pp. 36/37, sublinhei e destaquei).

A competência legislativa suplementar pode incidir em 02 (duas) situações:

> na ausência de norma geral federal, os Estados podem estabelecer a competência legislativa plena (**competência concorrente supletiva**) ou,
>
> havendo norma geral federal, podem suplementá-la para adequar tais regras às peculiaridades locais, de maneira a dar maior efetividade ao direito tutelado (**competência concorrente complementar**).

Essa é a lição do constitucionalista Alexandre de Moraes:

> *"Note-se que, doutrinariamente, podemos dividir a competência suplementar dos Estados-membros e do Distrito Federal em duas espécies: competência complementar e competência supletiva. A primeira dependerá de prévia existência de lei federal a ser especificada pelos Estados-membros e Distrito Federal. Por sua vez, a segunda aparecerá em virtude de inércia da União em editar a lei federal, quando então os Estados e o Distrito Federal, temporariamente, adquirirão competência plena tanto para a edição das normas de caráter geral, quanto para as normas específicas (CF, art. 24, §§3° e 4°)"* (MORAES, Alexandre de. *Direito Constitucional.* 17ª. ed. São Paulo: Atlas, 2005. p. 280).

A suspensão de eficácia da norma estadual complementar, prevista no §4°, refere-se **única e exclusivamente às normas gerais promulgadas no exercício de competência supletiva**. Jamais opera em relação às normas particulares dos Estados Membros, sob pena de esvaziamento do §2° do mesmo artigo constitucional. A respeito do tema, nos socorremos do escólio do mestre José Afonso da Silva:

> *"... nos termos do §2° do art. 24, a competência da União para legislar sobre as normas gerais não exclui (na verdade, até pressupõe) a competência suplementar dos Estados (e também do Distrito Federal, embora não se diga aí)"* (SILVA, José Afonso da. *Curso de Direito Constitucional Positivo.* 16ª. ed. São Paulo: Malheiros, 1999. p. 504).

Especificamente em relação à competência estadual suplementar na seara ambiental e à plena possibilidade de estabelecer normas mais protetivas ao direito tutelado, nos socorremos da lição de Paulo José Leite Farias:

> *"Eventuais conflitos, nos quais a noção de norma geral e especial não seja suficiente, devem ser resolvidos pela prevalência da norma que melhor defenda o direito fundamental tutelado, por tratar-se de preceito constitucional (lei nacional) que se impõe à ordem jurídica central ou regional (in dúbio pro natura). [...].*
>
> *Assim, teleologicamente, assegura-se a possibilidade de a norma estadual estabelecer proibições, onde a lei federal permita, bem como que a lei federal estabeleça patamares mínimos de proteção ambiental a serem observados em todo o País, dando-se efetividade à proteção ambiental e ao desenvolvimento autossustentável"* (FARIAS, Paulo José Leite. *Competência Federativa e Proteção Ambiental.* Porto Alegre: Sérgio Antônio Fabris Editor, 1999 p. 356).

A jurisprudência do Tribunal de Justiça de Minas Gerais não discrepa desse entendimento.

> *"AÇÃO ORDINÁRIA - LEI MUNICIPAL - PROIBIÇÃO DE LANÇAMENTO DE AGROTÓXICOS E DEFENSIVOS AGRÍCOLAS ATRAVÉS DE AERONAVES EM LAVOURAS SITUADAS NA ÁREA TERRITORIAL DO MUNICÍPIO DE LUZ - NORMA DE INTERESSE LOCAL DE PROTEÇÃO À SAÚDE E AO MEIO AMBIENTE -* **POSSIBILIDADE DE LEGISLAÇÃO SUPLETIVA DO MUNICÍPIO** *- PRINCÍPIO DA PREVENÇÃO - APLICAÇÃO COMBINADA DOS ARTS. 170, V e VI, 186, II, E 225 DA CONSTITUIÇÃO FEDERAL E DO ART. 1228 DO C. CIVIL. - Nos termos do art. 225 da Constituição Federal, todos têm direito a um meio ambiente ecologicamente equilibrado, bem de uso comum do povo e essencial à sadia qualidade de vida, impondo-se ao Poder Público e à coletividade o dever de defendê-lo e preservá-lo para as presentes e futuras gerações. - Em matéria de meio ambiente, as decisões judiciais devem privilegiar os princípios da precaução e da prevenção com o objetivo de evitarem-se os danos, visto que, ao contrário de outras áreas, a indenização a posteriori é quase impraticável. - O princípio da precaução está associado, constitucionalmente, aos conceitos fundamentais de equilíbrio ecológico e desenvolvimento sustentável; o primeiro significa a interação do homem com a natureza, sem danificar-lhe os elementos essenciais. O segundo conecta-se à preservação dos recursos naturais para as gerações futuras. - Os princípios da prevenção (sabe-se, com certeza, que o agrotóxico produz males e envenena a terra e as espécies locais) e o da precaução (não se sabe exatamente qual o mal causado, mas a questão é de tal forma duvidosa que impõe a cautela - ou: a falta de certeza científica sobre os males que podem advir) determinam que a demonstração da inexistência de prejuízo, em tema de meio ambiente, é do poluidor; o ônus da prova é invertido. - A lei municipal que proíbe o lançamento, por aeronaves, de agrotóxicos e defensivos agrícolas nas lavouras cultivadas em imóveis rurais situados na área territorial do Mu-*

*nicípio de Luz não afronta regra de competência estabelecida na Constituição Federal. A referida lei, além de estar relacionada ao interesse local (art. 30, I, CF), integra o sistema de proteção à saúde e ao meio ambiente, sobre a qual o Município detém competência legislativa supletiva (art. 30, II, c/c arts. 24, VI, CF). - **A municipalidade não pode abolir as exigências federais ou estaduais em matéria de meio ambiente e a Constituição apenas autoriza o poder público municipal a impor exigências adicionais sempre que haja interesse local, sem nunca, entretanto, agir legalmente para "abrandar" as primeiras, inclusive porque o comando constitucional de proteção da fauna e da flora locais age de forma direta, sem a condição até mesmo da intermediação de leis infraconstitucionais.** - O ente da federação que tem autorização constitucional para exercitar proteção, pode, evidentemente, legislar, pois o princípio da legalidade impõe que o exercício da fiscalização só se possa exercitar alicerçado em leis e comandos legislativos de diversos graus e espécies. - Por outro lado, o art. 170 da Constituição (que estabelece a "ideologia constitucional do desenvolvimento econômico"), prevê o princípio da livre concorrência (inciso V), mas institui também a defesa do meio ambiente (inciso VI), devendo ambos, mediante técnicas de hermenêutica - ponderação, inclusive -, ser utilizados na construção de um desenvolvimento sustentável. Não existe aplicação isolada de princípios, nem a ordem matemática dos incisos estabelece qualquer tipo de preferência. - O art. 186 da Carta Magna, a seu turno, e especificamente quanto à política agrícola, enfatiza que "a função social é cumprida quando a propriedade rural atende, simultaneamente, segundo critérios e graus de exigência estabelecidos em lei, aos seguintes requisitos: II - utilização adequada dos recursos naturais disponíveis e preservação do meio ambiente". Assim também estabelece, no plano infraconstitucional, o art. 1.228, par.1º, do C. Civil"* (grifei)[3].

No caso posto, sobressai que não obstante o Acórdão ter reconhecido, em primeiro plano, que a competência seria suplementar e estaria na esfera do interesse local, obtemperou que não havia lei municipal específica e prova da sua vigência e de forma incisiva asseverou que com relação ao Ipê-amarelo, a Lei Estadual nº 9.743/1988, alterada pela Lei Estadual nº 20.308/2012 definiu a imunidade de corte, visto tratar-se de espécie arbórea de interesse permanente.

Ou seja, aplicou-se, não obstante a competência suplementar e de interesse local, a regra da norma legislativa mais restritiva, vale dizer, mais protetiva ao bem ambiental.

3 Apelação Cível/Reexame necessário. 1.0388.09.024901-1/001. Rel. Des. Wander Marotta. Julgado em 31.01.2012. Publicado 16.03.2012. Disponível www.tjmg.jus.br. Acesso em 09 de outubro de 2017.

No que tange a segunda espécie – Palmeira-imperial – o argumento transbordou a esfera de competência legislativa e invocou precedente jurisprudencial do Estado de Santa Catarina.

Vale dizer que a Desembargadora Relatora se valeu da principiologia do Direito Ambiental, notadamente, preservação do espécime encontrada em via pública; princípio da defesa ambiental e ausência de prova de necessidade de supressão, sendo importante anotar que o autor da ação civil pública, no caso, o Ministério Público do Estado de Minas Gerais, produziu prova técnica – laudo pericial – que concluiu para desnecessidade de supressão dos arbustos ornamentais, da Palmeira-Imperial e do Ipê.

Os argumentos encontram amparo nos princípios do Estado Socioambiental de Direito, da prevenção, da razoabilidade e proporcionalidade (SARLET, Ingo Wolfgang, Tiago Fensterseifer. *Princípios do Direito Ambiental.* São Paulo: Saraiva, 2014).

6. CONCLUSÕES

Os argumentos acima expostos comprovam que em matéria ambiental, em especial nas questões submetidas ao Poder Judiciário via ação civil pública, na qual figure como parte ré ente público, em caso de procedência do pedido deve se aplicar a regra da remessa necessária, por força do disposto no artigo 396, inciso I, do Novo Código de Processo Civil, em razão da redação do artigo 19 da Lei Federal nº 7.347/85.

Deve o autor ou réu nas ações civis públicas ambientais, quando invocarem direito municipal, estadual, estrangeiro ou consuetudinário, acaso haja determinação judicial, fazer a prova de validade e vigência na forma do artigo 376 do Novo Código de Processo Civil, ressaltando-se que todos os entes federados e demais órgãos da Administração Pública se submetem ao princípio da legalidade, na forma do artigo 37, *caput*, da Constituição Federal de 1988.

Na linha da moderna doutrina, as árvores podem receber proteção cultural e histórica, inclusive, por decisão do Poder Judiciário.

A competência em matéria ambiental é concorrente. Na linha da recente interpretação do Supremo Tribunal Federal, o município pode legislar de forma concorrente com os demais entes federados, respeitadas as disposições do artigo 24, inciso VI, da Constituição Federal de 1988. Havendo norma estadual que proteja espécime específico, por força dos princípios do estado socioambiental de direito, prevenção, razoabilidade e proporcionalidade, há de se aplicar a legislação mais protetiva ao bem ambiental e, ainda, que a intervenção no bem ambiental esteja amparada por prova técnica – laudo pericial – que conclua pela necessidade da intervenção.

7. REFERÊNCIAS BIBLIOGRÁFICAS

FARIAS, Paulo José Leite. *Competência Federativa e Proteção Ambiental.* Porto Alegre: Sérgio Antônio Fabris Editor, 1999.

FIORILLO, Celso Antônio Pacheco. Curso de Direito Ambiental Brasileiro, 10ª Edição, São Paulo: Editora Saraiva, 2009.

MEIRELLES, Hely Lopes. *Direito Administrativo Brasileiro*, 34ª Edição, pg. 89. Malheiros. São Paulo, 2008.

MIRANDA, Marcos Paulo de Souza. *As árvores podem ser protegidas como patrimônio cultural.* Consultor Jurídico. 30 de setembro de 2017. <www.conjur.com.br>. Acesso em 09.10.2017.

MOROMIZATO YOSHIDA, Consuelo Yatsuda. *Jurisdição e Competência em Matéria Ambiental. In* Leituras Complementares de Direito Ambiental. Organizador José Roberto Marques. Editora PODVIM. 2008.

MORAES, Alexandre de. *Direito Constitucional.* 17ª. ed. São Paulo: Atlas, 2005.

SARLET, Ingo Wolfgang, Tiago Fensterseifer. *Princípios do Direito Ambiental.* São Paulo: Saraiva, 2014.

SILVA, José Afonso da. *Curso de Direito Constitucional Positivo.* 16ª. ed. São Paulo: Malheiros, 1999.

Agravo de instrumento - Ação civil pública - Rompimento de barragem da mineradora - Reparação de dano ao meio ambiente urbanístico - Pedidos contidos na ação civil pública anteriormente ajuizada pela União e outros, em trâmite na 12ª Vara Federal da Seção Judiciária de Minas Gerais - Conexão - Competência declinada para a Justiça Federal. Constatada a pertinência do pedido formulado na presente ação civil pública em relação àquele, de maior extensão, apresentado na ação civil pública em trâmite na 12ª Vara Federal da Seção Judiciária de Minas Gerais, deve ser a competência declinada para o referido Juízo, por conexão, sob pena de prolação de decisões conflitantes e usurpação da competência constitucional da esfera Federal (art. 109, I, da Constituição da República) (Des. MR).

(V.V.) AGRAVOS DE INSTRUMENTO - EVENTO DE MARIANA - ROMPIMENTO DE BARRAGEM - REPARAÇÃO DE DANOS CAUSADOS - MUNICÍPIO DE BARRA LONGA, EM SUA SEDE E COMUNIDADES DE GESTEIRA E BARRETOS - COMPETÊNCIA - NECESSIDADE DE OBSERVÂNCIA DO INTERESSE LOCAL - ACORDO NO QUAL NÃO PARTICIPARAM MUNICÍPIO E POPULAÇÃO ATINGIDA - AUSÊNCIA DE VALIDADE - BEM COMUM COM VALOR DE IMPRESCINDÍVEL OBSERVÂNCIA - COOPERAÇÃO RECÍPROCA ENTRE ESFERAS FEDERAL E ESTADUAL PARA DISSIPAR OS DANOS DECORRENTES DO ROMPIMENTO DA BARRAGEM. 1. A conexão é instituto processual que objetiva a garantia da segurança jurídica, a qual, contudo, pode ser afastada mediante a especificidade da demanda, quando for flagrante o prejuízo processual para aferição do direito

material e imaterial envolvidos. 2. A magnitude do evento denominado "Tragédia de Mariana" impõe sua submissão a regramento superior, não merecendo observância apenas à comodidade processual consistente na união de processos, conforme querem os subscritores de avença, cuja finalidade é o afastamento dos fatos do julgamento pelo Judiciário Estadual. 3. Inexiste hierarquia entre o Poder Judiciário Estadual e Federal, uma vez que ambos integram o Poder Judiciário Nacional, razão pela qual não é jurídico o Judiciário Estadual declinar ao Judiciário Federal de matérias cujo julgamento lhe é posto pela Constituição da República e pela Constituição do Estado de Minas Gerais. 4. O regramento processual não deve respaldar o distanciamento do Poder Judiciário do interesse público local, sob pena de não atendimento aos anseios do Povo, destinatário da atividade jurisdicional. 5. Existindo acordo que envolva interesse de diferentes entes da federação, é imperiosa a separação da matéria em relação aos interesses relativos à União, Estados e Municípios para que não ocorra a invalidação da avença, por flagrante inobservância dos princípios federativos. 6. Quando o fato - danos - decorrente do rompimento da barragem é sedimentado, sobretudo, na seara municipal, inexiste possibilidade jurídica de respeito ao acordo firmado entre as Empresas Infratoras, União e Estados, sem a presença dos Municípios e cidadãos diretamente afetados. 7. A instituição de FUNDAÇÃO, como figura e pessoa jurídica substituta das empresas SAMARCO MINERAÇÃO S.A., VALE S.A. E BHP BILLITON LIMITED & PLC, a qual assumirá a obrigação de reparação dos danos pelo rompimento da barragem implica, nesta esfera cível sob a tutela do direito público, provável distanciamento dos responsáveis pelo evento danoso, não atendendo aos interesses da

população local, maior prejudicada em razão do episódio, no que concerne à possibilidade de tramitação do feito sob jurisdição do Estado de Minas Gerais. 8. Igualmente inobservado o interesse público local quando se estabelece valor máximo a ser despendido com medidas de recuperação do meio ambiente, das áreas e das pessoas atingidas. 9. O Novo Código de Processo Civil impõe a observância dos valores delineados na Constituição da República, dentre os quais as exigências do bem comum e o respeito à dignidade da pessoa humana, à razoabilidade e à proporcionalidade. 10. O endereçamento de todos os feitos (TJMG - Agravo de Instrumento-Cv 1.0521.16.001639-5/001, Relator(a): Des.(a) Afrânio Vilela, 2ª CÂMARA CÍVEL, julgamento em 14/09/2016, publicação da súmula em 21/09/2016).

TRAGÉDIA PROCESSUAL AMBIENTAL – CASO SAMARCO

CARLOS EDUARDO FERREIRA PINTO
Promotor de Justiça do Ministério Público do Estado de Minas Gerais.
Coordenador da força-tarefa do MPMG para atuação no caso Samarco de 06.11.15 a 05.12.16. Diretor da Abrampa.

1. BREVES APONTAMENTOS ACERCA DOS FATOS E DAS QUESTÕES JURÍDICAS ABORDADAS NO ACÓRDÃO

Este artigo tem por objetivo analisar o Agravo de Instrumento. Nº 1.0521.16.001639-5/001, relatado pelo eminente Desembargador Afrânio Vilela, referente aos desdobramentos jurídicos do rompimento da Barragem de Fundão da Mineradora Samarco em 05 de novembro de 2015. O acórdão, ora em comento, aborda questões processuais relacionadas ao conflito de competência entre a Justiça Estadual e Federal, bem como as complexas discussões acerca do Termo de Transação e Ajustamento de Conduta – TTAC, celebrado entre a União e os Estados de Minas Gerais e do Espírito Santo com a Samarco Mineração S/A, Vale S/A e BHP Billiton Brasil Ltda em 02.03.2016.

Faz-se necessário registrar que voto proferido pelo Des. Afrânio Vilela, foi vencido no julgamento pela 2ª Câmara Cível do Tribunal de Justiça do Estado de Minas Gerais, que deliberou, por maioria, "em acolher a preliminar, para declinar a competência para a 12ª Vara Federal da Seção Judiciária de Minas Gerais, em razão da conexão, e determinar a remessa dos autos do processo originário e os recursos a ele atrelados ao referido juízo, vencido o relator" (Agravo de Instrumento n. 1.0521.16.001639-5/001. Publicado em 21/09/2016).

A mencionada decisão e a vigência do TTAC suscitaram a relevância de um amplo debate acerca das questões por ele tratadas, a fim de que os seus efeitos tornem-se públicos e a sociedade brasileira seja devidamente informada.

O presente artigo abordará algumas das principais questões ambientais discutidas na mencionada decisão e formalizadas por meio do TTAC. A primeira questão a ser debatida se refere à "terceirização" da responsabilidade pela reparação dos danos ambientais, que ocorreu com a criação da "Fundação Renova". Outro ponto a ser discutido é a limitação da compensação ambiental por danos ambientais irreversíveis. Importante ressaltar que, em razão de sua amplitude e complexidade, o presente artigo não tentará esgotar as delicadas questões processuais que afetaram e afetarão, por muitos anos, o modo de vida de milhares de brasileiros, atingidos pelo maior desastre socioambiental da nossa história.

2. O MAIOR DESASTRE AMBIENTAL DO BRASIL

Em 05 de novembro de 2015, no município de Mariana, ocorreu o rompimento da barragem de rejeitos de Fundão, de propriedade da Samarco Mineração S/A, com o galgamento e erosão da barragem de Santarém, ambas integrantes do complexo denominado Germano, ocasionando danos ambientais, sociais e humanos.

O referido episódio representou a maior catástrofe ambiental da história do Brasil e, seguramente, um dos mais impactantes desastres ambientais do mundo. A amplitude e a intensidade de suas consequências alcançaram proporções inéditas. Perdas de vidas humanas, desestruturação afetiva e material de famílias inteiras, danos irreversíveis à biodiversidade, ao patrimônio cultural, aos recursos hídricos e, sobretudo, às comunidades que viviam intimamente conectadas à vida do rio Doce e de seus afluentes, tais como o ribeirão do Carmo e o rio Gualaxo, compuseram cenas de uma tragédia jamais vista.

Consoante asseverou o eminente Des. Relator: "O evento denominado "Tragédia de Mariana" é o maior desastre do gênero na história mundial, seja considerando o volume de rejeitos vazado (cinquenta a seiscentos milhões de metros cúbicos), o percurso atingido (seiscentos quilômetros) e o prejuízo estimado (US$ 5,2 bilhões), não há evento de maior gravidade registrado na história da mineração no planeta[1]. A magnitude do rompimento da barragem pertencente à SAMARCO MINERAÇÃO S.A., cujos danos são dinâmicos e que ainda estão perpetuando implicações negativas, devido ao efeito cascata e devido à grandeza dos feitos judiciais instaurados, recomendam cautela e estrita observância para que estes corram na forma da lei, segundo a competência ditada pelo interesse no objeto e visando a correta condução processual".

O Termo de Transação e Ajustamento de Conduta – TTAC, pretendeu pôr fim a ação civil pública nº 69758-61.2015.4.01.3400, em trâmite na 12ª Vara Federal da Seção Judiciária de Minas Gerais. No referido acordo, foram estabelecidos diversos programas de recuperação ambiental e de socioeconomia elencados em seus 260 (duzentos e sessenta) artigos.

3. RESPONSABILIDADE POR DANOS AMBIENTAIS E OS PRINCÍPIOS DO POLUIDOR-PAGADOR E DA REPARAÇÃO INTEGRAL

No Estado de Direito Ambiental, consagrado pelo sistema constitucional brasileiro, deve imperar um ordenamento jurídico que concretize o princípio da prevenção e do desenvolvimento sustentável, com a previsão de um sistema jurídico de responsabilização integral por danos praticados ao meio ambiente.

Nessa seara, o Professor Português J. J. Gomes Canotilho aponta como pressupostos essenciais ao processo de construção desse Estado de Direito Ambiental: a adoção de uma concepção integrada do meio ambiente (artificial, natural e cultural); a institucionalização dos deveres fundamentais ambientais; e o agir integrativo da administração[2].

---

1 Fonte: Estudo "Bowker Associates Science & Research in the Public Interest", novembro de 2015 (http://www.bowkerandassoc.com).

2 Canotilho, Joaquim José Gomes. Estado Constitucional Ecológico e Democracia Sustentada. In: Ferreira, Helini Silvini; Leite, José Rubens Morato. Estado de Direito Ambiental: tendências, aspectos constitucionais e diagnósticos. Rio de Janeiro: Forense Universitária, 2004, p. 7-10.

Assim sendo, pode-se inferir que os deveres fundamentais ambientais perpassam o princípio da responsabilização integral. Isso porque, para que tal princípio apresente eficácia e concretude no controle da degradação ambiental, deverá trazer em seu cerne, tanto uma função preventiva, quanto uma função reparatória, de modo que se priorize a manutenção ou, pelo menos, a recuperação *in situ* dos bens ambientais lesados. Para tanto, será adotado como parâmetro, o *status quo* anterior ao dano ambiental. Essa responsabilização integral deverá ser adotada em detrimento de políticas públicas ambientais que possuam caráter meramente compensatório, sob pena do Direito Ambiental deter apenas uma função simbólica, que garantirá "apenas" uma proteção superficial ao meio ambiente.

Assim, o sistema jurídico constitucional de proteção ambiental se fundamenta no princípio da reparação integral, corolário do princípio do poluidor-pagador. Esse princípio determina a responsabilização do agente causador por todos os impactos diretos e indiretos relacionados à conduta lesiva, incluindo, entre outros aspectos, o prejuízo suportado pela sociedade, até que haja completa e absoluta recuperação do bem ambiental lesado.

Ressalte-se assim, as lições do eminente Ministro do STJ, Herman Benjamin: "Na linha do estatuído nos arts. 225, 170, inciso VI, e 186, II, da Constituição Federal, o art. 4º da Lei nº 6.938/1981 (grifei) dispõe que a Política Nacional do Meio Ambiente se norteará pelos princípios do poluidor-pagador, do usuário-pagador e da reparação *in integrum*, concretizados por meio da obrigação de recuperar o dano ambiental; indenizar os prejuízos sofridos pelas vítimas e pela biota afetada; e pagar pelos serviços ambientais retirados da natureza: VII - à imposição, ao poluidor e ao predador, da obrigação de recuperar e/ou indenizar os danos causados e, ao usuário, da contribuição pela utilização de recursos ambientais com fins econômicos" (Recurso Especial nº 1.255.127 - MG - 2011/0091499-0).

O princípio do poluidor-pagador está explícito na Constituição Federal nos § 2º e § 3º do art. 225, nesses termos: **"Aquele que explorar recursos minerais fica obrigado a recuperar o meio ambiente degradado**, de acordo com solução técnica exigida pelo órgão público competente, na forma da lei. As condutas e atividades consideradas lesivas ao meio ambiente **sujeitarão os infratores, pes-**

soas físicas ou jurídicas, a sanções penais e administrativas, independentemente da obrigação de reparar os danos causados" (grifo nosso).

Nesse sentido, o art. 14, § 1º, da Lei nº 6.938/1981 estabelece a responsabilidade objetiva, pessoal e específica do poluidor nos seguintes termos: "Sem obstar a aplicação das penalidades previstas neste artigo, é o poluidor obrigado, independentemente da existência de culpa, a indenizar ou reparar os danos causados ao meio ambiente e a terceiros, afetados por sua atividade" (grifo nosso). Portanto, qualquer tentativa voltada à flexibilização dos princípios da reparação integral e do poluidor-pagador estarão em flagrante violação às normas constitucionais e legais concernentes a responsabilização por danos ambientais.

4. VEDAÇÃO À TERCEIRIZAÇÃO DA RESPONSABILIDADE PELA REPARAÇÃO AOS DANOS CAUSADOS AO MEIO AMBIENTE

No Direito brasileiro e de acordo com a jurisprudência do Superior Tribunal de Justiça, a responsabilidade civil pelo dano ambiental, qualquer que seja a qualificação jurídica do degradador, público ou privado, é de natureza objetiva, solidária e ilimitada, sendo regida pelos princípios poluidor-pagador, da reparação *in integrum*, da prioridade da reparação *in natura* e do favor *debilis,* este último a legitimar uma série de técnicas de facilitação do acesso à justiça, entre as quais se inclui a inversão do ônus da prova em favor da vítima ambiental (STJ. Rel. Min. Herman Benjamin. Recurso Especial nº 1.255.127 - MG - 2011/0091499-0).

Como se pode perceber, a legislação ambiental brasileira adotou a teoria do risco integral, segundo a qual aquele que contribui de qualquer forma para a ocorrência de danos ao meio ambiente tem a obrigação de recuperá-lo. Assim, para que se possa pleitear a reparação do dano, basta demonstrar o evento danoso e o nexo de causalidade, uma vez que a ação é substituída pelo risco do resultado[3].

---

3 MILARÉ. Edis. Direito do Ambiente. 4ª ed. São Paulo: RT, 2005. Pág. 831.

No caso ora em apreço, o Termo de Transação e Ajustamento de Conduta – TTAC, celebrado entre a União, os Estados de Minas Gerais e do Espírito Santo e a Samarco Mineração S/A, Vale S/A e BHP Billiton Brasil Ltda, inovou o ordenamento jurídico brasileiro de forma extremamente benéfica aos infratores e com grave violação às normas constitucionais e legais ao terceirizar a responsabilidade de reparar e compensar os danos socioambientais decorrentes do desastre de Mariana.

A lógica benevolente, estabelecida no referido acordo, traduziu-se pela exclusão da responsabilidade da Samarco e, principalmente, da Vale e BHP, ao impor as obrigações de reparação e compensação ambiental a uma terceira pessoa jurídica criada a partir do próprio TTAC. Deste modo, o acordo previu como obrigação das empresas a criação da Fundação Renova[4], que passou a ser a responsável direta pela implementação dos programas e projetos socioambientais.

Vejamos as principais cláusulas do TTAC que estabeleceu o mecanismo de reparação e compensação decorrentes do desastre de Mariana. A cláusula 05 expressa que: "Para desenvolvimento, aprovação e implementação dos programas e projetos deve ser observado, exceto se expressamente disposto de forma distinta neste Acordo: I – O presente Acordo tem por objeto o estabelecimento de PROGRAMAS, **a serem desenvolvidos e executados pela FUNDAÇÃO,** com o objetivo de recuperar o meio ambiente e as condições socioeconômicas da ÁREA DE ABRANGÊNCIA impactada pelo EVENTO, de forma a restaurar a SITUAÇÃO ANTERIOR; (...) IV – **A SAMARCO, a VALE e a BHP instituirão uma Fundação de Direito Privado, com autonomia em relação às instituidoras, com o objetivo de gerir e executar todas as medidas previstas nos PROGRAMAS SOCIOECONÔMICOS e SOCIOAMBIENTAIS.**" (grifo nosso)

Já a cláusula 209 do TTAC estabelece que: "A SAMARCO e as ACIONISTAS instituirão uma Fundação de Direito Privado, sem fins lucrativos, nominada neste acordo como FUNDAÇÃO, com autonomia, para gerir e executar todas as medidas previstas nos PROGRAMAS SOCIOECONÔMICOS e SOCIOAMBIENTAIS, incluindo a promoção de assistência social aos IMPACTADOS em decorrência do EVENTO".

4 http://www.fundacaorenova.org/

Conclui-se, pela leitura do acordo entabulado, que, na verdade, houve a transferência da responsabilidade pela reparação e compensação dos danos socioambientais para um "terceiro" ator sócio-jurídico que não existia à época do evento ambiental ora analisado. A obrigação específica e direta pela reparação/compensação de danos ambientais diverge, diametralmente, da simples obrigação de se criar e manter um "terceiro" agente responsável.

Insta ressaltar que o fato relatado acima traz grandes dificuldades jurídicas no tocante à execução das obrigações de reparação/compensação previstas no TTAC, posto que a Fundação Renova não poderá ser executada diretamente, pois não assumiu qualquer responsabilidade no acordo celebrado, sendo apenas uma ficção jurídica criada com a finalidade de afastar a Samarco e suas acionistas da responsabilidade direta pela recuperação e compensação dos danos.

Na hipótese de não cumprimento da reparação-compensação por parte da Fundação Renova, restará aos entes públicos legitimados a possibilidade de execução da Samarco, Vale e BHP, a fim de que elas cumpram as obrigações estabelecidas. No entanto, a execução dessas três últimas empresas só será possível após a comprovação da leniência por parte da Fundação Renova.

Essa construção jurídica, criada a partir do TTAC, além de uma flagrante violação às normas e aos princípios ambientais, abre perigoso precedente jurídico, que pode comprometer o sistema de proteção ambiental que foi duramente construído por décadas. Caso os tribunais superiores validem a "terceirização" da responsabilidade ambiental, entabulada no TTAC, todos os infratores ambientais no Brasil poderão passar a se valer desse expediente.

A situação exposta acima foi exatamente o que o eminente Des. Afrânio Vilela tentou evitar, nos termos do seu voto prolatado na decisão em apreço: "Sou Juiz há mais de 28 anos. Ao longo desta trajetória formei e complementei meu conhecimento. Compreendi que há o conhecimento científico, muito importante! O direito é ciência também! Há ainda o conhecimento filosófico, que não precisa ser provado de plano, mas conceitualmente se insere como elemento formador de opinião ao magistrado. **Ou seja, Direito é razão e sensibilidade. E o terceiro item de conhecimento, para mim, o mais importante, é o bom senso**. Este é o conhecimento que serve para aquilatar os dois outros e verificar sua pertinência para atender ao Povo, fonte de todo poder, de todas as leis e beneficiário dos atos do Poder Público. Bom senso, no caso da Tragédia de Mariana, significa que o Judiciário deverá se utilizar da mais importante fonte de segurança na presidência dos processos, quer pelo juízo estadual, quer pelo juízo federal: **a experiência, a prática, a convocação das forças para a união, em torno da qual as medidas poderão ser determinadas e executadas de forma mais célere e efetiva"** (grifo nosso).

Nesse sentido, as preciosas lições do Min. do STJ, Herman Benjamim: "A recusa de aplicação ou aplicação parcial dos princípios do poluidor-pagador e da reparação *in integrum* arrisca projetar, moral e socialmente, a nociva impressão de que o ilícito ambiental compensa, daí a resposta administrativa e judicial não passar de aceitável e gerenciável "risco ou custo do negócio", acarretando o enfraquecimento do caráter dissuasório da proteção legal, um verdadeiro estímulo para que outros, inspirados no exemplo de impunidade de fato, mesmo que não de direito, do infrator premiado, imitem ou repitam seu comportamento deletério" (Recurso Especial nº 1.255.127 - MG - 2011/0091499-0).

Além disso, não se pode confundir a devida responsabilidade civil pela recuperação e compensação dos danos socioambientais, advindos da maior tragédia ambiental brasileira, que está prevista em lei com filantropia. O que a Fundação Renova se propõe fazer não deve ser encarado e tratado como voluntariedade, mas sim como obrigação legal que deveria ter sido exigida da Samarco e de suas acionistas.

Aliás, dizer que a Fundação Renova é autônoma e independente em relação a suas mantenedoras **é uma falácia, pois** as cláusulas 213 e 215 do TTAC explicitam que seu Conselho de Curadores será composto de: "7 (sete) membros, sendo 2 (dois) membros designados por cada instituidora e 1 (um) representante privado indicado pelo COMITÊ INTERFEDERATIVO". Assevera também que todos os membros de sua Diretoria Executiva "serão eleitos e destituídos pelo Conselho de Curadores".

Infere-se pelo que foi analisado até aqui que, por mais incrível que pareça, as empresas que foram responsáveis pelo maior desastre ambiental da história do Brasil definirão os rumos da Fundação Renova e, por consequência, ditarão as regras de recuperação e compensação pelos impactos ambientais que elas mesmas provocaram. Isto apesar do que afirma o presidente da mencionada Fundação e ex-ambientalista, Roberto Waack, que assevera "dizer que a Renova é controlada por suas mantenedoras não é verdade. Elas têm um papel importante, sim, o compromisso de alocar os recursos, a responsabilidade de fazer com que o processo de reparação e compensação ocorra, mas a governança é muito mais ampla".[5]

5. LIMITAÇÃO À COMPENSAÇÃO AMBIENTAL

No que se refere ao TTAC, celebrado entre a União e os Estados de Minas Gerais e do Espírito Santo com a Samarco Mineração S/A, Vale S/A e BHP Billiton Brasil Ltda, outro ponto que merece ser discutido é a limitação às medidas compensatórias estabelecidas.

O referido acordo, ao definir o percentual concernente às medidas compensatórias, estabeleceu em sua cláusula 232 que: "A FUNDAÇÃO destinará o montante fixo, **não superior ou inferior, de R$ 240.000.000,00 (duzentos e quarenta milhões de reais) por ano**, corrigidos nos termos da CLÁUSULA 257, **por um período de 15 (quinze) anos a partir de 2016, dentro dos respectivos orçamentos anuais,** para execução de PROJETOS de natureza compensatória e de medidas compensatórias no âmbito dos PROGRAMAS, sendo certo que os valores não utilizados, no todo ou em parte, em um determinado exercício social serão acrescidos ao referido montante fixo do exercício seguinte".

Portanto, em mais uma inovação jurídica do TTAC, foi fixado o valor de R$ 3.600.000.000,00 (três bilhões e seiscentos milhões de reais) a ser pago em 15 parcelas anuais, como medida compensatória por todos os danos socioambientais irreversíveis decorrentes do desastre ocasionado pelo rompimento da barragem de Fundão da Samarco. Tal valor foi definido sem a utilização de qualquer metodologia de valoração de danos ao meio ambiente, sendo baseado tão somente na percepção individual dos signatários do referido acordo.

---

5 http://www1.folha.uol.com.br/cotidiano/2017/10/1929931-nao-somos-pautados-pela-samarco-diz-chefe-de-reparacao-de-dano-de-tragedia.shtml - acesso em 25.10.2017.

Além disso, conforme estabelecido na mencionada cláusula, tal valor compensatório máximo foi definido antes mesmo da cessação dos impactos oriundos da tragédia.

Se não bastasse tudo o que foi acordado, em mais uma inovação jurídica, se deixou para a Fundação Renova a definição do quando, onde e como serão aplicados os referidos valores. Ou seja, como a Fundação é controlada pelas empresas que provocaram o desastre ambiental de Mariana, serão os próprios infratores que definirão os rumos estabelecidos para a compensação e ressarcimento de todos os atingidos pelo desastre, inclusive no que se refere aos municípios afetados.

Foi exatamente isso que tentou ser evitado pelo brilhante Des. Afrânio, nos termos do seu voto prolatado na decisão em apreço: "A CLÁUSULA 149 também cuida de assunto que afeta os diversos atingidos, privados e públicos, ausentes no ACORDO, quando estabelece condição para o futuro: "(...) se, ao longo da execução deste Acordo, restar comprovada a inexistência de solução viável para as ações de reparação previstas nos PROGRAMAS, essas serão substituídas por medidas compensatórias equivalentes, as quais serão definidas por meio de estudos realizados pelos EXPERTs e aprovados pelo COMITÊ INTERFEDERATIVO, ouvidos os ÓRGÃOS AMBIENTAIS ou de GESTÃO DE RECURSOS HÍDRICOS competentes". **Como dito, os mais atingidos, e que não estão no ACORDO (municípios e população), estão tendo seus direitos decididos por terceiros, ao que parece, desautorizados para tanto. E não me seduz a ressalva colocada no ACORDO, segundo a qual cada indivíduo ofendido poderá acessar o Judiciário, se insatisfeito, eis que, isoladamente, será cada cidadão daquelas localidades parte extremamente fraca frente à estrutura que se montou, via FUNDAÇÃO, que obviamente estará resguardada por grandes e competentes escritórios de advocacia** (grifo nosso).

Nosso sistema de responsabilidade civil e de proteção constitucional foi construído para garantir à sociedade e às futuras gerações o direito ao meio ambiente ecologicamente equilibrado e juridicamente eficaz, de modo a não permitir que crimes ambientais sejam praticados com a certeza da impunidade, a ser mascarada por meio do pagamento de valores monetários insuficientes e incapazes de ressarcir as perdas socioambientais geradas por condutas gananciosas e irresponsáveis.

Nesse sentido, leciona o Juiz Álvaro Luiz Valery Mirra: "a reparação integral do dano ao meio ambiente deve compreender não apenas o prejuízo causado ao bem ou recurso ambiental atingido, como também, na lição de Helita Barreira Custódio, toda a extensão dos danos produzidos em consequência do fato danoso, o que inclui os efeitos ecológicos e ambientais da agressão inicial a um bem ambiental corpóreo que estiverem no mesmo encadeamento causal, como, por exemplo, a destruição de espécimes, habitats, e ecossistemas inter-relacionados com o meio afetado; os denominados danos interinos, vale dizer, as perdas de qualidade ambiental havidas no interregno entre a ocorrência do prejuízo e a efetiva recomposição do meio degradado; os danos futuros que se apresentarem como certos, os danos irreversíveis à qualidade ambiental e os danos morais coletivos resultantes da agressão a determinado bem ambiental. Em tal panorama, a indenização vai além da sua função subsidiária (último recurso quando a reparação in natura não for total ou parcialmente possível)"[6].

Seguindo essa mesma linha de análise, o Ministro do STJ, Herman Benjamin, ensina que: "A responsabilidade civil ambiental deve ser compreendida da forma mais ampla possível, de modo que a condenação a recuperar a área prejudicada não exclua o dever de indenizar – juízos retrospectivo e prospectivo. A cumulação de obrigação de fazer, não fazer e pagar não configura *bis in idem*, porquanto a indenização, em vez de considerar lesão específica já ecologicamente restaurada ou a ser restaurada, põe o foco em parcela do dano que, embora causada pelo mesmo comportamento pretérito do agente, apresenta efeitos deletérios de cunho futuro, irreparável ou intangível" (Recurso Especial nº 1.255.127 - MG - 2011/0091499-0).

E continua o iminente Ministro: "Assim é precisamente porque, convém lembrar, toda a legislação de amparo dos sujeitos vulneráveis e dos interesses difusos e coletivos há sempre de ser compreendida da maneira que lhes seja mais proveitosa e melhor possa viabilizar, na perspectiva dos resultados

6 Ação Civil Pública e a Reparação do Dano Ambiental , 2ª ed., São Paulo, Editora Juarez de Oliveira, 2004, fl. 315.

práticos, a prestação jurisdicional e a *ratio essendi* da norma. Aqui, ensina Ricardo Lorenzetti, lastreado em precedentes da Corte Suprema argentina, o juiz, como de resto em todo o campo dos direitos fundamentais, é um garimpeiro da exegese em favor da efetividade das garantias constitucionais e legais, fugindo de interpretações que aceitem como legítimas, ou referendem, as condutas coibidas pelo legislador ou que cumpram o comando legal de modo aparente, perfunctório ou parcial, pois, a ser diferente, estará legitimando, pela via transversa, precisamente o comportamento ou dano que a norma pretendeu evitar ou reprimir" (*Teoria del Derecho Ambiental*, Buenos Aires, La Ley, 2009, pp. 55-56).

6. CONCLUSÃO

A resolução de conflitos ambientais por meio de uma abordagem alternativa, na medida legalmente permitida, se faz em menor tempo e, consequentemente, com menor custo do que quando feito por meio de uma abordagem tradicional, já que essa última se caracteriza pela interposição de ação judicial. De fato, em se tratando de meio ambiente, a reparação do dano e a recuperação de sua qualidade precisam ser rapidamente resolvidas, para que os recursos ambientais não pereçam completamente, sendo inviável a sua reparação *in natura*.

Ocorre que a premissa da resolução adequada e rápida de conflitos ambientais, por meio de acordo, não deve ser desvirtuada de modo a tolerar as mais diversas formas de disponibilidade de direitos intangíveis e fundamentais. No caso da tragédia de Mariana, a rapidez aplicada ao acordo e os termos estabelecidos somente serviram para beneficiar as empresas e protelar soluçoes que deveriam ter sido tomadas há muito tempo. Na iminência de se completar 02 (dois) anos do desastre, está sendo amplamente divulgado pelos veículos de imprensa o mais absoluto descaso com o tratamento e remediação ao maior desastre ambiental da história brasileira[7].

7 http://m.folha.uol.com.br/especial/2015/tragedia-no-rio-doce/?mobile

O Des. Afrânio Vilela previu a instauração do caos que ocorreria em função dessa generalidade: "No terceiro CONSIDERANDO, advém que "a celebração deste acordo judicial visa por fim ao litígio por ato voluntário das partes, reconhecendo que a autocomposição é a forma mais célere e efetiva para a resolução da controvérsia, não implicando assunção de responsabilidade pelo EVENTO". **Realmente, concordo que a autocomposição é o recomendado para fins de celeridade. Porém, há de ser observado o fato segundo a ótica de cada participante, sob pena de instaurar o caos pela generalidade**" (grifo nosso).

E continua: "Apenas pelo seu próprio texto, vê-se que o ACORDO trata de interesses de pessoas não representadas, sob qualquer das modalidades admitidas, ensejando seu não conhecimento, sob pena de o Poder Judiciário reconhecer que poderiam o Estado e a União decidir sobre a vida e o patrimônio de seus cidadãos. **Isso, no Estado Democrático de Direito, não é admissível, sequer pensável. Há interesse do Povo. Povo que é fonte única e objeto de todo o poder da lei, qualquer que seja ela, e que deve ser tutelado, segundo a competência do juiz da localidade, quer pela proximidade com o fato, quer pelo acesso mais rápido para fins de decisão, quer pela própria sensação de segurança jurídica que o jurisdicionado ofendido ou que esteja discutindo sobre a existência de ofensa, sentirá ao saber da proximidade do Juiz à causa"** (grifo nosso).

Assim finaliza o Desembargador: "O ACORDO deveria ter levado em conta especificidades legais e a distribuição da administração dos Entes Federativos. Não o fez objetivamente. **A forma genérica adotada poderá ser fonte de grandes celeumas, com prazo indefinido para terminar e a culpa recairá, uma vez mais, na morosidade do Judiciário e no travamento de sua máquina"** (grifo nosso).

Como se não bastassem os impactos ambientais, sociais, culturais, humanos, econômicos e trabalhistas advindos do rompimento da Barragem de Fundão da Samarco, a sociedade brasileira sofrerá severas consequências jurídicas em decorrência das decisões tomadas pela União e pelos Estados de Minas Gerais e do Espírito Santo quando da celebração do referido Termo de Transação e Ajustamento de Conduta – TTAC, com a Samarco e suas acionistas, Vale e BHP.

7. REFERÊNCIAS BIBLIOGRÁFICAS

BENJAMIN, Antonio Herman. *Responsabilidade civil pelo dano ambiental.* Revista de Direito Ambiental, v. 9, São Paulo, jan. 1998, p.10.

BENJAMIN, Antonio Herman. V. *A Responsabilidade civil pelo dano ambiental no direito brasileiro e as lições do direito comparado.* Disponível em: <http://bdjur.stj.gov.br/dspace/bitstream/2011/8632/3/A_Responsabilidade_Civil.pdf>. Acesso em: 29 abr. 2011.

CANOTILHO, Joaquim José Gomes. Estado Constitucional Ecológico e democracia sustentada. In: FERREIRA, Helini Silvini; Leite, José Rubens Morato. *Estado de Direito Ambiental*: tendências, aspectos constitucionais e diagnósticos. Rio de Janeiro: Forense Universitária, 2004. p. 7-10.

LEITE, José Rubens Morato; AYALA, Patrycy de Araújo. *Dano Ambiental.* Do individual ao coletivo extrapatrimonial. 3. ed. São Paulo: Revista dos Tribunais, 2012.

MILARÉ. Edis. Direito do Ambiente. 4ª ed. São Paulo: RT, 2005. Pág. 831.

MIRRA, Álvaro Luiz Valery; Ação Civil Pública e a Reparação do Dano Ambiental, 2ª ed., São Paulo, Editora Juarez de Oliveira, 2004, fl. 315.

ANULATÓRIA - POSTO DE COMBUSTÍVEIS - MEIO AMBIENTE ECOLOGICAMENTE EQUILIBRADO - DIREITO CONSTITUCIONAL TRANSGERACIONAL - DEFESA E PROTEÇÃO - PODER PÚBLICO - ÓRGÃOS DE FISCALIZAÇÃO AMBIENTAL - COMPETÊNCIA - DETECÇÃO DE IRREGULARIDADES AMBIENTAIS - REITERAÇÃO DE VISTORIAS E DE OPORTUNIDADES DE REGULARIZAÇÃO - TRANSCURSO DO PRAZO - INÉRCIA DO EMPREENDEDOR - SUSPENSÃO DA ATIVIDADE - MEDIDA QUE SE IMPÕE - SENTENÇA REFORMADA. 1. O Judiciário não pode permitir que o empreendedor, convenientemente, procrastine a adoção de medidas indispensáveis à preservação ambiental, pena de teratológica preterição do direito de todos ao meio ambiente ecologicamente equilibrado, porquanto compete ao Poder Público e à coletividade defendê-lo e preservá-lo para as presentes e futuras gerações (CF, art. 225, *caput*). 2. As irregularidades ambientais, constatadas por reiteradas perícias técnicas, aliadas à inércia do revendedor de combustíveis, que resiste à sua obrigação de saná-las, impõem ao Poder Público, no exercício do poder-dever que lhe compete, a adoção da medida de suspensão de suas atividades, máxime porque escoaram todos os prazos concedidos, sem a demonstração de atendimento dos requisitos indispensáveis à concessão da licença ambiental (TJMG - Apelação Cível 1.0024.07.443345-9/001, Relator(a): Des.(a) Nepomuceno Silva, 5ª CÂMARA CÍVEL, julgamento em 19/02/2009, publicação da súmula em 11/03/2009).

O MEIO AMBIENTE, O PODER DE POLÍCIA E O DIREITO TRANSGERACIONAL

CRISTIANA NEPOMUCENO DE SOUSA SOARES

Advogada. Bióloga. Especialista em Gestão Pública pela UFOP.
Curso de Direito Ambiental pela Universidade de Alicante, Espanha.
Mestranda em Direito Ambiental pela Escola Superior Dom Helder Câmara.
Conselheira seccional da OAB/MG, 2016/2018.
Presidente da Comissão de Direito de Energia da OAB/MG.
Membro da Comissão de Meio Ambiente do Conselho Federal da OAB, em Brasília.

1. INTRODUÇÃO

Trata-se o presente artigo de comentário ao acórdão do Tribunal de Justiça do Estado de Minas Gerais que fixou entendimento no sentido de que, em face da procrastinação do empreendedor à adoção de medidas indispensáveis à preservação ambiental, prevalece a proteção ao meio ambiente ecologicamente equilibrado pelo Poder Público.

No caso em tela, o empreendedor teve as suas atividades de posto de gasolina suspensas, em uma reunião do dia 28 de julho de 2006, realizado pelo Conselho Estadual de Política Ambiental – COPAM, por não se adequar às normas estabelecidas nas Deliberações Normativas n°s 050/2001 e 108/2007, tratando essas DN's do procedimento para o licenciamento ambiental de postos de abastecimento.

O empreendedor inconformado ajuizou Ação Anulatória em desfavor do Estado de Minas Gerais. A sentença julgou procedente o pedido "para declarar o cancelamento da pena de suspensão aplicado à autora por meio da decisão proferida pelo COPAM (...), reconhecendo, por conseguinte, o direito da requerente de adequar-se às normas estabelecidas nas Deliberações Normativas n° 050/2001 e 108/2007, no prazo estabelecido nesta última Deliberação".

O Estado, não satisfeito, interpôs apelação, argumentando, em síntese: "que o empreendimento está causando danos ao meio ambiente; que a possibilidade de adequação às normas ambientais não autoriza a degradação ambiental irresponsável; que a sentença revela "verdadeiro salvo conduto para o empreendedor continuar em sua atividade poluente até que regularize, ou não, a formalização de sua licença de operação"; (...); que a sentença representa interferência no mérito dos atos administrativos, além de ser ofensiva ao princípio da prevenção".

O empreendedor, no entanto, reconheceu a irregularidade de seu empreendimento no tocante ao aspecto ambiental. No entanto, ainda pleiteou a concessão de um novo prazo para regularização do licenciamento ambiental, conforme estabelecido pela DN 108/2007.

Extraiu-se do acórdão que o prazo de adequação da autora era de 12 meses, contados de 26 de maio de 2007, mas que a irregularidade ainda se prorrogou por longo tempo, conforme um parecer técnico emitido pela Fundação Estadual do Meio Ambiente – FEAM, anexado aos autos do processo.

Consta também do referido acórdão que foi realizada vistoria no empreendimento e que aquele "encontrava-se em situação irregular quanto aos equipamentos e sistemas exigidos nas normas e legislação ambiental". Fora acordado um prazo de 120 dias para sua regularização, e, passado este prazo, constatou-se ainda o descumprimento da maioria dos itens solicitados.

Dessa forma, decidiu o Tribunal de Justiça de Minas Gerais que "não pode permitir que o empreendedor, convenientemente, procrastine a adoção de medidas indispensáveis à preservação ambiental, sob pena de preterição do direito de todos ao 'meio ambiente ecologicamente equilibrado', pois compete ao Poder Público e à coletividade defendê-lo e preservá-lo para as presentes e futuras gerações (CF, art. 225, *caput*)".

Passamos a análise do acórdão. Para tanto, falar-se-á num breve histórico sobre como a questão ambiental tornou-se relevante no mundo e no Brasil. E, a partir desta relevância ambiental, como tornou-se importante para as decisões jurídicas.

2. O MEIO AMBIENTE ECOLOGICAMENTE EQUILIBRADO: DO MUNDO ATÉ O BRASIL

Desde a antiguidade, o ser humano convive e se utiliza do meio ambiente, mas não se considerava parte dele. Na sua visão antropocêntrica, o homem se achava o centro de tudo e o meio ambiente era apenas para servi-lo. Assim, por muito tempo, os componentes ambientais ficaram em segundo plano. A preocupação com o ambiente só se tornou relevante quando o homem percebeu que os recursos naturais eram finitos e que a sua escassez comprometeria seriamente a sua existência no planeta.

A partir do início do século XX, Thomas Malthus, um dos primeiros cientistas a se preocupar com o crescimento populacional e a capacidade do planeta, acentuava que o crescimento acelerado populacional era em progressão geométrica, enquanto que a produção de alimentos crescia em progressão aritmética. Com base nestes dados, ele concluiu que, nesse ritmo, esse processo acarretaria numa drástica escassez de alimentos e, como consequência, traria a fome. Portanto, inevitavelmente, o crescimento populacional deveria ser controlado (BRASIL, 2017).

Também, naquela época, surgiram várias discussões filosóficas, revisão de conceitos e trabalhos científicos com o objetivo de sensibilizar a população de que o homem estava destruindo o meio natural, e que os recursos naturais eram finitos.

Ainda, no início do século, ocorreram vários acidentes, quando a Organização das Nações Unidas – ONU começou a se preocupar com a questão ambiental. Aconteceram acidentes causados pela poluição atmosférica na Bélgica, nos Estados Unidos e em Londres, que ocasionaram a morte de milhares de pessoas. Também houve o envenenamento pela água por mercúrio, resultando na morte de várias pessoas.

Em 1962, Carson, depois de anos de pesquisa, lançou o livro "Primavera Silenciosa", em que denunciou o excesso de pesticidas nos tecidos dos animais e também no homem, e o risco de ser um dos causadores do câncer.

Diante desses grandes desastres, nos quais milhares de pessoas morreram por problemas no ar, na água e na terra, um grupo de cientistas industriais e políticos constituíram o Clube de Roma, com o objetivo de discutir temas relacionados à política, economia internacional e desenvolvimento. Os integrantes desse clube contrataram um estudo técnico para verificar se, realmente, os acidentes ocorridos causaram problemas à saúde da população. O estudo detectou que os maiores problemas para a saúde da população eram: industrialização acelerada, rápido crescimento demográfico, escassez de alimentos, esgotamento de recursos não renováveis e deterioração do meio ambiente. Definiram à época que o grande problema estava na pressão da população sobre o meio ambiente.

Nessa época, no Brasil, verificava-se algumas normas esparsas, que possuíam como eixo a tutela da saúde do ser humano. Havia desenvolvimento econômico desregrado e nefasto quanto à existência de um ambiente sadio. Assim, apenas algumas poucas legislações se destacavam, como o Código Florestal, Lei n° 4.771/65; o Código de Caça, Lei n° 5.197/67 e o Código de Mineração, Decreto-Lei n° 227/67.

No despertar dessa conscientização mundial da questão ambiental, foi realizada a Conferência das Nações Unidas sobre o Meio Ambiente Humano, conhecida como Conferência de Estocolmo, em 1972, que chamou a atenção dos países participantes para a gravidade da degradação da natureza. Foi marcada pelo confronto de países desenvolvidos e subdesenvolvidos, e ao final foi introduzida na agenda política internacional a dimensão ambiental como condicionante e limitante do modelo tradicional de crescimento econômico e do uso dos recursos naturais.

A proposta dessa Conferência era criar uma agência para o meio ambiente. Assim, foi criado o Programa das Nações Unidas para o Meio Ambiente, cuja sigla é PNUMA, que veio a ser a agência para o ambiente do sistema das Nações Unidas.

Para uns, Estocolmo foi um fracasso. Para outros, um grande sucesso, pois colocou a questão ambiental na ordem do dia, e o meio ambiente na discussão internacional. Naquela época, poucas constituições tratavam do meio ambiente.

Depois de Estocolmo, o governo brasileiro percebeu a necessidade de implementar uma política de meio ambiente. Em 1981, foi instituída a Lei da Política Nacional de Meio Ambiente, Lei n° 6.938/81. Essa avançadíssima Lei apresentou um grande diferencial, servindo de novo paradigma para o meio ambiente. Acabou ali a visão legal antropocêntrica do homem e passou para a biocêntrica, quando o homem deixa de estar ao lado, para estar inserido.

Além do mais, a Lei n° 6.938/81 estabeleceu conceitos gerais sobre o meio ambiente e tornou-se uma verdadeira norma geral em prol do ambiente. Criou um microssistema de proteção ambiental, pois contém em seu texto princípios fundamentais, diretrizes, finalidades e objetivos; e mais, as tutelas administrativa, civil e penal, vindo daí a regra da responsabilidade civil objetiva por dano causado ao meio ambiente.

Essa lei também identificou os órgãos públicos ambientais que compõem a estrutura administrativa do SISNAMA, estabelecendo medidas típicas de poder de polícia, avaliação de impacto ambiental, zoneamento e licenciamento ambiental.

Com o objetivo de avaliar os dez anos da Conferência de Estocolmo, foi constituída pela ONU uma comissão, em 1983. Dessa comissão foi elaborado o relatório Brundtland, intitulado como o Nosso Futuro Comum, publicado em 1987, o qual teve a primeira previsão expressa sobre o desenvolvimento sustentável. Nele, o desenvolvimento sustentável foi concebido como: "O desenvolvimento que satisfaz as necessidades presentes, sem comprometer a capacidade das gerações futuras de suprir suas próprias necessidades".

O relatório ressaltou o risco do uso excessivo dos recursos naturais sem considerar a capacidade de suporte dos ecossistemas (BRASIL, 1987). E, também, enfatizou os problemas ambientais, como o aquecimento global e a destruição da camada de ozônio (conceitos novos para a época), e expressando a preocupação em relação ao fato de a velocidade das mudanças estar excedendo a capacidade das disciplinas científicas, e de nossas habilidades para avaliar e propor soluções. Entre as medidas apontadas pelo relatório, constam soluções, como a diminuição do consumo de energia, o desenvolvimento de tecnologias para uso de fontes energéticas renováveis e o aumento da produção industrial nos países não-industrializados com base em tecnologias ecologicamente adaptadas (BRASIL, 1987).

Em 1992, tivemos no Brasil a Conferência das Nações Unidas sobre o Meio Ambiente e o Desenvolvimento, também conhecida como Eco-92, Cúpula da Terra, Cimeira do Verão, Conferência do Rio de Janeiro e Rio 92, na qual foi introduzido o conceito de desenvolvimento sustentável. Teve como meta a introdução de tecnologias sustentáveis, com um menor impacto sobre o meio ambiente, o controle populacional e a cooperação internacional entre países com o objetivo de redução de desigualdades.

A preocupação da Conferência foi a de proteger o meio ambiente como um todo. As questões ambientais já não suportavam mais fronteiras, um país não podia mais prejudicar o outro.

No Brasil, a proteção ao meio ambiente só se tornou realmente efetiva depois da Constituição de 1988. Na Carta Magna, os princípios ambientais foram divididos em princípios gerais e específicos. Os gerais seriam os estabelecidos no artigo 5°, e os específicos no artigo 225.

Nos princípios gerais, têm-se: o princípio da solidariedade, que envolve uma série de decisões em matéria ambiental; o princípio da supremacia do interesse público sobre o privado, o meio ambiente é o interesse público primário; o princípio da dignidade da pessoa humana, que é um conceito intergeracional, visando proteger também as gerações futuras; o princípio da igualdade, na dimensão social, o qual afasta qualquer tipo de desigualdade na sociedade, pois classes diferentes não são sustentáveis; os direitos fundamentais, que aplicam a universalidade de direitos e o direito de tutela, a indisponibilidade do bem ambiental, a função social e ambiental da propriedade.

Nos princípios específicos, dispõe-se no *caput* do artigo 225 da CF, o desenvolvimento sustentável. Há, ainda, a obrigatoriedade de atuação estatal para a prevenção e punição, o direito e dever de participação da sociedade na tutela do meio ambiente, a ampla educação ambiental, na qual a sociedade tem que ter o conhecimento com o objetivo de proteger o meio ambiente, o meio ambiente como o direito fundamental à vida que ultrapassa a própria humanidade, o princípio do poluidor-pagador e os princípios da precaução e da prevenção.

Segundo Silva:

> A preservação ambiental, abrangendo a preservação da Natureza em todos os seus elementos essenciais à vida humana e à manutenção do equilíbrio ecológico, visa a tutelar a qualidade do meio ambiente em função da qualidade de vida, como uma forma de direito fundamental da pessoa humana (SILVA, 2010, p.58).

Nessa nova quadra de ampla proteção aos direitos fundamentais no Brasil, o artigo 225 da CF impôs ao Poder Público - aí incluindo todos os Poderes - o dever de defender e preservar o meio ambiente para as presentes e futuras gerações (SILVA, 2010, p. 75). Com isto, os Tribunais passaram a desempenhar um papel importante na área ambiental. Foi o que aconteceu com o Tribunal de Justiça de Minas Gerais, no julgamento do acórdão aqui analisado.

3. DA ANÁLISE DO ACÓRDÃO

> ANULATÓRIA - POSTO DE COMBUSTÍVEIS - MEIO AMBIENTE ECOLOGICAMENTE EQUILIBRADO - DIREITO CONSTITUCIONAL TRANSGERACIONAL - DEFESA E PROTEÇÃO - PODER PÚBLICO - ÓRGÃOS DE FISCALIZAÇÃO AMBIENTAL - COMPETÊNCIA - DETECÇÃO DE IRREGULARIDADES AMBIENTAIS - REITERAÇÃO DE VISTORIAS E DE OPORTUNIDADES DE REGULARIZAÇÃO - TRANSCURSO DO PRAZO - INÉRCIA DO EMPREENDEDOR - SUSPENSÃO DA ATIVIDADE - MEDIDA QUE SE IMPÕE - SENTENÇA REFORMADA. 1. O Judiciário não pode permitir que o empreendedor, convenientemente, procrastine a adoção de medidas indispensáveis à preservação ambiental, pena de teratológica preterição do direito de todos ao meio ambiente ecologicamente equilibrado, porquanto compete ao Poder Público e à coletividade defendê-lo e preservá-lo para as presentes e futuras gerações (CF, art. 225, *caput*). 2. As irregularidades ambientais, constatadas por reiteradas perícias técnicas, aliadas à inércia do revendedor de combustíveis, que resiste à sua obrigação de saná-las, impõem ao Poder Público, no exercício do poder-dever que lhe compete, a adoção da medida de suspensão de suas atividades, máxime porque escoa-

> ram todos os prazos concedidos, sem a demonstração de atendimento dos requisitos indispensáveis à concessão da licença ambiental.

Para ressaltar a importância desse acórdão para a proteção do meio ambiente em Minas Gerais é necessário falar das resistências que havia no TJMG e fora dele, à ação do Poder Público na defesa do meio ambiente. Parece quase uma banalidade, mas foi relevantíssima a postura do Tribunal ao afirmar que o meio ambiente ecologicamente equilibrado, conforme estabelecido na Constituição Federal, deveria prevalecer sobre o empreendimento irregular. O meio ambiente equilibrado, conforme se deduz do conceito de desenvolvimento sustentável, é aquele que assenta a harmonia ambiental com a preservação da natureza e, ao mesmo tempo, busca garantir o desenvolvimento econômico, preocupado, assim, com as gerações futuras.

Reafirmou-se no acórdão o direito transgeracional, isto é, o direito de gerações presentes e futuras à preservação ambiental. O meio ambiente saudável não pode ser um privilégio da geração atual, mas também das que virão, pois todos têm e terão o direito ao ar puro, à água para sua sobrevivência e a ter qualidade de vida, pois o direito ao meio ambiente saudável constitui, em suma, o direito à própria vida, como direito fundamental que é.

Além disso, o acórdão também demonstrou a importância do poder de polícia estatal para a preservação ambiental. Nesse sentido, o acórdão paradigma aqui comentado teve um papel relevantíssimo porque reafirmou, pelo Tribunal mineiro, o papel dos órgãos ambientais de proteção e controle ambiental. Sem o poder de polícia, os órgãos ambientais, aí incluindo a própria Polícia Ambiental, perdem todo o poder de coerção de suas decisões e controle.

De acordo com Quadri:

> O Direito normatiza a Administração, dando-lhe suporte legal e estabelecendo seus limites no contexto dos direitos e deveres concernentes ao bem comum da sociedade, assim como a Administração implementa o Direito conferindo-lhe vida e eficácia. Nesse sentido, o Direito e a Administração se complementam (QUADRI, 2003).

No caso em tela, a Administração Pública fez cumprir resoluções do Conselho Nacional do Meio Ambiente - CONAMA, na esfera federal e do COPAM, na esfera estadual, que estabeleceram, no exercício de suas competências, normas sobre o licenciamento que o empreendedor não cumpriu. E ao não cumprir com o que seria estabelecido, a Administração Pública impôs, na tutela administrativa ambiental, o seu poder de polícia, que é próprio e decorrente do princípio da legalidade, de acordo com o que explicita a CF no *caput* do artigo 37.

O Desembargador relator também reafirmou em seu voto o princípio da prevenção, que tem relação ao perigo concreto. Isto é, supõe-se que os riscos já sejam conhecidos pelo estudo de impacto ambiental, ou na hipótese em que o abstrato tornou-se concreto (STEIGLEDER, 2011, p. 165).

De acordo com Steigleder (2011),

> para que a responsabilidade civil seja eficiente para permitir a prevenção e reparação de danos ambientais típicos de uma sociedade de risco, é necessário alterar os critérios jurídicos para a delimitação da causalidade, percebendo-se que esses danos se 'processam através do *Umwelt*, num percurso causal muitas vezes oculto'. Por esse motivo, Cordeiro salienta a necessidade de imputar ao agente "o conjunto de danos correspondentes às posições que são garantidas pelas normas violadas. Há que partir de uma conditio *sine qua non*; posto o que caberá indagar, por meio de valorações jurídicas, se tais danos correspondem a bens tutelados pelas normas violadas pelo agente".

O princípio da prevenção tem fundamento constitucional também no artigo 225, *caput*, que se refere à necessidade de defesa e preservação dos recursos naturais (GOMES, 2010).

4. CONCLUSÃO

Analisou-se aqui o acórdão da Apelação Cível 1.0024.07.443345-9/001, do TJMG, do relator o Desembargador Nepomuceno Silva. Tal decisão colegiada efetivamente contribuiu para solidificação, à época, de conceitos até então soltos na jurisprudência pátria. A um só tempo, prestigiou os órgãos ambientais de proteção e controle, ao reafirmar a força normativa das resoluções dos Conselhos de Meio Ambiente e o poder de polícia inerente à Administração

Pública, fortalecendo-o, sobretudo com vistas à suspensão administrativa de atividades irregulares.

Posicionou o princípio da prevenção frente às atividades nocivas ao meio ambiente, cujo potencial ofensivo eram mais do que presumíveis.

Ressalvou o meio ambiente equilibrado como direito fundamental transgeracional, considerando a vida como um direito de todas as gerações. Nesse contexto, o acórdão em comento basilou, sobre os temas respectivos, o entendimento posterior que se consolidou ao longo dos tempos na hoje vanguardista jurisprudência ambiental mineira.

Foi feito um breve histórico da evolução ambiental no mundo e no Brasil, mostrando as principais conferências e os conceitos nelas desenvolvidos, com finalidade de ressaltar a importância desse julgamento para a proteção do meio ambiente em Minas e no Brasil.

5. REFERÊNCIAS BIBLIOGRÁFICAS

BRASIL. **Constituição da República Federativa do Brasil, de 05 out. 1988**. Diário Oficial da União, Brasília, 05 out. 1988. Disponível em: <http://www.planalto.gov.br/ccivil_03/constituicao/constituicaocompilado.htm>. Acesso em: 13 out. 2017.

BRASIL. **Lei n° 6.938, de 31 de agosto de 1981.** Dispõe sobre a Política Nacional do Meio Ambiente, seus fins e mecanismos de formulação e aplicação, e dá outras providências. Disponível em:<http://www.planalto.gov.br/ccivil_03/leis/L6938.htm>. Acesso em: 15 out. 2017.

BRASIL. Teoria populacional Malthusiana. Disponível em:<https://pt.wikipedia.org/wiki/Teoria_populacional_malthusiana>. Acesso em: 15 out 2017.

BRASIL. Tribunal de Justiça do Estado de Minas Gerais. Apelação Cível n°1.0024.07.443345-9/001 (4433459-04.2007.8.13.0024(1)). Relator: Desembargador Nepomuceno Silva. **Diário Oficial**, Belo Horizonte, 11 de março de 2009. Disponível em:<http://www5.tjmg.jus.br/jurisprudencia/pesquisa>. Acesso em: 15 out 2017.

CARSON, Raquel. **Primavera Silenciosa.** São Paulo: Gaia, 2010.

GOMES, Daniela Vasconcellos. A importância da aplicação dos princípios da precaução e da prevenção na busca de um meio ambiente ecologicamente equilibrado. **Revista Direito e Justiça.** Porto Alegre, n.14, p. 48-53. Disponível em: <https://

app.vlex.com/#WW/search/*/principios+da+precaução+prevenção A3o/WW/vid/418617262>. Acesso em: 22 mai. 2017.

MINISTÉRIO DO MEIO AMBIENTE – MMA. **Declaração da Conferência de ONU no Ambiente Humano**, Estocolmo, 5-16 de junho de 1972. Tradução Livre. Disponível em: <http://www.mma.gov.br/estruturas/agenda21/_arquivos/estocolmo.doc>. Acesso em: 15 out. de 2017.

ORGANIZAÇÃO DAS NAÇÕES UNIDAS – ONU. **Comissão Mundial sobre o Meio Ambiente e Desenvolvimento,** 1987. Disponível em: <https://nacoesunidas.org/acao/meio-ambiente>. Acesso em: 11 out. 2017.

ORGANIZAÇÃO DAS NAÇÕES UNIDAS – ONU. **Declaração do Rio sobre o meio ambiente e o desenvolvimento sustentável,** 1992. Disponível em: http://www.onu.org.br/rio20/img/2012/01/rio92.pdf. Acesso em: 11 out. 2017.

QUADRI, Karolyne. **Poder de polícia ambiental.** Disponível em: <http://www.egov.ufsc.br/portal/sites/default/files/anexos/26758-26760-1-PB.PDF>. Acesso em 15 out. 2017.

RIBEIRO, José Cláudio Junqueira. **A questão ambiental no mundo.** Aula dada no dia 21 ago. 2017 no mestrado de direito ambiental na Escola Dom Helder Câmara.
RODRIGUES, Marcelo Abelha. **Processo Civil Ambiental**. 3. ed. São Paulo: Revista dos Tribunais, 2011.

SILVA, José Afonso da. **Direito Ambiental Constitucional.** São Paulo: Malheiros, 2010.

STEIGLEDER, Annelise Monteiro. **Responsabilidade Civil Ambiental: as dimensões do dano ambiental no direito brasileiro.** Porto Alegre: Livraria do Advogado, 2011.

ADMINISTRATIVO. CASARÃO DO VIRA-SAIA. PATRIMÔNIO TOMBADO. RESPONSABILIDADE CONJUNTA DO MUNICÍPIO DE OURO PRETO E DOS PROPRIETÁRIOS NA CONSERVAÇÃO DO BEM. GRAVIDADE DO ESTADO DO IMÓVEL. NECESSIDADE DE INTERVENÇÃO IMEDIATA PARA ESCORAMENTO. MANUTENÇÃO DA DECISÃO AGRAVADA.

- Os artigos 24, I, III, IV e 30, IX, CF apontam como do poder público a responsabilidade pelo cuidado com o patrimônio cultural, não fazendo distinção acerca da titularidade dos bens a serem protegidos, nem tampouco excluindo a solidariedade que deve presidir as relações com os proprietários do imóvel de relevante valor histórico ou cultural. - Hipótese na qual não se sabe ao certo as condições financeiras dos proprietários do patrimônio tombado, e a isenção da responsabilidade do Município de Ouro Preto pode vir a prejudicar a execução das medidas pleiteadas pelo órgão ministerial no intuito de preservá-lo. (TJMG - Agravo de Instrumento-Cv 1.0461.15.003684-0/001, Relator(a): Des.(a) Alberto Vilas Boas, 1ª CÂMARA CÍVEL, julgamento em 01/12/2015, publicação da súmula em 11/12/2015).

DA CONSERVAÇÃO PELO PODER PÚBLICO DO CASARIO COLONIAL DE OURO PRETO EM RISCO: PROCESSO ESTRUTURAL, RESPONSABILIDADE SOLIDÁRIA E OBRIGAÇÃO CULTURAL *PROPTER REM* À LUZ DO PRECEDENTE TJMG N.º 1.0461.15.003684-0/001

DOMINGOS VENTURA DE MIRANDA JÚNIOR
Promotor de Justiça de Defesa do Patrimônio
Cultural de Ouro Preto, Minas Gerais

1. RESUMO DO CASO ENVOLVIDO E RELEVÂNCIA DO PRECEDENTE

O Decreto Federal n.º 22.928, de 12 de julho de 1933, erigiu a cidade de Ouro Preto à condição de Monumento Nacional, porque

> a antiga capital do Estado de Minas Gerais foi teatro de acontecimentos de alto relevo histórico na formação da nossa nacionalidade e que possui velhos monumentos, edifícios e templos de arquitetura colonial, verdadeiras obras d'arte, que merecem defesa e conservação [1].

O conjunto arquitetônico e urbanístico de Ouro Preto foi também inscrito no Livro do Tombo das Belas Artes em 20 de abril de 1938, bem como nos Livros do Tombo Histórico e Arqueológico, Etnográfico e Paisagístico na data de 20 de setembro de 1986 (Processo Administrativo n.º 0070-T-38). Em de 02 de setembro de 1980, a Cidade de Ouro Preto foi chancelada pela UNESCO como Patrimônio Cultural da Humanidade.

---

1 BRASIL. Decreto n.º 22.928, de 12 de julho de 1933. Erige a cidade de Ouro Preto em monumento nacional. Disponível em: http://www2.camara.leg.br/legin/fed/decret/1930-1939/decreto-22928-12-julho-1933-558869-publicacaooriginal-80541-pe.html. Acesso em 15 out. 2017.

Na defesa de seu casario colonial, em 2015, o Ministério Público de Minas Gerais em Ouro Preto ingressou com ação civil pública em face do Município e de particulares (sucessores do proprietário), para impedir a ruína e obter a restauração de um Casarão datado de 1741 e que pertenceu a Antônio Francisco Alves, também conhecido como O Vira-Saia, personagem famoso do folclore ouro-pretano, a quem se atribuiu diversos saques cometidos contra a coroa portuguesa em favor dos mais necessitados.

A Casa de Vira-Saia está situada na Ladeira de Santa Efigênia, em Antônio Dias, inserida, por conseguinte, na Área de Preservação Especial de Ouro Preto, composta do

> núcleo de maior concentração de bens de interesse cultural, compreendida pelo arruamento de origem setecentista ou que guarda relação com este, áreas verdes de interesse paisagístico, bens e obras de arte tombados isoladamente, com edificações de construção de diferentes períodos (art. 17, Portaria n.º 312/2010/IPHAN)[2].

Deferida a tutela antecipada, aviado agravo de instrumento, o TJMG desproveu o recurso, mantendo os deveres do poder público municipal em impedir a ruína da edificação, em acórdão assim ementado:

> ADMINISTRATIVO. CASARÃO DO VIRA-SAIA. PATRIMÔNIO TOMBADO. RESPONSABILIDADE CONJUNTA DO MUNICÍPIO DE OURO PRETO E DOS PROPRIETÁRIOS NA CONSERVAÇÃO DO BEM. GRAVIDADE DO ESTADO DO IMÓVEL. NECESSIDADE DE INTERVENÇÃO IMEDIATA PARA ESCORAMENTO. MANUTENÇÃO DA DECISÃO AGRAVADA.
>
> - Os artigos 24, I, III, IV e 30, IX, CF apontam como do poder público a responsabilidade pelo cuidado com o patrimônio cultural, não fazendo distinção acerca da titularidade dos bens a serem protegidos, nem tampouco excluindo a solidariedade que deve presidir as relações com os proprietários do imóvel de relevante valor histórico ou cultural.

2 BRASIL. IPHAN. Portaria n.º 312, de 20 de outubro de 2.010. Dispõe sobre os critérios para a preservação do Conjunto Arquitetônico e Urbanístico de Ouro Preto em Minas Gerais e regulamenta as intervenções nessa área protegida em nível federal. Disponível em: http://portal.iphan.gov.br/uploads/legislacao/Portaria_n_312_de_20_de_outubro_de_2010.pdf. Acesso em 15 out. 2017.

- Hipótese na qual não se sabe ao certo as condições financeiras dos proprietários do patrimônio tombado, e a isenção da responsabilidade do Município de Ouro Preto pode vir a prejudicar a execução das medidas pleiteadas pelo órgão ministerial no intuito de preservá-lo (TJMG - Agravo de Instrumento-Cv 1.0461.15.003684-0/001, Relator(a): Des.(a) Alberto Vilas Boas, 1ª CÂMARA CÍVEL, julgamento em 01/12/2015, publicação da súmula em 11/12/2015).

Merece análise específica o precedente ora em enfoque, por se tratar de julgado que reafirma a ruptura dogmática e científica do Direito do Patrimônio Cultural ao Direito Administrativo, tratando o patrimônio cultural como ramo do gênero Direito Ambiental, integrando a dimensão ecológica da dignidade da pessoa humana, de natureza fundamental, difuso, horizontal, socioambiental, defensivo e prestacional, irradiando deveres imediatos também (mas não só) ao poder público, o qual, a partir da obrigação judicial, se vê compelido a aperfeiçoar sua política pública de proteção de bens culturais em risco.

2. DA INTEGRAÇÃO ENTRE O PATRIMÔNIO CULTURAL E O MEIO AMBIENTE NATURAL – DA MATRIZ PRINCIPIOLÓGICA COMUM – DA DIMENSÃO ECOLÓGICA DA DIGNIDADE DA PESSOA HUMANA – DA TUTELA DO PATRIMÔNIO CULTURAL EM JUÍZO

Ainda que de modo abreviado, relevante tratar da concepção socioambiental difusa do direito fundamental ao patrimônio cultural [3].

Na lição de Luís Fernando Cabral Barreto Júnior [4]:

---

3 Em sua tese de doutorado, ADRIANA ZANDONADE (ZANDONADE, Adriana. O tombamento à luz da Constituição Federal de 1988. São Paulo: Malheiros, 2012, p. 239) sintetiza que "de modo absolutamente inédito no Brasil, a Carta de 1988 consagrou o direito à cultura como um direito fundamental (arts. 5º, §2º, 215 e 227 da CF e Decreto 591, de 6.7.1992, na forma do qual foi ratificado o Pacto Internacional de Direitos Econômicos, Sociais e Culturais, que, no plano internacional, reconheceu e delimitou o direito à cultura)".

4 BARRETO JÚNIOR, Luis Fernando Cabral. O Controle Judicial das Omissões do Poder Público no Dever de Proteção ao Patrimônio Cultural. Revista Magister de Direito Ambiental e Urbanístico nº 25 - Ago/Set de 2009.

> Um conceito de patrimônio cultural centrado em conjuntos de bens, ou bens tomados isoladamente, que estejam protegidos unicamente por ação e opção do Poder Público, especialmente pelo Poder Executivo, conduz a uma incompleta, alienada e elitista visão da cultura. Mantendo indissociáveis a cultura do conhecimento e da formação da cidade, e reconhecendo nela a própria forma de interação com o meio ambiente, chegamos a uma ecologia ecocêntrica, e a um conceito necessariamente tridimensional e sistêmico de meio ambiente.

Partindo da premissa de que o constitucionalismo democrático tem por fundamento e objetivo a dignidade da pessoa humana, uma de suas vertentes mais relevantes é a sua dimensão ecológica. Consoante escólio de Ingo Wolfgang Sarlet e Tiago Fensterseifer [5]:

> no contexto constitucional contemporâneo, consolida-se a formatação de uma dimensão ecológica – inclusiva – da dignidade humana, que abrange a ideia em torno de um bem-estar ambiental (assim como de um bem-estar social) indispensável a uma vida digna, saudável e segura. Dessa compreensão, pode-se conceber a indispensabilidade de um patamar mínimo de qualidade ambiental para a concretização da vida humana em níveis dignos. Aquém de tal padrão ecológico, a vida e a dignidade humana estariam sendo violadas no seu núcleo essencial. A qualidade (e segurança) ambiental, com base em tais considerações, passaria a figurar como elemento integrante do conteúdo normativo do princípio da dignidade da pessoa humana, sendo, portanto, fundamental ao desenvolvimento de todo o potencial humano num quadrante de completo bem-estar existencial.

Nesse passo, o conceito jurídico de meio ambiente é construído como um conjunto de normas jurídicas e relações naturais e culturais que determinam a formação da vida em sociedade, estabelecendo um tratamento integrado das questões ambientais, urbanísticas e culturais [6].

---

5 SARLET, Ingo Wolfgang. FENSTERSEIFER, Tiago. Direito Constitucional Ambiental: constituição, direitos fundamentais e proteção do ambiente. 3ª Ed. São Paulo: Editora Revista dos Tribunais, 2013, págs. 49/50.

6 A visão tridimensional do conceito jurídico de meio ambiente encontra guarida inclusive no Supremo Tribunal Federal, que na ADI-MC 3540/DF – Rel. Min. Celso de Melo, j. 01.09.2005, assim decidiu: ATIVIDADE ECONÔMICA NÃO PODE SER EXERCIDA EM DESARMONIA COM OS PRINCÍPIOS DESTINADOS A TORNAR EFETIVA A PROTEÇÃO DO MEIO AMBIENTE. – A incolumidade do meio ambiente não pode ser comprometida por interesses empresariais nem ficar dependente de motivações de índole meramente econômica, considerada a disciplina constitucional que a rege, está subordinada, dentre outros princípios gerais, àquele que privilegia a "defesa do meio ambiente" (CF,

Citado por Carlos Eduardo Ferreira Pinto e Fabiana Mattoso Lemos [7], Canotilho aponta como pressupostos essenciais ao processo de construção do Estado de Direito Ambiental: a adoção de uma concepção integrada do meio ambiente (artificial, natural e cultural); a institucionalização dos deveres fundamentais ambientais e o agir integrativo da administração.

Com efeito, o meio ambiente, entendido em sua plenitude e de um ponto de vista humanista, compreende a natureza e as modificações que nela vem introduzindo o ser humano. Assim, o meio ambiente é composto pela terra, a água, o ar, a flora e a fauna, as edificações, as obras de arte e os elementos subjetivos e evocativos, como a beleza da paisagem ou a lembrança do passado, inscrições, marcos ou sinais de fatos naturais ou da passagem de seres humanos [8].

A preservação do patrimônio cultural, mais do que disciplinar uma relação entre Administração Pública e administrados com a supremacia do interesse público ditada pelo Poder Executivo, importa na preservação da identidade cultural de um povo numa relação horizontalizada entre Estado e Sociedade, na qual aquele não detém o monopólio dos instrumentos de preservação e nem da definição do interesse público em cada caso concreto.

Assim, os instrumentos de proteção ao meio ambiente cultural passam a ser inspirados pelos princípios e instrumentos próprios do Direito Ambiental e não mais do Direito Administrativo ou do Direito Civil.

Não se trata de simplesmente igualar os regimes jurídicos do meio ambiente natural e do meio ambiente cultural. Como adverte Marcos Paulo de Souza Miranda [9], apoiado na doutrina de Carlos Frederico Marés de Souza Filho, Antônio Carlos Brasil Pinto, Belize Câmara Correia e Rui Arno Richter:

---

art. 170, VI), que traduz conceito amplo e abrangente das noções de meio ambiente natural, de meio ambiente cultural, de meio ambiente artificial (espaço urbano) e de meio ambiente laboral.

7 PINTO, Carlos Eduardo Ferreira. LEMOS, Fabiana Mattoso. Patrimônio cultural e fato consumado. In: Marcos Paulo de Souza (Org.). Patrimônio Cultural. Coleção Ministério Público e direitos fundamentais. Belo Horizonte: Del Rey, 2013, p. 133.

8 SILVA, José Afonso da. Direito Ambiental Constitucional. 4ª Ed. São Paulo: Malheiros, 2003, p. 21.

9 MIRANDA, Marcos Paulo de Souza Miranda. Tutela do patrimônio cultural brasileiro. Belo Horizonte: Del Rey, 2006, págs. 12/23.

> Hodiernamente e como vimos no capítulo precedente, o patrimônio cultural é reconhecido como um dos aspectos do meio ambiente globalmente considerado. Como decorrência lógica dessa constatação pode-se afirmar que os princípios do Direito Ambiental são plenamente aplicáveis à temática patrimonial. (...)

Não podemos nos olvidar, contudo, de que a aplicação de tais princípios à temática patrimonial em determinadas circunstâncias demanda pequenas adequações aos mandamentos nucleares do Direito Ambiental, que na maioria das vezes foram cunhados com vistas dirigidas preponderantemente para o aspecto natural do meio ambiente.

Registre-se que há ainda princípios específicos, voltados exclusivamente para o tratamento do patrimônio cultural, em razão de peculiaridades atinentes a tal matéria.

No campo das decisões judiciais, cabe aos magistrados exercerem suas prerrogativas de agentes políticos, aos quais também é dado decidir qual seja o interesse público, sempre que omissos se demonstrarem os outros poderes. Não se trata de usurpar funções do Executivo definindo a realização de atividades, programas ou políticas, quando a relação jurídica estabelecida for verticalizada, como ocorre no Direito Administrativo, mas, sim, de, enquanto Estado-Juiz, no exercício da jurisdição constitucional de tutela de direitos fundamentais, dizer ao Estado-Administração quais bens e interesses estão sendo lesados por sua omissão (proteção insuficiente) e definir obrigações de fazer e de não-fazer a serem cumpridas, numa relação horizontalizada. Sobre o tema, destaque-se a lição de Carlos Alberto Molinaro e Rogério Rammê [10]:

> No tocante especificamente à esfera de competência do Poder Executivo, não há que se falar em ingerência indevida do Poder Judiciário, ou mesmo ofensa ao princípio da separação dos Poderes, quando, diante de uma flagrante omissão ou desvio de sua tarefa-fim (jusfundamental) de proteção do ambiente, impõe à Administração Pública o cumprimento de obrigações de fazer que objetivem corrigir a proteção estatal insuficiente a determinado bem jurídico ambiental. Afinal não está o Judiciário, quando assim age, criando uma norma inexistente ou uma determinada política pública,

---

10 MOLINARO, Carlos Alberto. RAMME, Rogério. Os deveres de proteção do Estado em matéria ambiental e o controle judicial de proteção insuficiente. Revista de Direito Ambiental, vol. 78, ano 20. São Paulo: Ed. RT, abr.-jun. 2015, p. 93.

> penetrando no mérito administrativo e nas esferas de conveniência ou da oportunidade. Definitivamente não. Está, sim, impondo o cumprimento de uma obrigação pública objetiva implícita ou expressamente prevista na Constituição ou na legislação infraconstitucional.

Nesse diapasão, não implica em violação à separação de poderes a determinação, pelo Poder Judiciário, para que o Poder Executivo adote medidas objetivando a conservação ou restauração de bens tombados, uma vez que o texto constitucional é expresso ao estatuir a responsabilidade do Poder Público pela proteção e promoção dos bens culturais, direito fundamental do povo brasileiro (artigo 23, III e IV c/c art. 216, § 1º, ambos da CR/88).

3. DA RESPONSABILIDADE SOLIDÁRIA ENTRE O PODER PÚBLICO E PARTICULARES NA CONSERVAÇÃO DE BENS CULTURAIS EM RISCO

A responsabilidade do município sobre os bens que integram o patrimônio cultural está prevista na Constituição da República, consoante se infere dos artigos 30 e 216.

O risco de arruinamento de imóvel tombado resulta no dever de agir do município para acautelar o patrimônio cultural protegido. Nas hipóteses em que se verificar a existência de urgência na realização de obras de conservação ou reparação em bem objeto de tombamento, o órgão responsável pelo tombamento deverá tomar a iniciativa de projetá-las e executá-las, nos termos do artigo 19, §3º, do Decreto-Lei n.º 25/1937.

A proteção do patrimônio cultural não está entregue à livre disposição da vontade da Administração Pública. Pelo contrário, a ela toca o dever indeclinável de protegê-lo, fazendo uso de todo o instrumental que o ordenamento jurídico lhe confere para tanto.

Adriana Zandonade [11] destaca que:

> a competência fiscalizatória da Administração Pública não se exaure na mera inspeção da coisa tombada, desdobrando-se na avaliação da necessi-

11 ZANDONADE, Adriana. Ob. Cit., p. 159.

> dade de obras de manutenção ou restauração, na aprovação ou não das intervenções que se pretende realizar, no acompanhamento de sua execução e, inclusive, no embargo de obras levadas a efeito sem prévia autorização ou empreendidas em desacordo com o consentimento obtido, a teor do disposto nos arts. 17, 18, 19 e 20 do DL n.º 25/1937.

A inércia administrativa quanto ao cumprimento de um dever legal é forma omissiva de abuso de poder e gera responsabilidade civil pela reparação dos danos daí decorrentes, de maneira objetiva. Em hipóteses tais, o poder público enquadra-se juridicamente na condição de poluidor (art. 3º, IV, da Lei n.º 6.938/1981) e fica obrigado a reparar os danos independentemente da existência de culpa (art. 14, §1º, da Lei n.º 6.938/1981).

Assim, no caso de ruína de um casarão colonial de reconhecido valor histórico em decorrência do abandono deliberado por parte de seu proprietário e da omissão do poder público municipal, no que tange ao exercício do poder de polícia sobre o patrimônio cultural, tanto o proprietário quanto a municipalidade serão civilmente responsáveis, de maneira objetiva, pela restauração do imóvel.

Em termos de responsabilidade por danos a direitos metaindividuais, entre os quais está o patrimônio cultural, aplica-se a regra da solidariedade pela reparação, de forma que esta será exigível de todos ou de qualquer um dos causadores, podendo, inclusive, ser oposta ao agente degradador que se afigure como mais solvável e que, querendo, poderá, posteriormente, exercer direito de regresso contra os demais responsáveis.

Uma vez que a conservação de bens tombados é considerada expressamente como de interesse público (art. 1º do DL n.º 25/1937), admite-se, em determinadas situações, o aporte de recursos públicos para preservação de bens de dominialidade privada.

Maria Coeli Simões Pires [12] leciona que:

> a aplicação de recursos públicos a bens de domínio privado, objetos de tombamento, tem a justificá-la o próprio regime especial em que se insere o bem. O poder público, no processo de cogestão do imóvel, deve assumir

12 PIRES, Maria Coeli Simões. Da proteção do patrimônio cultural. Belo Horizonte: Del Rey, 1994, p. 160.

> essa posição extrema toda vez que, por ausência de condição por parte do proprietário, esteja o bem ameaçado e assim o interesse público de que se acha revestido.

A seu turno, preconiza Sônia Rabello[13]:

> De modo geral, não se permite a aplicação de recursos públicos em bens particulares. No entanto, com relação aos bens tombados de domínio privado, o Decreto-Lei 25/37 permitiu, em casos especiais, que a autoridade realizasse obras nesses bens com recursos públicos. Parece bastante razoável este comando da legislação, pois, embora a coisa seja privada, seu valor cultural reveste-a de interesse público, caracterizando-a por dois interesses - o privado, enquanto propriedade particular, e o público, enquanto bem de valor cultural. Desse modo, as obras realizadas, se por um lado poderão acrescer valor à propriedade, este aspecto será subsidiário, já que elas se justificam pela razão de conservação e manutenção do valor cultural de interesse público que o bem tem.

Duas hipóteses referidas no Decreto-Lei 25/1937 justificam o dispêndio de recursos públicos em bens privados: a hipótese de não ter o proprietário recursos para proceder a obras (§1º do art. 19), e na hipótese de urgência de realiza-las (§3º do art. 19). Em qualquer uma delas, independente de autorização do proprietário, o poder público poderá executá-las às suas expensas de modo a atender à finalidade da tutela, que é a conservação do bem.

Com efeito, na hipótese de o proprietário, que tem condições financeiras, retardar ou omitir a realização de obras urgentes e necessárias para evitar a ruína ou destruição de bens tombados, pode o Poder Público adotar a iniciativa de executar as medidas necessárias, valendo-se, em seguida, do seu direito de regresso contra o dono da coisa, a fim de reaver os recursos públicos investidos.

---

13 RABELLO, Sônia. O Estado na preservação de bens culturais – o tombamento. IPHAN. Rio de Janeiro, 2009, p. 119-120.

4. PATRIMÔNIO CULTURAL E OBRIGAÇÃO *PROPTER REM* – VINCULAÇÃO DOS SUCESSORES À CONSERVAÇÃO DO BEM – RESPONSABILIDADE OBJETIVA

Observa José Adércio Leite Sampaio que a responsabilidade ambiental (e também cultural, repise-se) identifica-se como objetiva, solidária e *propter rem*[14].

Sobre a obrigação *propter rem*, necessário resgatar o ensinamento de Orlando Gomes [15]:

> A natureza jurídica de tais obrigações in rem scriptae, ob ou propter rem não está definida. Para determiná-la, tomando posição no debate que se trava, necessário se faz defini-las. Tais obrigações existem quando o titular de um direito real é obrigado, devido a essa condição, a satisfazer determinada prestação. O direito de quem pode exigi-la é subjetivamente real. Quem quer que seja o proprietário da coisa, ou titular de outro direito real, é ipso facto, devedor da prestação. Pouco importa, assim, a pessoa em quem insurgir pela primeira vez. A obrigação está vinculada à coisa.

Reconhecendo a incidência da obrigação propter rem na responsabilidade para a reparação de danos ambientais, sobreleva ressaltar o acórdão proferido pelo c. STJ no REsp 948.921-SP (j. 23-10-2007), em que o relator Min. Herman Benjamin acertadamente pontuou:

> as obrigações daí decorrentes trazem clara natureza propter rem (= em razão da coisa), isto é, aderem ao titular do direito real e acompanham os novos proprietários e possuidores ad infinitum, independentemente de sua manifestação de vontade, expressa ou tácita. Se a coisa muda de dono, muda, por igual e automaticamente, a obrigação de devedor, exista ou não cláusula contratual a respeito, cuide-se de sucessão a título singular ou universal. A rigor, não se deveria sequer falar em culpa ou nexo causal, quando o juiz exige do novo proprietário (e também do possuidor) comportamentos do tipo facere (averbação, recuperação com espécies nativas e defesa desses espaços) e non facere (abstenção de uso econômico direto – caso das APPs – e exploração com corte raso, já que admitido apenas o seletivo, quanto a reserva legal). (...)

---

14 SAMPAIO, José Adércio Leite. Responsabilidade ambiental e ação civil pública. In: SOARES JÚNIOR, Jarbas; ALVARENGA, Luciano Jose (Orgs.). Direito ambiental no STJ. Belo Horizonte: Del Rey, 2010, p. 175.

15 GOMES, Orlando. Direitos Reais. São Paulo: Forense, 1976, p. 22.

Quem se beneficia da degradação ambiental alheia, a agrava ou lhe dá continuidade não é menos degradador. Por isso, o legislador se encarrega de responsabilizar o novo proprietário pela cura do malfeito de seu antecessor.

Como decorrência de sua essência socioambiental, a obrigação de preservação e conservação do patrimônio cultural tem natureza propter rem, acompanhando o bem e gerando responsabilidade de reparação ao possuidor direto ou indireto e ao proprietário, independentemente de terem dado causa à degradação. Configurando ônus sobre o bem cultural, transmite-se ao adquirente, mesmo de boa-fé. Consoante outro julgado paradigma do c. STJ:

"Aquele que perpetua a lesão ao meio ambiente cometida por outrem está, ele mesmo, praticando o ilícito. A obrigação de conservação é automaticamente transferida do alienante ao adquirente, independentemente deste último ter responsabilidade pelo dano ambiental" (REsp 343.741/PR, Rel. Ministro FRANCIULLI NETTO, SEGUNDA TURMA, julgado em 04/06/2002, DJ 07/10/2002, p. 225).

Com efeito, sendo de natureza propter rem as obrigações ambientais culturais, que se aderem ao título, não há que se perquirir a respeito da boa-fé e da culpa do proprietário do imóvel em eventos danosos ao meio ambiente cultural, considerando-se a responsabilidade objetiva prevista no artigo 14, §1º da Lei nº 6.938/81, incumbindo a ele, portanto, a preservação da edificação, além da reparação de eventuais danos e do pagamento de indenização (TJMG; APCV 1.0400.04.011821-0/001; Relª Desª Teresa Cristina da Cunha Peixoto; Julg. 30/01/2014; DJEMG 10/02/2014).

5. DO PROCESSO ESTRUTURAL COMO INSTRUMENTO DE EFETIVAÇÃO DA POLÍTICA PÚBLICA DE PROTEÇÃO DE BENS CULTURAIS EM RISCO

Em linhas gerais, a tutela jurisdicional do patrimônio cultural é espécie de tutela de interesses ou direitos difusos e poderá ser viabilizada tanto pela ação civil pública (art. 129, III, CR/88 e art. 1º, III, da LACP), quanto pela ação popular (art. 5º, LXXIII, da CR/88 e art. 1º da Lei n.º 4.717/65).

Consoante lição de Gregório Assagra de Almeida e Ricardo Naves Silva Melo[16]:

> Princípios como o da máxima amplitude da tutela jurisdicional coletiva, o da interpretação aberta, ampliativa e flexível da causa de pedir e do pedido, entre outros, que são específicos da tutela processual coletiva, constituem horizontes necessários para a devida tutela do patrimônio cultural como direito fundamental.

No precedente sob exame, ao determinar que o Município adote as medidas emergenciais de proteção de imóvel tombado em risco e reconhecer como do poder público local a responsabilidade pelo cuidado com o patrimônio cultural, sem fazer distinção acerca da titularidade dos bens a serem protegidos, estabelecendo que o bem privado culturalmente relevante e protegido passa a ser gravado de um especial interesse público, que enseja o dever do ente público em conservá-lo, está o Poder Judiciário a direcionar ao ente público um comando estruturante e de adequação de sua política pública de proteção de bens culturais.

Sobre a decisão estrutural, bem a conceituam Fredie Didier Júnior, Hermes Zaneti Júnior e Rafael Alexandria de Oliveira [17]:

> A decisão estrutural (structural injunction) é, pois, aquela que busca implantar uma reforma estrutural (structural reform) em um ente, organização ou instituição, com o objetivo de concretizar um direito fundamental, realizar uma determinada política pública ou resolver litígios complexos. Por isso, o processo em que ela se constrói é chamado de processo estrutural.

A seu turno, Edilson Vitorelli[18] assim define litígios estruturais:

---

16 ALMEIDA. Gregório Assagra. MELO, Ricardo Naves Silva. Direito processual coletivo como novo ramo do direito processual e a tutela adequada do patrimônio cultural. In: Marcos Paulo de Souza (Org.). Patrimônio Cultural. Coleção Ministério Público e direitos fundamentais. Belo Horizonte: Del Rey, 2013, p. 321.

17 DIDIER, Fredie. ZANETI, Hermes de OLIVEIRA, Rafael Alexandria. Notas sobre decisões estruturantes. In: ARENHART, Sergio e JOBIM, Marco (Orgs.). Processos estruturais. Salvador: Juspodivm, 2017, p. 355.

18 VITORELLI, Edilson. Litígios estruturais: decisão e implementação de mudanças socialmente relevantes pela via processual. In: ARENHART, Sergio e JOBIM, Marco (Orgs.). Processos estruturais. Salvador: Juspodivm, 2017, p. 370.

> são aqueles que envolvem conflitos multipolares, de elevada complexidade, cujo objetivo é promover valores públicos pela via jurisdicional, mediante transformação de uma instituição pública ou privada. Há necessidade de reorganização de toda uma instituição, com a alteração de seus processos internos, de sua estrutura burocrática e da mentalidade de seus agentes, para que ela passe a cumprir a sua função de acordo com o valor afirmado pela decisão.

Registre-se que, em Ouro Preto, o perímetro do conjunto tombado possui cerca de vinte e dois quilômetros quadrados de extensão, ladeado de unidades de conservação de uso sustentável e de proteção integral, com diversas áreas urbanas de proteção ambiental, albergando múltiplas edificações públicas e privadas de diferentes relevâncias culturais, mostrando-se o poder público local refratário a realizar obras e serviços urgentes de conservação em imóveis protegidos privados em risco, ainda que de grande magnitude cultural.

A ação em cotejo revela um litígio estrutural, ante a necessidade de alterar e efetivar a política de proteção de bens tombados em risco iminente até então adotada pelo poder público (adequando-a aos parâmetros constitucionais e legais), sendo imperioso invocar o processo coletivo (estrutural) para a solução de tal conflito de interesse público, obrigando o ente público a diretamente adotar as obras e serviços urgentes necessários para evitar o colapso das edificações protegidas em risco.

Nesse contexto, o processo estruturante enfatiza o vínculo entre direitos fundamentais e justiça constitucional, assegurando uma concordância prática entre as exigências do princípio democrático (nos matizes acesso à justiça e devido processo legal) e a garantia e promoção dos direitos fundamentais sociais e ambientais. Permite, ainda, tomada a decisão estrutural, a incidência de medidas coercitivas, como o pagamento de multa, responsabilização por crime de desobediência e improbidade administrativa, além de intervenção por descumprimento de ordem judicial (artigos 34, VI, e 35, IV, ambos da CR/88)[19].

Assim, para além da tutela do mínimo existencial, a proteção deficiente de direitos fundamentais e a necessidade de sua reversão com a adoção de medidas estruturantes é o ponto nevrálgico do processo estrutural.

---

19 JOBIM, Marco Félix. Medidas estruturantes. Da Suprema Corte Estadunidense ao Supremo Tribunal Federal. Porto Alegre: Livraria Editora do Advogado, 2013, p. 203.

Como advertem Fredie Didier Júnior, Hermes Zaneti Júnior e Rafael Alexandria de Oliveira[20]:

> não há como concordar com o controle judicial de políticas públicas unicamente nos casos em que ocorra ofensa ao mínimo existencial. O compromisso do Estado Democrático Constitucional é com a efetivação dos direitos fundamentais como um todo e a proibição de sua proteção insuficiente revela-se parâmetro de destaque nesse sentido. A existência de ofensa ao mínimo existencial, com certeza, apenas reforça esse argumento.

Com efeito, o artigo 139, IV, combinado com o artigo 536, §1°, ambos do CPC/15, ao concederem ao juiz maiores poderes coercitivos, indutivos, mandamentais e sub-rogatórios para o efetivo cumprimento de uma ordem judicial e para a consequente entrega da tutela dos direitos, apresentam um novo caminho para a aplicação das medidas estruturantes no direito brasileiro, potencializando a defesa do patrimônio cultural em juízo.

6. CONCLUSÃO

Em remate, notadamente quando se está diante de litígios transindividuais de difusão irradiada[21], tais quais aqueles envolvendo a tutela simbiótica do patrimônio cultural, natural e urbano em cidade histórica de múltiplas vocações turísticas, comerciais, industriais, culturais, naturais, educacionais, fazendo-se mister invocar a responsabilidade ambiental cultural objetiva, solidária e propter rem, considerando, ainda, os novos instrumentos previstos no Código de

20 Ob. Cit., p. 366.

21 Invoca-se aqui a tipologia dos litígios transindividuais desenvolvida por Edilson Vitorelli (VITORELLI, Edilson. Tipologia dos litígios transindividuais: um novo ponto de partida para a tutela coletiva. In: ZANETI, Hermes (Org.). Processo Coletivo. Salvador: Juspodivm, 2017, págs. 49/107), em que constrói um novo conceito de direitos transindividuais, dividindo-os em três categorias: i) litígios transindividuais de difusão global; ii) litígios transindividuais de difusão local; e iii) litígios transindividuais de difusão irradiada. Para o autor, os litígios transindividuais de difusão irradiada ocorrem naquelas "situações em que o litígio decorrente da lesão afeta diretamente os interesses de diversas pessoas ou segmentos sociais, mas essas pessoas não compõem uma comunidade, não tem a mesma perspectiva social e não serão atingidas, na mesma medida, pelo resultado do litígio, o que faz com que suas visões acerca de seu resultado desejável sejam divergentes e, não raramente, antagônicas" (Ob. Cit., p. 97).

Processo Civil de 2015, de rigor a conciliação das técnicas processuais de tutela coletiva específica com a tutela estrutural, a fim de, para além da proteção de bem cultural determinado, diretamente alterar e efetivar a política pública de preservação de bens culturais em risco de todo um perímetro de tombamento, incrementando sensivelmente a efetividade da prestação jurisdicional coletiva, concretizando, em consequência, a dimensão ecológica da dignidade da pessoa humana.

7. REFERÊNCIAS BIBLIOGRÁFICAS

ALMEIDA. Gregório Assagra. MELO, Ricardo Naves Silva. Direito processual coletivo como novo ramo do direito processual e a tutela adequada do patrimônio cultural. In: Marcos Paulo de Souza (Org.). Patrimônio Cultural. Coleção Ministério Público e direitos fundamentais. Belo Horizonte: Del Rey, 2013.

BARRETO JÚNIOR, Luis Fernando Cabral. O Controle Judicial das Omissões do Poder Público no Dever de Proteção ao Patrimônio Cultural. Revista Magister de Direito Ambiental e Urbanístico nº 25 - Ago/Set de 2009.

DIDIER, Fredie. ZANETI, Hermes de OLIVEIRA, Rafael Alexandria. Notas sobre decisões estruturantes. In: ARENHART, Sergio e JOBIM, Marco (Orgs.). Processos estruturais. Salvador: Juspodivm, 2017.

GOMES, Orlando. Direitos Reais. São Paulo: Forense, 1976.

JOBIM, Marco Félix. Medidas estruturantes. Da Suprema Corte Estadunidense ao Supremo Tribunal Federal. Porto Alegre: Livraria Editora do Advogado, 2013, p. 203.

MIRANDA, Marcos Paulo de Souza Miranda. Tutela do patrimônio cultural brasileiro. Belo Horizonte: Del Rey, 2006.

MOLINARO, Carlos Alberto. RAMME, Rogério. Os deveres de proteção do Estado em matéria ambiental e o controle judicial de proteção insuficiente. Revista de Direito Ambiental, vol. 78, ano 20. São Paulo: Ed. RT, abr.-jun. 2015.

PINTO, Carlos Eduardo Ferreira. LEMOS, Fabiana Mattoso. Patrimônio cultural e fato consumado. In: Marcos Paulo de Souza (Org.). Patrimônio Cultural. Coleção Ministério Público e direitos fundamentais. Belo Horizonte: Del Rey, 2013.

PIRES, Maria Coeli Simões. Da proteção do patrimônio cultural. Belo Horizonte: Del Rey. 1994.

RABELLO, Sônia. O Estado na preservação de bens culturais – o tombamento. IPHAN. Rio de Janeiro, 2009.

SAMPAIO, José Adércio Leite. Responsabilidade ambiental e ação civil pública. In: SOARES JÚNIOR, Jarbas; ALVARENGA, Luciano Jose (Orgs.). Direito ambiental no STJ. Belo Horizonte: Del Rey, 2010.

SARLET, Ingo Wolfgang. FENSTERSEIFER, Tiago. Direito constitucional ambiental: constituição, direitos fundamentais e proteção do ambiente. 3ª Ed. São Paulo: Editora Revista dos Tribunais, 2013.

SILVA, José Afonso da. Direito ambiental constitucional. 4ª Ed. São Paulo: Malheiros, 2003, p. 21.

VITORELLI, Edilson. Litígios estruturais: decisão e implementação de mudanças socialmente relevantes pela via processual. In: ARENHART, Sergio e JOBIM, Marco (Orgs.). Processos estruturais. Salvador: Juspodivm, 2017.

______. Tipologia dos litígios transindividuais: um novo ponto de partida para a tutela coletiva. In: ZANETI, Hermes (Org.). Processo Coletivo. Salvador: Juspodivm, 2017.

Agravo de Instrumento - Ação civil pública - Obrigação de fazer - Medidas preparatórias para a atualização e implantação da infraestrutura do parque - Tutela antecipada deferida em parte - Riscos ambientais demonstrados - decisão mantida - Recurso a que se nega provimento.

Demonstrado os riscos ambientais e estruturais para o Parque Nacional do Pico do Itambé, bem como a urgência das providências requeridas pelo Ministério Público para a realização da atualização e implantação da infraestrutura do parque, mantém-se a decisão que deferiu parcialmente a antecipação dos efeitos da tutela para determinar medidas preparatórias para adequação e conservação do patrimônio ambiental.

AGRAVO DE INSTRUMENTO 1.0671.14.000589-1/001 - COMARCA DO SERRO - VARA ÚNICA - AGRAVANTE(S): ESTADO DE MINAS GERAIS E OUTRO(A)(S), INSTITUTO ESTADUAL DE FLORESTAS - IEF - AGRAVADO(A)(S): MINISTÉRIO PÚBLICO DO ESTADO DE MINAS GERAIS (TJMG - Agravo de Instrumento-Cv 1.0671.14.000589-1/001, Relator(a): Des.(a) Marcelo Rodrigues, 2ª CÂMARA CÍVEL, julgamento em 05/05/2015, publicação da súmula em 13/05/2015).blicação da súmula em 04/04/2017).

PARQUES ESTADUAIS – EFETIVAÇÃO JUDICIAL EM DECORRÊNCIA DA INÉRCIA ESTATAL

FELIPE FARIA DE OLIVEIRA
Promotor de Justiça.
Coordenador Regional de Meio Ambiente durante os anos de 2012-2016.
Mestre em Direito Público pela PUC-MG.
Professor.

"É claro que as decisões do Poder Judiciário não raro incomodam a estrutura dos demais Poderes, os quais reagem às vezes com imensa surpresa ao verem que o Judiciário literalmente 'entra em campo' de batalha, trazendo o restabelecimento de direitos para cuja lesão antes não havia remédio, no tempo de Estado totalitário, que preservava, de modo absoluto, os atos do Executivo e do Legislativo, que, em última análise, refletiam a vontade do mesmo Poder Executivo." (BENETI: 2003, p. 200-201).

1. INTRODUÇÃO

As Unidades de Conservação - UC's –, áreas cada vez mais necessárias e ameaçadas, são os locais, de maior ou menor extensão, cujos atributos naturais relevantes ensejam a sua instituição, pelo Poder Público, com o escopo de sua conservação e delimitação de regras de utilização do espaço, de acordo com as peculiaridades.

A depender do objetivo de conservação de cada área, a UC pode ser de uso sustentável (art. 14 da Lei nº 9.985/00) ou de proteção integral (art. 8º da Lei nº 9.985/00), sendo que, dentre as unidades de proteção integral, os Parques Nacionais e Estaduais são, seguramente, os mais representativos, sendo também o objeto da presente análise.

Os Parques Estaduais são criados quando se constata que os atributos ambientais de determinada área são expressivos, sendo imprescindível a sua conservação de forma a preservar os ecossistemas naturais de relevância ecológica ou de beleza cênica. A área, caso pertencente a particulares, deve ser objeto de desapropriação mediante regularização fundiária, justamente a fim de impedir o uso ordinário do território, o que ensejaria degradação incompatível com a relevância ambiental que se visa resguardar. Nada obstante, é plenamente possível conjugar atividades de pesquisas científicas, de educação, de recreação em contato com a natureza e de turismo ecológico, todas atividades que incrementam a conscientização social acerca da preservação ambiental, portanto, condizentes com a proposta da unidade de conservação.

São diversos os ganhos ambientais dos Parques Estaduais, desde a conservação da biodiversidade, mas também – cada vez mais – a preservação de mananciais que abastecem os centros urbanos.

A própria norma legal explicita tal dado, ao prever que o Sistema Nacional de Unidades de Conservação possui os seguintes objetivos (art. 4º da Lei nº 9.985/00):

> "I - contribuir para a manutenção da diversidade biológica e dos recursos genéticos no território nacional e nas águas jurisdicionais; II - proteger as espécies ameaçadas de extinção no âmbito regional e nacional; III - contribuir para a preservação e a restauração da diversidade de ecossistemas naturais; IV - promover o desenvolvimento sustentável a partir dos recursos naturais; V - promover a utilização dos princípios e práticas de conservação da natureza no processo de desenvolvimento; VI - proteger paisagens naturais e pouco alteradas de notável beleza cênica; VII - proteger as características relevantes de natureza geológica, geomorfológica, espeleológica, arqueológica, paleontológica e cultural; VIII - proteger e recuperar recursos hídricos e edáficos; IX - recuperar ou restaurar ecossistemas degradados; X - proporcionar meios e incentivos para atividades de pesquisa científica, estudos e monitoramento ambiental; XI - valorizar econômica e socialmente a diversidade biológica; XII - favorecer condições e promover a educação e interpretação ambiental, a recreação em contato com a natureza e o turismo ecológico; XIII - proteger os recursos naturais necessários à subsistência de populações tradicionais, respeitando e valorizando seu conhecimento e sua cultura e promovendo-as social e economicamente".

Em razão destas importantes funções ecológicas, a Constituição Federal e a Constituição Estadual são contundentes ao determinar ao poder público a criação formal, mas acima de tudo, a estruturação efetiva (a implementação propriamente dita) das unidades de conservação. Nesta toada, a Constituição Federal determina:

> "Art. 225 – (...) §1º- Para assegurar a efetividade desse direito, incumbe ao Poder Público: (...) III - definir, em todas as unidades da Federação, espaços territoriais e seus componentes a serem especialmente protegidos, sendo a alteração e a supressão permitidas somente através de lei, vedada qualquer utilização que comprometa a integridade dos atributos que justifiquem sua proteção".

O texto da Constituição mineira é ainda mais evidente:

> "Art. 214 (...) §1º - Para assegurar a efetividade do direito a que se refere este artigo, incumbe ao Estado, entre outras atribuições: (...) VIII - criar parques, reservas, estações ecológicas e outras unidades de conservação, mantê-los sob especial proteção e dotá-los da infraestrutura indispensável às suas finalidades".

2. EFETIVAÇÃO DAS UNIDADES DE CONSERVAÇÃO

Em que pese a clareza da determinação normativa, a realidade vigente no Estado de Minas Gerais é de muito formalismo e pouca efetividade.

Noutros termos, o poder público por vezes cria, mediante decreto, unidades de conservação de uso sustentável e mesmo de proteção integral, e nada faz para que aqueles espaços delimitados sejam, efetivamente, unidades de conservação. Trata-se de verdadeiros "Parques de Papel", em que Parques Estaduais não são objeto de regularização fundiária e, por vezes, sequer possuem instrumentos absolutamente básicos, como Plano de Manejo e estrutura física e de pessoal condizentes, descaracterizando por completo as funções ecológicas daquela Unidade de Conservação.

> "Ocorre que criar uma Unidade de Conservação não significa apenas expedir um decreto em alguma data festiva (dia do meio ambiente, dia da árvore, etc.) e abandonar a área em seguida à própria sorte. Mas é isto que costuma acontecer em geral no Brasil. Temos então Unidades sem vigilân-

cia, sem mínima infraestrutura para funcionamento, sem disponibilidade orçamentária, sem localização precisa, entregues ao domínio de particulares" (RODRIGUES: 2005, p. 142.).

Diante deste cenário desolador, o Ministério Público, a partir do ano de 2013, lançou verdadeira ofensiva, vindo a instruir dezenas de inquéritos civis e a ajuizar diversas ações civis públicas visando a implementação dos então "Parques de Papel".

Nada obstante, a iniciativa do *Parquet* em nada redundaria sem a mão firme, presente e lúcida do Poder Judiciário, o qual se mostrou absolutamente atento não apenas às determinações normativas, mas também ao cenário desolador das unidades de conservação no território mineiro.

Neste contexto, o acórdão da lavra do Desembargador Marcelo Rodrigues é um exemplo de como o e. TJMG vem se colocando atento e próximo à realidade ambiental. Mais do que isto, denota a coragem que o Poder Judiciário deve mostrar naqueles casos em que o Poder Executivo se mantém inerte sem a implementação de suas obrigações ambientais precípuas.

Vale, neste momento, transcrever a ementa do acórdão:

> "Agravo de Instrumento - Ação civil pública - Obrigação de fazer – Medidas preparatórias para a atualização e implantação da infraestrutura do parque - Tutela antecipada deferida em parte - Riscos ambientais demonstrados - Decisão mantida - Recurso a que se nega provimento" (TJMG. 2ª Câmara Cível. Processo n. 1.0671.14.000589-1/001. Rel. Des. Marcelo Rodrigues. Julgado em 05/05/2015).

O caso concreto levado a conhecimento do e. TJMG é exemplificativo de uma realidade que se observa em todo o território mineiro.

Segundo consta nos autos do processo, o Parque Estadual do Pico do Itambé possui importância ímpar para a qualidade de vida ambiental da região, inclusive sendo importante bolsão de proteção aos mananciais que abastecem as populações da região. Nesta toada, instruiu o processo documentação oriunda do IEF – Instituto Estadual de Florestas – no seguinte teor:

> "O Parque Estadual do Pico do Itambé foi criado em 21 de janeiro de 1998, (...) tendo como objetivo proteger as riquezas naturais em seu domínio, como cachoeiras, cursos d'agua e vegetação única. (...) Destaca-se ainda a importância do Pico como fonte de água para a população, pois existem

muitas nascentes nas suas encostas (...). Entre muitas das suas espécies estão aquelas consideradas oficialmente ameaçadas de extinção: onça-parda, o lobo-guará, sempre-vivas, orquídeas, bromélias, canelas-de-ema, dentre outras (...)".

Em que pese o seu reconhecido valor ambiental, a situação vivenciada pelo Parque Estadual se mostrava alarmante, ensejando justamente a deflagração de ação judicial e as determinações jurisdicionais – inclusive o acórdão em destaque.

Dentre as questões mais gravosas, pode-se indicar a pífia regularização fundiária (menos de 9% do total da área), levando particulares a perpetuar o uso do local em contradição à sua finalidade conservacionista. Do mesmo modo, a insuficiente infraestrutura pessoal e material e, até mesmo, a ausência de Plano de Manejo atualizado à área e características da unidade.

Noutro turno, a legislação é contundente ao indicar a obrigatoriedade de realização destas medidas. Nesta toada, determina a Lei n° 9.985/00:

> "Art. 11. (...)
>
> § 1° O Parque Nacional é de posse e domínio públicos, sendo que as áreas particulares incluídas em seus limites serão desapropriadas, de acordo com o que dispõe a Lei.
>
> (...)
>
> Art. 27. <u>As unidades de conservação devem dispor de um Plano de Manejo.</u>
>
> §1° O Plano de Manejo deve abranger a área da unidade de conservação, sua zona de amortecimento e os corredores ecológicos, incluindo medidas com o fim de promover sua integração à vida econômica e social das comunidades vizinhas. (...)
>
> §3° O Plano de Manejo de uma unidade de conservação deve ser elaborado no prazo de cinco anos a partir da data de sua criação".

Diante deste cenário de certeza jurídica e riscos ambientais ante a inércia estatal, o magistrado *a quo*, determinou em antecipação de tutela, a adoção de medidas necessárias à estruturação pessoal e material da unidade, bem como a atualização do Plano de Manejo e realização de medidas para a regularização fundiária. Trata-se de medidas mínimas a se evitar a continuidade dos danos ambientais perpetrados à unidade.

Em seu voto, o eminente Desembargador destacou a gravidade da situação:

> "Também presente o perigo de dano irreparável ou de difícil reparação, em se tratando de Direito Ambiental, cujos objetivos são, fundamentalmente, preventivos, sendo sua atenção voltada para o momento anterior ao dano ou ao risco de dano, mesmo porque, em certos casos, a reparação se mostra impossível, como no caso de uma extinção de espécie, ou recuperação de uma floresta antiga".

Trata-se de situação que claramente se amolda à incidência do Princípio da Prevenção, um dos pilares do Direito Ambiental (vide MILARÉ: 2005, p. 166).

O Estado de Minas Gerais, ao ver concedida a antecipação de tutela, recorreu ao e. TJMG, oportunidade em que o Tribunal proferiu o acórdão em lume.

Seguindo hábitos há muito adquiridos, o Estado de Minas Gerais arguiu a impossibilidade de o Poder Judiciário determinar implementações que, segundo entendimento de advogados públicos, acarretaria ingerência à esfera de atuação do Poder Executivo, como se tais medidas estivessem no âmbito de discricionariedade do gestor público.

Trata-se de vetusto entendimento que não encontra convergência com o ordenamento jurídico e que, não por outro motivo, não foi acatado pelo e. TJMG no acórdão em referência.

Em primeiro lugar, vale ressaltar que, muito embora a clássica divisão doutrinária acerca dos atos administrativos, a doutrina é assente que mesmo os atos discricionários possuem elementos vinculados, não estando ao absoluto alvedrio do administrador. Isto significa que há determinadas questões, mesmo nos atos discricionários, que devem ser obrigatoriamente observadas pelo gestor público.

Ademais, até mesmo os atos discricionários estão submetidos à análise do Poder Judiciário, seja porque podem vir a denotar ilegalidades quanto aos elementos vinculados, ou mesmo outras irregularidades (desvio de finalidade, por exemplo).

> "Insta observar, ainda, que todos os elementos do ato administrativo estão adstritos aos limites impostos pela lei, mesmo os que são considerados dis-

cricionários. Afinal, lembre-se que a Administração Pública está adstrita ao princípio da legalidade, não configurando a discricionariedade o direito de atuar à margem da lei" (CARVALHO: 2015, p. 262).

Além disso, a situação dos Parques Estaduais, para além do que foi argumentado pelo Estado de Minas Gerais, ainda nos traz outra reflexão: a implementação de estruturas básicas das unidades de conservação é medida imposta ao poder público, e não algo constante na esfera discricionária do agente público. Trata-se de questão de ordem lógica.

Impossível conceber a hipótese de o poder público criar um Parque Estadual, impor um regime jurídico específico a todas as pessoas que ali se encontrem, mas manter na sua esfera discricionária (ou arbítrio) a implementação daquela unidade pendente de medidas singelas (plano de manejo, funcionários, brigada de incêndio, sede física, etc.).

Ora, atos discricionários são aqueles em que, muito embora já se tenha determinados elementos vinculados (a competência, a finalidade e a forma), residem na esfera de escolha do agente público o motivo e o objeto do ato administrativo. Em outras palavras já há a definição cogente de qual objetivo o gestor público deve alcançar. Nada obstante, havendo mais de um caminho a percorrer para alcançar este desiderato, pode ele verificar e escolher qual dos caminhos ou instrumentos melhor se adequa ao interesse público.

No presente caso, uma vez já instituída formalmente a unidade de conservação, a finalidade dos atos relacionados àquele Parque Estadual já está definida: estruturar e implementar a unidade de conservação de forma a atingir seu escopo normativo-ambiental. Ora, se a própria norma legal determina que a unidade deve ter plano de manejo atualizado, ser objeto de regularização fundiária, ou ainda deter estrutura física e de pessoal condizente com seus propósitos, torna-se obrigação vinculada do poder público atuar neste sentido.

Noutro giro, a decisão, por exemplo, se o plano de manejo será elaborado exclusivamente mediante o uso de força de trabalho interna do órgão ambiental ou mediante licitação pública com contratação de equipes especializadas, trata-se de questão na esfera decisória do gestor. Entretanto, o resultado final deve ser alcançado e implementado, sem margens de discricionariedade!

E que não se venha a afirmar que a decisão de primeiro grau e o acórdão que determinaram a efetiva estruturação do Parque Estadual do Pico do Itambé denota "ativismo judicial", expressão cunhada com alta carga pejorativa e que tenta distorcer a grande contribuição que o Poder Judiciário vem trazendo à sociedade (vide, por exemplo, TASSINARI: 2013, p. 36 e seguintes).

As decisões judiciais, neste caso, não apresentam qualquer análise ou argumento que transcenda a esfera de atuação típica dos magistrados.

Não se ignora que a doutrina constitucional distingue os chamados "argumentos de política" e "argumentos de princípio" (na terminologia escolhida por Dworkin) ou o "discurso de fundamentação" e o "discurso de aplicação" (em atenção à teoria discursiva de Habermas), dicotomias que esclarecem que, de fato, no momento da decisão judicial, deve o operador discorrer sobre argumentos jurídicos, mas não adentrar na tomada de decisões calcadas em escolhas valorativas que fogem à legitimidade jurisdicional.

Nesta trilha, no "discurso de fundamentação" são debatidos os valores axiológicos e feitas as escolhas daqueles que devem prevalecer na estruturação jurídica/elaboração de normas. Neste momento estão presentes as discussões e argumentos políticos de toda sorte.

Entretanto, quando da aplicação da norma legal, os aspectos valorativos acima elencados não podem ser objeto de flexibilização pelo operador do Direito. Afinal, caso assim o fizesse, o intérprete jurídico passaria por cima das escolhas políticas firmadas por aqueles que detém a legitimidade para tanto. Trata-se do "discurso de aplicação", oportunidade em que são possíveis debates acerca de questões principiológicas da norma, bem como a construção conteudística e a verificação de legitimidade que se realiza junto às particularidades do caso concreto, mas não de adentrar em escolhas políticas propriamente ditas (conferir HABERMAS: 2003, p. 270; 323-324).

> "É necessário observar, nesse ponto, que enquanto o discurso de fundamentação se predestina à criação normativa, vê-se que o discurso de aplicação, como seu próprio nome mesmo anuncia, dedica-se ao problema de encontrar a norma que seja adequada à situação que se analisa" (GOMES: 2008, p. 246-247).

No presente caso, porém, não se observa qualquer discurso de moralidade no âmbito da decisão judicial de forma a indicar suposta transcendência do Poder Judiciário à sua atribuição constitucional. O acórdão proferido (bem como a decisão de primeiro grau, diga-se de passagem) se calca em debates eminentemente técnico-jurídicos, inserido, portanto, no âmbito do discurso de aplicação, ou em "argumentos de princípio".

Afinal, após a leitura do voto do eminente Desembargador, é possível apreender que ele foi guiado (ainda que não tenha explicitamente assim discorrido) pelos princípios ambientais precípuos (Princípios da Precaução e da Prevenção, nos termos já apontados supra), além da necessidade de serem implementados atos que residem na esfera obrigacional do Estado.

Não há argumentos morais ou escolhas políticas, mas sim incidência dos princípios constitucionais!

Noutro turno, merece reflexão a insistência do poder público estadual no que toca a sua irresignação quanto à determinação de estruturar o Parque Estadual que ele mesmo criou.

Consoante a doutrina administrativista, o poder público deve sempre se calcar na busca do interesse público, primário ou secundário, mas sempre priorizando a efetivação do interesse primário.

"O interesse primário é composto pelas necessidades da sociedade, ou seja, dos cidadãos enquanto partícipes da coletividade, não se confundindo com a vontade da máquina estatal, a qual se configura o interesse secundário (...) a busca indevida de interesses secundários, abrindo mão do interesse primário, ou seja, do interesse público propriamente dito, enseja abuso do poder do Estado (...)" (CARVALHO: 2015, p. 57-58).

3. CONSIDERAÇÕES FINAIS

Ora, não há dúvidas de que a estruturação mínima das unidades de conservação é necessária à sua preservação. Do mesmo modo, não se questiona que a preservação dos Parques Estaduais é de interesse da coletividade (caso contrário, sequer teriam sido criadas!).

A conclusão, portanto, é única: as condutas do gestor público contrárias à implementação das unidades de conservação, se muito, visam apenas o interesse do ente federativo (interesse público secundário). Mas de forma alguma se alinha ao interesse público primário (coletividade), o qual deve nortear a atuação da advocacia pública.

Neste sentido, as lúcidas palavras de Di Pietro:

> "O advogado público, porém, ao agir como intermediário entre a parte e o juiz, não defende o interesse privado, mas o interesse público que ao Estado cabe proteger. E aqui surge uma primeira dificuldade que frequentemente o advogado público enfrenta: o interesse público nem sempre coincide com o interesse da autoridade pública. Não se pode dizer que o interesse público (entendido como interesse da coletividade) seja sempre coincidente com o interesse do aparelhamento administrativo do Estado. Embora o vocábulo "público" seja equívoco, pode-se dizer que, quando utilizado na expressão "interesse público", ele se refere aos beneficiários da atividade administrativa e não aos entes que a exercem. A Administração Pública não é a titular do interesse público, mas apenas a sua guardiã; ela tem que zelar pela sua proteção. Daí o princípio da indisponibilidade do interesse público" (DI PIETRO: 2016).

É por isso que conclui, com maestria, Raphael Vasconcelos Dutra:

> "Não se pode mais valer-se do processo como meio de litigiosidade voltado exclusivamente para a protelação de cumprimento das obrigações impostas ao Poder Público, 'com o objetivo de atender à mera conveniência da Administração de postergar o pagamento de seus débitos'. A legitimação de atuação dos procuradores de Estado deve ser guiada pela realização do bem comum e da satisfação geral". (DUTRA: 2016, p. 64).

Feitas estas singelas reflexões, é forçoso reconhecer que, sem a devida atuação do Poder Judiciário a realidade dos "Parques de Papel" permaneceria estática perpetuamente. A coragem e a altivez de decisões judiciais, tal como a ora estudada, são essenciais para que o gestor público tenha sempre em mente a busca perene pelo interesse público, consistente no que é melhor à sociedade, em detrimento de anseios da pessoa jurídica/ente federativo que ele momentaneamente representa.

4. REFERÊNCIAS BIBLIOGRÁFICAS

BENETI, Sidnei Agostinho. *Da conduta do juiz.* 3ª ed. São Paulo: Saraiva, 2003.

CARVALHO, Matheus. *Manual de direito administrativo.* 2ªed. Salvador: Juspodivm, 2015.

DI PIETRO, Maria Sylvia Zanella. *A Advocacia Pública como função essencial à Justiça.* 2016.

DUTRA, Raphael Vasconcelos. *O Estatuto Jurídico Dos Procuradores e das Procuraturas Municipais e o Necessário Aprimoramento Constitucional.* 2016, p. 64. Dissertação (Mestrado em Direito) FUMEC, Belo Horizonte/MG.

GOMES, Frederico Barbosa. *Arguição de descumprimento de preceito fundamental: uma visão crítica.* Belo Horizonte: Fórum, 2008.

HABERMAS, Jürgen. *Direito e democracia: entre facticidade e validade. vol. I.* 2 ed. Rio de Janeiro: Tempo Brasileiro, 2003.

MILARÉ, Edis. *Direito do Ambiente.* **4ª. Ed, São Paulo: Revista dos Tribunais, 2005.**

RODRIGUES, José Eduardo Ramos. *Sistema Nacional de Unidades de Conservação.* ***São Paulo:*** Editora Revista dos Tribunais, 2005.

TASSINARI, Clarissa. *Jurisdição e Ativismo Judicial: Limites da Atuação do Judiciário.* Livraria do Advogado. Porto Alegre, 2013.

RECURSO EM SENTIDO ESTRITO - CRIME AMBIENTAL SUPOSTAMENTE PRATICADO POR PESSOA JURÍDICA - REJEIÇÃO DA DENÚNCIA - AUSÊNCIA DE PRESSUPOSTO PROCESSUAL - ILEGITIMIDADE PASSIVA - INOCORRÊNCIA - IMPUTAÇÃO CONCOMITANTE DO DELITO A UMA PESSOA NATURAL - DESNECESSIDADE.

1. A Lei nº 9.605/98, ao regulamentar o preceito constitucional previsto no art. 225, §3º, da Constituição Federal, é hialina ao prever a possibilidade de responsabilização penal das Pessoas Jurídicas pela prática de Crimes Ambientais.

2. A necessidade de dupla imputação nos Crimes Ambientais restringe a aplicação da norma constitucional disposta no art. 225, §3º, da Constituição Federal, inviabilizando-se a sanção penal dos crimes cometidos por grandes corporações, nas quais a inerente descentralização e a distribuição de atribuições e responsabilidades dificultaria, sobremaneira, a imputação do fato ilícito a uma Pessoa Física (Precedente do STF - RE 548.181). (TJMG - Rec em Sentido Estrito 1.0313.14.030572-0/001, Relator(a): Des.(a) Octavio Augusto de Nigris Boccalini, 3ª CÂMARA CRIMINAL, julgamento em 21/03/2017, publicação da súmula em 04/04/2017).

SUPERANDO A TEORIA DA DUPLA IMPUTAÇÃO PARA A RESPONSABILIDADE PENAL DA PESSOA JURÍDICA POR CRIME AMBIENTAL

FERNANDO A. N. GALVÃO DA ROCHA
Juiz Civil do Tribunal de Justiça Militar do Estado de Minas Gerais. Ex-Promotor de Justiça do Ministério Público do Estado de Minas Gerais. Professor Associado da Universidade Federal de Minas Gerais.

1. INTRODUÇÃO

Constituição de 1988, o ordenamento jurídico nacional voltou a prever a responsabilidade penal da pessoa jurídica. Nos primeiros anos de vigência da carta constitucional, tal responsabilidade enfrentou muita resistência na doutrina e jurisprudência. Muitas questões foram levantadas após a decisão paradigma da admissibilidade da responsabilização, proferida pela 5ª Turma o Superior Tribunal de Justiça no Recurso Especial nº 564.960 - SC (2003/0107368-4). No entanto, pouco a pouco, a jurisprudência foi consolidando entendimento que viabiliza de maneira mais adequada a responsabilização criminal da pessoa jurídica.

Como referência no Tribunal de Justiça de Minas Gerais cabe destacar o acórdão proferido pela 3ª Câmara Criminal no Recurso em Sentido Estrito n. 1.0313.14.030572-0/001, cujo Relator foi o Des. Octavio Augusto de Nigris Boccalini. A ementa do referido acórdão registra:

> RECURSO EM SENTIDO ESTRITO - CRIME AMBIENTAL SUPOSTAMENTE PRATICADO POR PESSOA JURÍDICA - REJEIÇÃO DA DENÚNCIA - AUSÊNCIA DE PRESSUPOSTO PROCESSUAL - ILEGITIMIDADE PASSIVA - INOCORRÊNCIA - IMPUTAÇÃO CONCOMITANTE DO DELITO A UMA PESSOA NATURAL - DESNECESSIDADE.

> 1. A Lei nº 9.605/98, ao regulamentar o preceito constitucional previsto no art. 225, §3º, da Constituição Federal, é hialina ao prever a possibilidade de responsabilização penal das Pessoas Jurídicas pela prática de Crimes Ambientais. 2. A necessidade de dupla imputação nos Crimes Ambientais restringe a aplicação da norma constitucional disposta no art. 225, §3º, da Constituição Federal, inviabilizando-se a sanção penal dos Crimes cometidos por grandes corporações, nas quais a inerente descentralização e a distribuição de atribuições e responsabilidades dificultaria, sobremaneira, a imputação do fato ilícito a uma Pessoa Física (Precedente do STF - RE 548.181).

A importância da decisão reside na superação da denominada teoria da dupla imputação, segundo a qual, para que se opere a responsabilidade penal da pessoa jurídica por crimes ambientais, é necessário que o Ministério Público impute, simultaneamente, à uma pessoa física a realização de conduta violadora da norma incriminadora.

A finalidade principal do presente comentário é divulgar a importante decisão do Tribunal de Justiça de Minas Gerais sobre a possibilidade de responsabilizar criminalmente a pessoa jurídica, independentemente da identificação de pessoa física responsável. Pretende-se, na oportunidade, estimular a reflexão dos operadores do Direito sobre as finalidades e limitações de uma dogmática que deve orientar a aplicação da construção normativa para produzir resultados práticos e socialmente relevantes.

2. OPÇÃO POLÍTICA POR RESPONSABILIZAR A PESSOA JURÍDICA

O que se apresenta essencial no tema que envolve a responsabilidade penal da pessoa jurídica é a escolha política consagrada na Carta Constitucional, que expressamente previu a responsabilização das condutas e atividades lesivas ao meio-ambiente (art. 225, parágrafo 3º). Esta é a premissa fundamental que deve ser observada para a compreensão da possibilidade jurídica de responsabilizar-se criminalmente uma pessoa jurídica pela ocorrência de crime ambiental.

Não se pode esquecer que toda regra jurídica resulta de uma opção entre vários caminhos possíveis e que, para a construção normativa, a ideia de *ater-se aos fatos* é mera ilusão[1]. A ciência jurídica não é descritiva da realidade observada, mas interpretativa e interventiva nesta mesma realidade. O jurídico é, antes de tudo, político, porque é fruto de uma tomada de posição frente ao fato social, ou seja de uma resolução[2].

Deve-se entender a opção política no seu sentido mais puro e verdadeiro. *Política* é uma palavra que, nos dias atuais, recebeu conotação pejorativa face a má atuação de alguns agentes públicos. No entanto, a palavra *política* deriva de *pólis*, denominação dada à cidade-Estado grega, e significa tudo o quanto se refira à cidade, seja em seu aspecto urbano, civil ou social. A *Política* de *Aristóteles*[3] é considerada como o primeiro tratado sobre a natureza do Estado e as formas de governo. Nesse texto, o pensador grego enfocou os problemas da organização do Estado sob o prisma das coisas da cidade.

O sistema normativo é sempre concebido a partir de escolhas políticas sobre a forma mais adequada de resolver as situações de conflito social. Tais escolhas, entretanto, não são imutáveis. De acordo com as conveniências da sociedade, as escolhas podem ser revistas e readaptadas aos interesses que se apresentem prioritários. O próprio Marquês de Beccaria já havia percebido que a Justiça dos homens, a qual qualificou de Justiça Política, não passa de uma relação estabelecida entre uma ação e o estado variável da sociedade que a utiliza. Considerando essa mutabilidade do ambiente social, Beccaria verificou que a Justiça apresenta variações à medida que a opção considerada torna-se vantajosa ou necessária ao grupo social[4]. O Direito, como instrumento de controle social, visa realizar finalidades práticas e mostra-se variável de acordo com as necessidades e conveniências da política social adotada pelo Estado[5]. Se em determinados momentos a responsabilidade penal da pessoa jurídica não foi considerada opção conveniente, isto não significa que a sociedade não possa rever seu posicionamento.

---

1 ROSS, Alf. *Sobre el derecho y la Justicia*, p. 309.

2 REALE, Miguel. *Filosofia do direito*, p. 557-560.

3 ARISTÓTELES. *A política*.

4 BECCARIA, Cesare Bonesana - Marquês de. *Dos delitos e das penas*, p. 22-23.

5 IHERING, Rudolf Von. *A finalidade do direito*, p. 235-236.

Importa notar que a criminalidade e o delito não fazem parte de uma realidade natural, mas sim de construção jurídico-social que depende dos juízos valorativos que produzem a qualidade de criminosa na conduta a qual se aplicam e impõem responsabilidade a determinadas pessoas[6]. É a atividade de definição do que é delituoso ou não, realizada pelos componentes das instâncias que detêm o poder de controle social, que relaciona os indivíduos e suas condutas à consideração de criminoso e de crime. A responsabilidade penal, do mesmo modo, resulta de um processo político de escolha sobre quem deva suportar a pena a ser imposta pela violação da norma jurídico-penal. As definições de crime e de responsável dependem dos interesses, das crenças e da cultura dos indivíduos que usufruem de posição de predomínio na determinação do que seja inadequado, em última instância, das *ideologias*. Quando se discute o tema da responsabilidade penal da pessoa jurídica, não se pode esquecer que o equacionamento da questão deve ser feito no âmbito político. A consideração do que seja socialmente inadequado e quem será responsabilizado criminalmente depende sempre do ponto de vista daqueles que legitimamente detêm o poder de imposição[7]. A opção política sobre o tema já foi feita, e por aqueles que detinham legítimo poder para tanto: os constituintes de 1988. O ponto de vista contrário à responsabilização penal da pessoa jurídica foi vencido no debate institucional, segundo as regras do jogo democrático. A opção política foi inserida no ordenamento jurídico, o que significa a preponderância do entendimento da conveniência e oportunidade de utilizar a responsabilidade penal da pessoa jurídica como instrumento eficaz no combate à criminalidade ambiental.

---

6 THOMPSON, Augusto Frederico G.. *Quem são os criminosos?*, p. 46-47 e BARATTA, Alessandro. *Criminologia y dogmática penal, pasado y futuro del modelo integral de la ciencia penal*, p. 35.

7 O conceito de política, como forma especial de atividade humana, está estreitamente vinculado ao de poder. O poder político se verifica nas relações entre os homens de modo que os poderosos impõem a aceitação de certo ponto de vista e determinam o comportamento dos não-poderosos. O homem dispõe de variadas formas de poder sobre seu semelhante e o poder político é apenas uma dessas formas. Da mesma forma, não é possível compreender o Direito desvinculado de sua função organizatória do poder, pois somente o poder cria o dever. Nesse sentido: BOBBIO, Norberto. *Dicionário de política*, p. 954. e TELLES JR., Alcides. *Discurso, linguagem e Justiça*, p. 39.

Vale observar que as opções políticas não são condicionadas pela dogmática jurídico-penal. Este é um mito que se torna necessário superar. A dogmática não é construída segundo a natureza das coisas, mas segundo os padrões valorativos predominantes e os objetivos a que se propõe o poder político. É certo que a dogmática penal tradicional alcançou desenvolver elaborações teóricas bastante complexas e profundas. A intensa busca pelo aperfeiçoamento da racionalidade jurídico-repressiva gerou tal abstração para o sistema punitivo que, hoje, se pode temer por seu significativo distanciamento em relação à realidade social na qual produz seus efeitos. Entretanto, a politização do problema da criminalidade ampliou o campo de influência e atuação da política criminal. No momento atual, a política criminal estabeleceu novas relações com a dogmática e o sistema jurídico-penal. Se no contexto tradicional as exigências políticocriminais deveriam amoldar-se aos requisitos conceituais-sistemáticos da noção de crime, hodiernamente, a política criminal se apresenta com autonomia e transcendência em relação à dogmática e o sistema jurídico penal, sendo competente para demarcar os limites últimos da punibilidade[8]. A dogmática jurídica e suas premissas metodológicas não possuem valor absoluto, mas relativo, e estritamente vinculadas aos fins que se deseja realizar no ambiente social. As teorias elaboradas para definir o que seja crime e quem seja responsável serão sempre dependentes dos axiomas e princípios de política criminal que se estabelecem no contexto social, como pedras fundamentais, em dado momento histórico e cultural. Nesse sentido, Claus Roxin esclarece que a política criminal deve definir o âmbito da incriminação bem como os postulados da dogmática jurídicopenal necessários à responsabilização criminal[9]. Certamente, a dogmática jurídico-penal e a política criminal somente se prestam a combater a criminalidade enquanto produzam efeitos recíprocos e relacionados[10]. O direito penal e a política criminal se completam e, dessa unidade cooperativa, resulta a opção política fundamental do Estado para o trato da criminalidade.

---

8 ZAFFARONI Eugênio Raúl. *Tratado de derecho penal*, p. 132-133. No mesmo sentido: BETTIOL, Giuseppe. *Direito penal da atitude interior*, p. 318.

9 ROXIN, Claus. *Política criminal y estructura del delito*, p. 62..

10 MAURACH, Reinhart. *Derecho penal*, p. 52.

3. INAPLICABILIDADE DA TEORIA DO CRIME À PESSOA JURÍDICA

A doutrina penal moderna reconhece que o crime apresenta natureza conceitual complexa. Identificar os elementos componentes desta construção teórica é tarefa cuja importância não se restringe às necessidades de exposição sistêmica da matéria, mas sim de grande repercussão prática para a aplicação do direito repressivo. É por meio do conceito analítico do crime que o operador do direito identifica a conduta punível, dentre as diversas condutas observadas na realidade social. O conceito analítico de crime consolidou-se na doutrina penal como um fato típico, ilícito e culpável. Inexistindo qualquer das qualidades reconhecidas ao comportamento proibido não se pode responsabilizar seu autor.

A concepção da pessoa jurídica como uma ficção é incompatível com o reconhecimento da subjetividade jurídico-penal necessária à caracterização do crime sob o modelo analítico. No entanto, com base na teoria da realidade objetiva, que reconhece na pessoa jurídica real capacidade de vontade e ação, alguns doutrinadores sustentam a aplicação da teoria do delito tradicional à pessoa jurídica. Para Klaus Tiedemann, se o Direito reconhece na pessoa jurídica ente possuidor de personalidade jurídica que a habilita a ser titular de direitos e obrigações, não há obstáculos ao reconhecimento de que a pessoa jurídica possa ser autora de crime[11]. No mesmo sentido, alguns doutrinadores nacionais[12].

A concepção analítica do delito, entretanto, constitui modelo explicativo especialmente formulado para identificar a conduta humana punível. As etapas metodológicas propostas são referidas às qualidades da conduta humana e não às atividades da pessoa jurídica. As adaptações que se pretendem realizar mostram-se muito frágeis e, evidentemente, inadequadas.

---

11 TIEDEMANN, Klaus. *Responsabilidad penal de personas jurídicas y empresas en derecho comparado*, p. 30.

12 COSTA NETO, Nicolao Dino de Castro e outros. *Crimes e infrações administrativas ambientais*, p. 41 e 60; ARAÚJO JÚNIOR, João Marcelo de. *Societas delinquere potest*, p. 89-94; SCHECAIRA, Sérgio Salomão. *Responsabilidade penal da pessoa jurídica*, p. 87; e SZNICK, Valdir. *Direito penal ambiental*, p. 63.

A construção teórica do injusto trabalha com elementos subjetivos da conduta que não podem ser aplicados ao exame da atividade ilícita atribuída à pessoa jurídica. Embora capazes de infringir as normas jurídicas a que estão submetidas, as pessoas jurídicas não possuem elemento volitivo em sentido estrito. Não se pode entender que a decisão dos diretores ou do órgão colegiado da pessoa jurídica possa caracterizar uma ação institucional finalisticamente orientada para o ataque ao bem jurídico e, portanto, subsumida ao conceito de dolo[13]. Dolo é conceito jurídico-penal referido a vontade humana, e a pessoa jurídica não tem vontade. Também não se pode falar em tipificar, nos moldes tradicionais, o comportamento da pessoa jurídica. A pessoa jurídica não tem comportamento, não desenvolve conduta. Somente a pessoa física tem comportamento. A pessoa jurídica desenvolve atividades e não se pode considerar tais atividades como ações, no sentido jurídico-penal. Argumentando que a pessoa jurídica não pode ser sujeito ativo de crime, por não possuir capacidade de ação, muitos juristas nacionais repudiam a possibilidade da responsabilidade penal da pessoa jurídica[14]. O raciocínio que rejeita a apenação da pessoa jurídica estabelece a vinculação do sujeito ativo do crime ao sujeito passivo da cominação. Não podendo a pessoa jurídica ser sujeito ativo do crime, não poderia ser sujeito passivo da pena. Esse raciocínio, no entanto, é meramente dogmático.

A aplicação do modelo tradicional da teoria do crime ainda enfrenta importantes problemas relacionados à culpabilidade. O conceito jurídico-penal de culpabilidade é referido à consciência da ilicitude do fato que se expressa na finalidade da pessoa física. Somente a pessoa humana pode vivenciar o entendimento sobre a ilicitude do fato praticado. Não se pode utilizar o conceito de culpabilidade para responsabilizar diretamente a pessoa jurídica. O conceito de culpabilidade não foi elaborado para ser aplicado às pessoas jurídicas. Nem mesmo a noção normativo-social de culpabilidade se presta a reprovar a pessoa jurídica, como sustentam alguns autores[15]. Para aplicação à pessoa jurídica,

---

13 Nesse sentido: SCHECAIRA, Sérgio Salomão. *Op. cit.*, p.137-138.

14 Nesse sentido: KIST, Ataides. *Responsabilidade penal da pessoa jurídica*, p. 85-98; SALES, Sheila Jorge Selim de. *Do sujeito ativo*, p. 27-36.

15 COSTA NETO, Nicolao Dino de Castro e outros. *Op. cit.*, p. 60. Sustenta os autores que "a culpabilidade social da empresa surge a partir do momento em que ela deixa de cumprir com a sua função esperada pelo ordenamento jurídico e exigível de todas as empresas em

o conceito de culpabilidade deve ser modificado em sua essência, passando a apresentar outro conteúdo. A grande dificuldade dogmática é identificar esse novo conteúdo que poderá orientar o juízo de reprovação da atividade da pessoa jurídica[16]. Tal alteração, na verdade, produziria um novo conceito. Não mais a culpabilidade, como se concebe nos dias atuais, e sim outro conceito teórico que teria aplicação à pessoa jurídica.

O fato é que não se pode utilizar as noções do direito penal clássico e sua teoria do crime para diretamente responsabilizar a pessoa jurídica. As adaptações que se pretende fazer constroem, verdadeiramente, uma nova teoria do crime. Como uma das adaptações inadequadas, tem-se a teoria da dupla imputação que tenta enquadrar a pessoa jurídica no modelo conceitual de crime formulado para a pessoa física.

4. RESPONSABILIDADE INDIRETA

No direito penal, a fonte imediata de conhecimento/produção do ilícito é a norma jurídico-penal que está subjacente ao tipo incriminador. No caso das disposições incriminadoras da Lei nº 9.605/98 – Lei de Crimes Ambientais –, todos os tipos penais se referem às condutas humanas que violam o bem jurídico. Não há previsão típica referida à atividade da pessoa jurídica. Isto significa que apenas a pessoa física pode satisfazer as exigências típicas, em seus aspectos objetivos e subjetivos. A responsabilidade da pessoa jurídica, portanto, é sempre indireta, decorrente da conduta da pessoa física que atuar em seu nome e benefício. Se o legislador quisesse conceber uma responsabilidade direta para a pessoa jurídica, teria trabalhado com tipos incriminadores referidos à atividade lesiva ou potencialmente lesiva ao bem jurídico. Nos termos da legislação em vigor, a responsabilidade penal da pessoa jurídica não se fundamenta em intervenção que se possa reconhecer como própria. Com observância obrigatória ao tipo incriminador, a responsabilidade penal estabelecida pela Lei nº 9.605/98 para a pessoa jurídica é sempre indireta.

---

igualdade de condições."

16 FERNÁNDEZ, Miguel Bajo. in *Responsabilidad penal de las empresas y sus órganos y responsabilidad por el producto*, p. 26.

Para a responsabilização da pessoa jurídica utiliza-se a teoria do crime apenas para identificar a autoria de crime naquele que atua em nome ou benefício do ente moral. Sempre dependente da intervenção de pessoa física, que responde criminalmente de maneira subjetiva, a pessoa jurídica não apresenta elemento subjetivo ou consciência da ilicitude que viabilize comparação com as construções da teoria do crime. A responsabilidade da pessoa física é subjetiva, pois se deve aplicar a teoria do crime com suas exigências de natureza subjetiva. A responsabilidade da pessoa jurídica, no entanto, decorre da relação objetiva que a relaciona ao autor do crime.

Considerando a pessoa jurídica isoladamente, os critérios para sua responsabilidade são objetivos. No entanto, a pessoa jurídica só pode ser responsabilizada quando houver intervenção de pessoa física e a análise da conduta desta possui sempre aspectos de natureza subjetiva. O caminho adequado para resolver o problema da responsabilidade penal da pessoa jurídica somente poderá ser encontrado nas teorias da responsabilidade, não na perspectiva de que a pessoa jurídica seja autora de crime. Portanto, fora dos domínios da teoria do crime que estabelece quem seja o seu autor. Deve-se observar que não há qualquer dispositivo constitucional ou legal que afirme ser a pessoa jurídica autora de crime.

5. DESNECESSIDADE DE IMPUTAÇÃO SIMULTÂNEA COM A PESSOA FÍSICA

A decisão em comento acompanhou importante decisão do Supremo Tribunal Federal, no Recurso Extraordinário nº 548.181/PR, relatado pela Ministra Rosa Weber, no sentido de que a responsabilização estabelecida pela Carta Constitucional não pode encontrar óbice em requisito por ela não estabelecido. O entendimento altera a posição baseada na teoria da dupla imputação que se apresentou, até então, dominante no Superior Tribunal de Justiça.

O requisito da imputação simultânea estabelecido pela jurisprudência não consta da lei e não pode ser extraído do sistema normativo nacional. Em muitos casos se apresenta impossível identificar as pessoas físicas que tomaram a decisão por desenvolver a atividade lesiva ao meio ambiente (ex.: votação secreta em órgão colegiado com decisão majoritária) e o executor material da conduta lesiva, embora identificado, não pode ser responsabilizado (seja por ausência de dolo ou por ausência de culpabilidade). Tais situações, contudo, não impedem a caracterização dos requisitos estabelecidos para a responsabilidade penal da pessoa jurídica. O complexo ambiente corporativo não pode servir de escudo para a responsabilização criminal da pessoa jurídica.

Desta forma, a decisão constitui importante referencial para a proteção do meio ambiente.

6. REFERÊNCIAS BIBLIOGRÁFICAS

ARAUJO JÚNIOR, João Marcelo de. *Societas delinquere potest* – revisão da legislação comparada e estado atual da doutrina. in *Responsabilidade penal da pessoa jurídica e medidas provisórias e direito penal*. São Paulo: Revista dos Tribunais, 1999.

ARISTÓTELES. *A política*. São Paulo: Martins Fontes, 1991.

BARATTA, Alessandro. *Criminologia y dogmática penal, pasado y futuro del modelo integral de la ciencia penal*. in *Política criminal e reforma del sistema penal*. Bogotá: Temis, 1982.

BECCARIA, Cesare Bonesana - Marquês de. *Dos delitos e das penas*. São Paulo: Atena, 1956, p. 22-23.

BETTIOL, Giuseppe. *Direito penal da atitude interior*. in: Revista dos Tribunais, vol. 442, São Paulo: Revista dos Tribunais, 1972.

BOBBIO, Norberto. *Dicionário de política*. Brasília: UNB, 1994.

COSTA NETO, Nicolao Dino de Castro e outros. *Crimes e infrações administrativas ambientais*. Brasília: Brasília Jurídica, 2001.

FERNÁNDEZ, Miguel Bajo. in *Responsabilidad penal de las empresas y sus órganos y responsabilidad por el producto*. Barcelona: José Maria Bosch editores, 1996, coord. S. Mir Puig e D. M. Luzón Peña.

IHERING, Rudolf Von. *A finalidade do direito*. Rio de Janeiro: Ed. Rio, vol. I, 1979.

KIST, Ataides. *Responsabilidade penal da pessoa jurídica*. São Paulo: LED- Editora de Direito, 1999.

MAURACH, Reinhart. *Derecho penal - parte general*. Buenos Aires: Astrea, vol.1, 1994.

REALE, Miguel. *Filosofia do direito*. São Paulo: Saraiva, 1990.

ROSS, Alf. *Sobre el derecho y la Justicia*. Buenos Aires: Eudeba, 1994.

ROXIN, Claus. *Política criminal y estructura del delito. - elementos de delito en la base a la política criminal*. Barcelona: PPU, 1992.

SALES, Sheila Jorge Selim de. *Do sujeito ativo*. Belo Horizonte: Del Rey, 1993.

SCHECAIRA, Sérgio Salomão. *Responsabilidade penal da pessoa jurídica*. São Paulo: Revista dos Tribunais, 1998.

SZNICK, Valdir. *Direito penal ambiental*. São Paulo: Ícone, 2001.

THOMPSON, Augusto Frederico G. . *Quem são os criminosos*? Rio de Janeiro: Achiamé, 1983.

TIEDEMANN, Klaus. *Responsabilidad penal de personas jurídicas y empresas en derecho comparado*. In Revista Brasileira de Ciências Criminais. São Paulo: Revista dos Tribunais, 1995, vol. 11.

ZAFFARONI Eugênio Raúl. *Tratado de derecho penal - parte general*. Buenos Aires: Ediar, Tomo III, 1981.

APELAÇÃO CIVIL - AÇÃO CIVIL PÚBLICA - REEXAME NECESSÁRIO - NÃO CONHECIMENTO - DANO AO MEIO AMBIENTE - RESPONSABILIDADE CIVIL OBJETIVA - INTELIGÊNCIA DO ART. 14, §1° DA LEI Nº 6.938/81 ELEMENTOS INDENIZATÓRIOS: ATO, DANO E NEXO DE CAUSALIDADE - DEMONSTRAÇÃO - AFRONTA AO PRINCÍPIO DO RESPEITO À DIGNIDADE DA PESSOA HUMANA - OFENSA À IMAGEM DO PRÓPRIO PODER PÚBLICO - DESPRESTÍGIO DAS INSTITUIÇÕES QUE TÊM OBRIGAÇÃO DE ZELAR PELO MEIO AMBIENTE - INDENIZAÇÃO POR DANOS MORAIS - POSSIBILIDADE - PRECEDENTES DO STJ E DESTE EG. TRIBUNAL DE JUSTIÇA - SENTENÇA REFORMADA.

- O duplo grau de jurisdição obrigatório é medida excepcional, não podendo ter sua aplicação ampliada pelo Judiciário fora das hipóteses previstas em lei.

- Ausência de determinação do duplo grau de jurisdição obrigatório na Lei n° 7.347/85, que remete à aplicação subsidiária das normas do Código de Processo Civil, não o fazendo em relação à Lei n° 4.717/65. Descabimento da aplicação do art. 19 da Lei de Ação Popular às ações civis públicas.

- Comprovado o desmatamento, a supressão de vegetação nativa e o uso de agrotóxicos, com a contaminação das águas do córrego, diminuição da mata ciliar e degradação da área de preservação permanente, componente do bioma Mata Atlântica, impõe-se ao responsável a obrigação de reparar de forma integral a área degradada, inclusive com a apresentação de Projeto Técnico de Recomposição da Flora.

- Aquele que pratica atividades consideradas lesivas ao

meio ambiente responde de forma objetiva pelos danos materiais e morais causados à coletividade. (art. 14, §1º da Lei nº 6.938/81 - que dispõe sobre a Política Nacional do Meio Ambiente).

- O dano moral não está ligado apenas ao indivíduo, de forma privada, quando o bem atingido é de índole coletiva, mesmo porque, nos termos do art. 225 da Constituição Federal, o "meio ambiente ecologicamente equilibrado" constitui bem "de uso comum do povo". - É plenamente adequada a condenação do responsável pela lesão ambiental ao pagamento de dano moral coletivo, uma vez que indene de dúvidas que o desmatamento de área de preservação permanente e a contaminação das águas retira da coletividade a possibilidade de desfrutar de um meio ambiente qualificado e equilibrado, revelando clara afronta ao princípio do respeito à dignidade humana, que tem assento constitucional.

- A degradação ambiental, em inobservância aos preceitos constitucionais e infraconstitucionais, implica em ofensa à imagem do próprio Poder Público - responsável por assegurar um bioma saudável para as presentes e futuras gerações -, além de causar um desprestígio das instituições que têm obrigação de zelar pelo meio ambiente, o que também conduz à necessidade de reparação moral coletiva. - O valor da indenização por danos morais deve significar exemplo e punição para o causador do dano, levando-se em consideração as circunstâncias do fato, notadamente o grau de descaso e reprovabilidade do comportamento do infrator (TJMG - Apelação Cível 1.0132.10.000633-8/001, Relator(a): Des.(a) Versiani Penna, 5ª CÂMARA CÍVEL, julgamento em 25/04/2013, publicação da súmula em 03/05/2013).

MATA ATLÂNTICA AMEAÇADA. A REPARAÇÃO DO DANO AMBIENTAL

GABRIEL WEDY
Juiz Federal, Doutor e Mestre em Direito pela PUCRS, com estágio doutoral realizado na *Columbia Law School- EUA. Visiting Scholar* no *Sabin Center for Climate Change Law* da *Columbia University-EUA* e Professor de Direito Ambiental Coordenador na Escola Superior da Magistratura Federal - ESMAFE/RS, além de palestrante convidado em diversas outras instituições de ensino. É pesquisador bolsista CNPQ-CAPES na área do Direito Ambiental e do Direito ao Desenvolvimento. É autor, entre outros, do livro *O princípio constitucional da precaução como instrumento de tutela do meio ambiente e da saúde pública* e de artigos jurídicos na área do direito ambiental publicados em revistas especializadas e jornais no Brasil e no exterior. Foi Presidente da Associação dos Juízes Federais do Rio Grande do Sul-AJUFERGS-ESMAFE e da Associação dos Juízes Federais do Brasil- AJUFE. Exerceu a advocacia, sendo membro do Tribunal de Ética e Disciplina da OAB/RS e a magistratura no cargo de Juiz de Direito no Estado do Rio Grande do Sul.

1. INTRODUÇÃO

Parabenizo aos juristas, Doutores Jarbas Soares Júnior, Carlos Eduardo Ferreira Pinto e Marcos Paulo de Souza Miranda, pela coordenação da obra *A Evolução da Jurisprudência Ambiental Mineira - Comentários aos Acórdãos Paradigmas*, que traz o prefácio do Ministro Antônio Herman Benjamin, que tanto orgulha a jurisprudência brasileira por suas decisões progressistas no âmbito do egrégio Superior Tribunal de Justiça. É objetivo da presente obra apresentar comentários doutrinários sobre decisões paradigmas do TJMG a partir da Carta da Magistratura e do Ministério Público para o Meio Ambiente, elaborada em 2004, em Araxá, Minas Gerais.

A honrosa incumbência que me foi conferida pelos referidos juristas compreende a análise doutrinária e jurisprudencial de acórdão da Quinta Câmara Cível do Egrégio Tribunal de Justiça do Estado de Minas Gerais, que teve como relator o eminente Desembargador Versiani Penna. O acórdão, que tem como pano de fundo a degradação de Mata Atlântica, encontra-se assim ementado:

> APELAÇÃO CIVIL - AÇÃO CIVIL PÚBLICA - REEXAME NECESSÁRIO - NÃO CONHECIMENTO - DANO AO MEIO AMBIENTE - RESPONSABILIDADE CIVIL OBJETIVA - INTELIGÊNCIA DO ART. 14, §1º DA LEI Nº 6.938/81 - ELEMENTOS INDENIZATÓRIOS: ATO, DANO E NEXO DE CAUSALIDADE - DEMONSTRAÇÃO - AFRONTA AO PRINCÍPIO DO RESPEITO À DIGNIDADE DA PESSOA HUMANA - OFENSA À IMAGEM DO PRÓPRIO PODER PÚBLICO - DESPRESTÍGIO DAS INSTITUIÇÕES QUE TÊM OBRIGAÇÃO DE ZELAR PELO MEIO AMBIENTE - INDENIZAÇÃO POR DANOS MORAIS - POSSIBILIDADE - PRECEDENTES DO STJ E DESTE EG. TRIBUNAL DE JUSTIÇA - SENTENÇA REFORMADA.
>
> - O duplo grau de jurisdição obrigatório é medida excepcional, não podendo ter sua aplicação ampliada pelo Judiciário fora das hipóteses previstas em lei.
>
> - Ausência de determinação do duplo grau de jurisdição obrigatório na Lei nº 7.347/85, que remete à aplicação subsidiária das normas do Código de Processo Civil, não o fazendo em relação à Lei nº 4.717/65. Descabimento da aplicação do art. 19 da Lei de Ação Popular às ações civis públicas.
> - Comprovado o desmatamento, a supressão de vegetação nativa e o uso de agrotóxicos, com a contaminação das águas do córrego, diminuição da mata ciliar e degradação da área de preservação permanente, componente do bioma Mata Atlântica, impõe-se ao responsável a obrigação de reparar de forma integral a área degradada, inclusive com a apresentação de Projeto Técnico de Recomposição da Flora.
>
> - Aquele que pratica atividades consideradas lesivas ao meio ambiente responde de forma objetiva pelos danos materiais e morais causados à coletividade. (art. 14, §1º da Lei nº 6.938/81 - que dispõe sobre a Política Nacional do Meio Ambiente).
> - O dano moral não está ligado apenas ao indivíduo, de forma privada,

quando o bem atingido é de índole coletiva, mesmo porque, nos termos do art. 225 da Constituição Federal, o "meio ambiente ecologicamente equilibrado" constitui bem "de uso comum do povo".

- É plenamente adequada a condenação do responsável pela lesão ambiental ao pagamento de dano moral coletivo, uma vez que indene de dúvidas que o desmatamento de área de preservação permanente e a contaminação das águas retira da coletividade a possibilidade de desfrutar de um meio ambiente qualificado e equilibrado, revelando clara afronta ao princípio do respeito à dignidade humana, que tem assento constitucional.
- A degradação ambiental, em inobservância aos preceitos constitucionais e infraconstitucionais, implica em ofensa à imagem do próprio Poder Público - responsável por assegurar um bioma saudável para as presentes e futuras gerações -, além de causar um desprestígio das instituições que têm obrigação de zelar pelo meio ambiente, o que também conduz à necessidade de reparação moral coletiva.

- O valor da indenização por danos morais deve significar exemplo e punição para o causador do dano, levando-se em consideração as circunstâncias do fato, notadamente o grau de descaso e reprovabilidade do comportamento do infrator (TJMG - Apelação Cível 1.0132.10.000633-8/001, Relator(a): Des.(a) Versiani Penna, 5ª CÂMARA CÍVEL, julgamento em 25/04/2013, publicação da súmula em 03/05/2013).

2. COMENTÁRIOS AO ACÓRDÃO

Bem decidiu a colenda 5ª Câmara Cível nos termos da ementa, sem entrar no mérito da decisão *a quo* reformada. É de se observar que no âmbito do direito internacional a Declaração do Rio de Janeiro [Rio/92] prevê, de acordo com o Princípio 13, que os Estados deverão desenvolver legislação nacional relativa à responsabilidade e à indenização das vítimas da poluição e outros danos ambientais. Os Estados deverão, ainda, cooperar de maneira rápida e mais decidida, na elaboração de normas internacionais sobre a responsabilidade e a indenização por efeitos adversos advindos dos danos ambientais causados por atividades realizadas dentro de sua jurisdição ou seu controle, em zonas fora de sua jurisdição.

A Constituição Federal, por sua vez, prevê o dever de reparar os danos ambientais:

> Art. 225. Todos têm direito ao meio ambiente ecologicamente equilibrado, bem de uso comum do povo e essencial à sadia qualidade de vida, impondo-se ao Poder Público e à coletividade o dever de defendê-lo e preservá-lo para as presentes e futuras gerações.
>
> **§ 2º Aquele que explorar recursos minerais fica obrigado a recuperar o meio ambiente degradado, de acordo com solução técnica exigida pelo órgão público competente, na forma da lei.**
>
> **§ 3º As condutas e atividades consideradas lesivas ao meio ambiente sujeitarão os infratores, pessoas físicas ou jurídicas, a sanções penais e administrativas, independentemente da obrigação de reparar os danos causados.**

No âmbito infraconstitucional, a Lei nº 6.938/81, que dispõe sobre a Política Nacional do Meio Ambiente, define o meio ambiente como "o conjunto de condições, leis, influências e interações, de ordem física, química e biológica, que permite, abriga e rege a vida em todas as suas formas (art. 3, inc. I)". De acordo com o art. 3º, incisos II, III e V, respectivamente, da referida lei: a degradação da qualidade ambiental é a alteração adversa das características do meio ambiente; o poluidor é a pessoa física ou jurídica, de direito público ou privado, responsável, direta ou indiretamente, por atividade causadora de degradação ambiental; e os recursos ambientais são a atmosfera, as águas interiores, superficiais e subterrâneas, os estuários, o mar territorial, o solo, o subsolo e os elementos da biosfera. Estes conceitos, de cunho multidisciplinar, tornaram-se jurídicos após a sua positivação e são relevantes para a correta identificação do bem ambiental violado. Foi o que ocorreu na decisão analisada.

Restou definido, de modo tecnicamente irreparável, no acórdão sob comento:

> A degradação ambiental, em inobservância aos preceitos constitucionais e infraconstitucionais, implica em ofensa à imagem do próprio Poder Público - responsável por assegurar um bioma saudável para as presentes e futuras gerações -, além de causar um desprestígio das instituições que têm obrigação de zelar pelo meio ambiente, o que também conduz à necessidade de reparação moral coletiva.

Neste ponto a decisão guarda harmonia com o texto constitucional e, especialmente, com a nossa Política Nacional do Meio Ambiente. E vai além, deixa claro que o meio ambiente ecologicamente equilibrado para além de um direito fundamental é também um dever fundamental a ser observado por entes públicos e privados.

O dano ambiental e a sua reparação, por sua vez, são regulados pelo art. 14, §1°, Lei n° 6.938/81 e pelo art. 927 do Código Civil[1]. Neste diapasão, o legislador infraconstitucional previu a responsabilidade objetiva, com base no risco da atividade, sem a necessária demonstração da culpa do poluidor, em matéria de danos causados ao meio ambiente. O princípio do poluidor-pagador está integrado ao sistema de responsabilização civil ambiental. Resta previsto na Lei n° 6.938/81, em seu art. 4°, VII, que "a Política Nacional do Meio Ambiente visará à imposição ao poluidor e ao predador da obrigação de recuperar e/ou indenizar os danos causados". E ao se referir a responsabilidade objetiva, esta não exige a culpa ou o ilícito como pressupostos para o dever de indenizar como, faz décadas, alertava o saudoso Pontes:

> A licitude existiu, a despeito do dano; só se estabeleceu antijuridicidade; houve dano, e a lei estatuiu que seja indenizado. Assim, nem todas as indenizações em virtude da responsabilidade extranegocial são oriundas de atos ilícitos. Há sanção legal, que tem como *ratio legis* cobrir-se o que se perdeu, a despeito de a própria lei ter permitido. Permissão excepcional; responsabilidade que tem outro fundamento que o da reparação dos danos por ato ilícito. Assim, só está em causa o *quantum respondeatur*; não o *an respondeatur*[2].

Como refere Leite, em lição que se molda como a luva à mão ao caso ora analisado, a teoria da responsabilidade causada pelo risco tem seu fundamento na socialização dos lucros, pois aquele que lucra com uma atividade, "deve responder pelo risco ou pela desvantagem dela resultante (...) A não necessidade da prova de culpa do agente degradador na responsabilidade por risco denota tal avanço, facilitando a responsabilização"[3]. No regime da responsabilidade

---

1 Art. 927. Aquele que, por ato ilícito (arts. 186 e 187), causar dano a outrem, fica obrigado a repará-lo.
Parágrafo único. Haverá obrigação de reparar o dano, independentemente de culpa, nos casos especificados em lei, ou quando a atividade normalmente desenvolvida pelo autor do dano implicar, por sua natureza, risco para os direitos de outrem.

2 PONTES DE MIRANDA. Tratado de direito privado. Tomo LIII. São Paulo: Revista dos Tribunais, 2012. P. 143-144.

3 LEITE, José Rubens Morato. *Dano ambiental*: do individual ao extrapatrimonial. 2a. ed. São Paulo: Ed. Revista dos Tribunais, 2003. P. 64.

objetiva, fundada na teoria do risco da atividade, para que se possa pleitear a reparação do dano, "basta a demonstração do evento danoso e do nexo de causalidade. A ação, da qual a teoria da culpa faz depender a responsabilidade pelo resultado, é substituída, aqui, pela assunção do risco, em provocá-lo"[4]. Aliás, observa-se na **célebre** obra *Environmental Regulation: Law, Science and Policy* adotada na *Columbia Law School* na disciplina de direito ambiental, que a *CERCLA - The Comprehensive Environmental Response, Compensation anda Liability Act (CERCLA)*, que regulamenta a responsabilidade civil na esfera ambiental, **é uma consequência direta dos pr**incípios da *common law* que fixam a responsabilidade objetiva para atividades que geram perigo anormal[5]. Logo, no âmbito do direito norte-americano, a responsabilidade objetiva também é reconhecida e a CERCLA, outrossim, possui como objetivos principais prevenir o dano ambiental e garantir a sua reparação integral quando isto ocorrer[6].

Em relação a responsabilidade civil ambiental, importante retratar a jurisprudência, o egrégio STJ tem firmado posições relevantes como quando admite a condenação simultânea e cumulativa das obrigações de fazer, de não fazer e de indenizar na reparação integral do meio ambiente[7](como foi decidido, aliás, no caso ora analisado); quando reconhece que o princípio da precaução pressupõe a inversão do ônus probatório, competindo a quem supostamente promoveu o dano ambiental comprovar que não o causou ou que a substância

4 LEITE, José Rubens Morato. *Dano ambiental*: do individual ao extrapatrimonial. 2a. ed. São Paulo: Ed. Revista dos Tribunais, 2003. P. 65.

5 PERCIVAL, Robert et al. *Environmental regulation:* law, science and policy. 7. ed. New York: Wolters Kluwer Law & Business, 2013. p. 412.

6 PERCIVAL, Robert et al. *Environmental regulation:* law, science and policy. 7. ed. New York: Wolters Kluwer Law & Business, 2013. p. 413.

7 Precedentes: REsp 1328753/MG, Rel. Ministro HERMAN BENJAMIN, SEGUNDA TURMA, julgado em 28/05/2013, DJe 03/02/2015; REsp 1307938/GO, Rel. Ministro BENEDITO GONÇALVES, PRIMEIRA TURMA, julgado em 16/06/2014, DJe 16/09/2014; AgRg no REsp 1415062/ CE, Rel. Ministro HUMBERTO MARTINS, SEGUNDA TURMA, julgado em 13/05/2014, DJe 19/05/2014; REsp 1269494/MG, Rel. Ministra ELIANA CALMON, SEGUNDA TURMA, julgado em 24/09/2013, DJe 01/10/2013; REsp 1264250/MG, Rel. Ministro MAURO CAMPBELL MARQUES, julgado em 03/11/2011, DJe 11/11/2011; AGREsp 294496/SC (decisão monocrática), Rel. Ministro NAPOLEÃO NUNES MAIA FILHO, julgado em 13/05/2013, DJe 23/05/2013; AGREsp 56382/MG (decisão monocrática), Rel. Ministra ASSUSETE MAGALHÃES, julgado em 17/09/2014, DJe 03/10/2014; REsp 1229768/MG (decisão monocrática), Rel. Ministro SÉRGIO KUKINA, julgado em 29/08/2013, DJe 05/09/2013. (VIDE INFORMATIVO DE JURISPRUDÊNCIA N. 453).

lançada ao meio ambiente não lhe é potencialmente lesiva[8]; quando admite que em mat**éria de proteção ambiental, está** configurada a responsabilidade civil do Estado no caso de omissão de cumprimento adequado do seu dever de fiscalizar se esta for determinante para a concretização ou o agravamento do dano causado[9]; quando reconhece que a obrigação de recuperar a degradação ambiental é do titular da propriedade do imóvel, mesmo que não tenha contribuído para a deflagração do dano, tendo em conta sua natureza *propter rem*[10]; quando reconhece que a responsabilidade por dano ambiental é objetiva, informada pela teoria do risco integral, sendo o nexo de causalidade o fator aglutinante que permite que o risco se integre na unidade do ato, sendo

8 recedentes: REsp 1237893/SP, Rel. Ministra ELIANA CALMON, SEGUNDA TURMA, julgado em 24/09/2013, DJe 01/10/2013; AgRg no AREsp 206748/SP, Rel. Ministro RICARDO VILLAS BÔAS CUEVA, TERCEIRA TURMA, julgado em 21/02/2013, DJe 27/02/2013; REsp 883656/ RS, Rel. Ministro HERMAN BENJAMIN, SEGUNDA TURMA, julgado em 09/03/2010, DJe 28/02/2012; AgRg no REsp 1192569/RJ, Rel. Ministro HUMBERTO MARTINS, SEGUNDA TURMA, julgado em 19/10/2010, DJe 27/10/2010; REsp 1049822/ RS, Rel. Ministro FRANCISCO FALCÃO, PRIMEIRA TURMA, julgado em 23/04/2009, DJe 18/05/2009.

9 Precedentes: AgRg no REsp 1001780/PR, Rel. Ministro TEORI ALBINO ZAVASCKI, PRIMEIRA TURMA, julgado em 27/09/2011, DJe 04/10/2011; REsp 1113789/SP, Rel. Ministro CASTRO MEIRA, SEGUNDA TURMA, julgado em 16/06/2009, DJe 29/06/2009; REsp 1071741/ SP, Rel. Ministro HERMAN BENJAMIN, SEGUNDA TURMA, julgado em 24/03/2009; DJe 16/12/2010; AgRg no Ag 973577/SP, Rel. Ministro MAURO CAMPBELL MARQUES, SEGUNDA TURMA, julgado em 16/09/2008, DJe 19/12/2008; AgRg no Ag 822764/MG, Rel. Ministro JOSÉ DELGADO, PRIMEIRA TURMA, julgado em 05/06/2007, DJe 02/08/2007; REsp 647493/SC, Rel. Ministro JOÃO OTÁVIO DE NORONHA, SEGUNDA TURMA, julgado em 22/05/2007, DJe 22/10/2007; AGRESP 495377/RJ (decisão monocrática) Rel. Ministro HUMBERTO MARTINS, julgado em 28/05/2014, DJe 02/06/2014 (VIDE INFORMATIVO DE JURISPRUDÊNCIA N.429).

10 Precedentes: REsp 1240122/PR, Rel. Ministro HERMAN BENJAMIN, SEGUNDA TURMA, julgado em 28/06/2011, DJe 11/09/2012; REsp 1251697/PR, Rel. Ministro MAURO CAMPBELL MARQUES, SEGUNDA TURMA, julgado em 12/04/2012, DJe 17/04/2012; AgRg no REsp 1137478/SP, Rel. Ministro ARNALDO ESTEVES LIMA, PRIMEIRA TURMA, julgado em 18/10/2011, DJe 21/10/2011; AgRg no REsp 1206484/ SP, Rel. Ministro HUMBERTO MARTINS, SEGUNDA TURMA, julgado em 17/03/2011, DJe 29/03/2011; AgRg nos EDcl no REsp 1203101/ SP, Rel. Ministro HAMILTON CARVALHIDO, PRIMEIRA TURMA, julgado em 08/02/2011, DJe 18/02/2011; REsp 1090968/SP, Rel. Ministro LUIZ FUX, PRIMEIRA TURMA, julgado em 15/06/2010, DJe 03/08/2010; REsp 926750/ MG, Rel. Ministro CASTRO MEIRA, SEGUNDA TURMA, julgado em 20/09/2007, DJ 04/10/2007; REsp 1186023/SP (decisão monocrática), Rel. Ministro BENEDITO GONÇALVES, julgado em 05/03/2014, DJe 11/03/2014; AREsp 228067/MG (decisão monocrática), Rel. Ministro ARI PARGENDLER, julgado em 17/11/2012, DJe 29/11/2012; Ag 1405492/SP (decisão monocrática), Rel. Ministro CESAR ASFOR ROCHA, julgado em 31/05/2011, DJe 07/06/2011 (VIDE INFORMATIVO DE JURISPRUDÊNCIA N. 439).

descabida a invocação, pela empresa responsável pelo dano ambiental, de excludentes de responsabilidade civil para afastar sua obrigação de indenizar[11]. Aliás, no caso ora analisado, a 5ª Turma Cível reconheceu expressamente, e de modo acertado, que aquele que pratica atividades consideradas lesivas ao meio ambiente "responde de forma objetiva pelos danos materiais e morais causados à coletividade (art. 14, §1º da Lei nº 6.938/81 - que dispõe sobre a Política Nacional do Meio Ambiente)".

Voltando a jurisprudência do egrégio STJ, não nos é concedido deslembrar que este também firmou entendimento que os responsáveis pela degradação ambiental são coobrigados solidários, formando-se, em regra, nas ações civis públicas ou coletivas litisconsórcio facultativo[12]. O STJ tem reconhecido a solidariedade entre o Estado e o particular quando ambos são responsáveis pelo dano ambiental, mas o título executivo é executado de modo subsidiário, primeiro é compelido a cumprir a decisão o particular, ficando o Estado como

---

11 Precedentes: REsp 1374284/MG, Rel. Ministro LUIS FELIPE SALOMÃO, SEGUNDA SEÇÃO, julgado em 27/08/2014, DJe 05/09/2014, (julgado sob o rito do art. 543-C); AgRg no AgRg no AREsp 153797/SP, Rel. Ministro MARCO BUZZI, QUARTA TURMA, julgado em 05/06/2014, DJe 16/06/2014; REsp 1373788/SP, Rel. Ministro PAULO DE TARSO SANSEVERINO, TERCEIRA TURMA, julgado em 06/05/2014, DJe 20/05/2014; AgRg no REsp 1412664/SP, Rel. Ministro RAUL ARAÚJO, QUARTA TURMA, julgado em 11/02/2014, DJe 11/03/2014; AgRg no AREsp 273058/PR, Rel. Ministro ANTONIO CARLOS FERREIRA, QUARTA TURMA, julgado em 09/04/2013, DJe 17/04/2013; AgRg no AREsp 119624/PR, Rel. Ministro RICARDO VILLAS BÔAS CUEVA, TERCEIRA TURMA, julgado em 06/12/2012, DJe 13/12/2012; REsp 1114398/PR, Rel. Ministro SIDNEI BENETI, SEGUNDA SEÇÃO, julgado em 08/02/2012, DJe 16/02/2012 (julgado sob o rito do art. 543-C); REsp 442586/ SP, Rel. Ministro LUIZ FUX, PRIMEIRA TURMA, julgado em 26/11/2002, DJe 24/02/2003; AREsp 642570/PR (decisão monocrática), Rel. Ministra MARIA ISABEL GALLOTTI, julgado em 02/02/2015, DJe 18/02/2015. (VIDE INFORMATIVO DE JURISPRUDÊNCIA N. 545).

12 Precedentes: AgRg no AREsp 432409/RJ, Rel. Ministro HERMAN BENJAMIN, SEGUNDA TURMA, julgado em 25/02/2014, DJe 19/03/2014; REsp 1383707/SC, Rel. Ministro SÉRGIO KUKINA, PRIMEIRA TURMA, julgado em 08/04/2014, DJe 05/06/2014; AgRg no AREsp 224572/MS, Rel. Ministro HUMBERTO MARTINS, SEGUNDA TURMA, julgado em 18/06/2013, DJe 11/10/2013; REsp 771619/RR, Rel. Ministra DENISE ARRUDA, PRIMEIRA SEÇÃO, julgado em 16/12/2008, DJe 11/02/2009; REsp 1060653/SP, Rel. Ministro FRANCISCO FALCÃO, PRIMEIRA TURMA, julgado em 07/10/2008, DJe 20/10/2008; REsp 884150/MT, Rel. Ministro LUIZ FUX, PRIMEIRA TURMA, julgado em 19/06/2008, DJe 07/08/2008; REsp 604725/PR, Rel. Ministro CASTRO MEIRA, SEGUNDA TURMA, julgado em 21/06/2005, DJe 22/08/2005; REsp 1377700/PR (decisão monocrática), Rel. Ministro PAULO DE TARSO SANSEVERINO, julgado em 08/09/2014, DJe 12/09/2014; Ag 1280216/RS (decisão monocrática), Rel. Ministro ARNALDO ESTEVES LIMA, julgado em 28/03/2014, DJe 03/04/2014. (VIDE INFORMATIVO).

devedor garante[13]. Por fim, entende o egrégio Superior Tribunal de Justiça que é imprescritível a ação de reparação por danos de caráter ambiental em face da natureza deste[14].

No caso ora analisado, restou consignado na decisão, seguindo a doutrina e jurisprudência supracitada, que:

> Comprovado o desmatamento, a supressão de vegetação nativa e o uso de agrotóxicos, com a contaminação das águas do córrego, diminuição da mata ciliar e degradação da área de preservação permanente, componente do bioma Mata Atlântica, impõe-se ao responsável a obrigação de reparar de forma integral a área degradada, inclusive com a apresentação de Projeto Técnico de Recomposição da Flora.

Grifo, além de outros pontos que poderiam ser referidos, a importante medida de impor ao responsável a obrigação de reparar de forma integral a área degradada, inclusive com a apresentação de Projeto Técnico de Recomposição da flora, ou seja, o Estado-Juiz procurou no caso em concreto prioritariamente a reparação *in natura* do bem ambiental.

Cumpre esclarecer que o dano ambiental é a ação ou omissão que prejudique as diversas condições, leis, influências e interações de ordem física, química e biológica que permita, abrigue e reja a vida, em quaisquer de suas formas[15]. Leite refere que o dano ambiental tem um perfil multidimensional, atingindo concomitantemente o bem jurídico ambiental e outros interesses jurídicos. O sistema jurídico brasileiro, assim, protege o bem jurídico ambiental com finalidade dú-

13 A responsabilidade solidária e de execução subsidiária significa que o Estado integra o título executivo sob a condição de, como devedor-reserva, só ser convocado a quitar a dívida se o degradador original, direto ou material (= devedor principal) não o fizer, seja por total ou parcial exaurimento patrimonial ou insolvência, seja por impossibilidade ou incapacidade, inclusive técnica, de cumprimento da prestação judicialmente imposta, assegurado, sempre, o direito de regresso (art. 934 do Código Civil), com a desconsideração da personalidade jurídica (art. 50 do Código Civil). Como consequência da solidariedade e por se tratar de litisconsórcio facultativo, cabe ao autor da Ação optar por incluir ou não o ente público na petição inicial [STJ. 2ª. Turma. Rel. Min. Herman Benjamin. REsp. 1071741. DJE. 16.12.2010].

14 É imprescritível a pretensão reparatória de danos ambientais, na esteira de reiterada jurisprudência deste Superior Tribunal de Justiça [STJ. Segunda Turma. Relator Ministro Mauro Campbel Marques. AGRESP 1466096. DJE: 30.03.2015]

15 ANTUNES, Paulo de Bessa. *Direito ambiental.* 18a ed. São Paulo: Editora Atlas, 2016. p.608.

plice: a) no que diz respeito à proteção e capacidade funcional do ecossistema; e b) visando a conservar a sua capacidade de aproveitamento humano[16].

O dano ambiental, de acordo com a amplitude do bem protegido, pode ser:

> 1. Dano ecológico puro: danos que atingem, de forma intensa, bens próprios da natureza, em sentido estrito.
>
> 2. Dano ecológico Lato Sensu: abrange todos os componentes do meio ambiente, inclusive o patrimônio cultural.
>
> 3. Dano individual ambiental: é um dano pessoal, pois o objetivo não é a tutela direta dos bens ambientais, mas interesses próprios do lesado, relativo ao microbem ambiental[17].

O mesmo ato do degradador e do poluidor pode lesar ao meio ambiente e a direitos individuais de terceiros no chamado dano ricochete, ou seja, são causados danos econômicos e pessoais aos particulares em virtude da poluição. Exemplo clássico são os pescadores prejudicados pela poluição de um rio causado por uma fábrica, que promove a contaminação da água própria para o consumo humano e impede a realização de pesca por uma comunidade de pescadores.

Uma concepção estrita de danos ambientais compreende apenas lesão a bens naturais e ecológicos - os recursos naturais propriamente ditos -, já uma concepção ampla de danos ambientais abarca a lesão ao meio ambiente natural, artificial, do trabalho, cultural e virtual.

No processo reparatório do macrobem ambiental, o que se busca é, primeiramente, de acordo com Leite, a recuperação do dano e, como segunda hipótese, uma compensação pecuniária à coletividade que foi subtraída da qualidade ambiental deste bem, e não a reparação para seu proprietário, seja ele público ou privado[18]. Antunes refere que não existe um critério para a fixação do que, efetivamente, constitui o dano ambiental e como este deve ser repa-

---

16 LEITE, José Rubens Morato. *Dano ambiental*: do individual ao extrapatrimonial. 2a. ed. São Paulo: Ed. Revista dos Tribunais, 2003. p. 65.

17 LEITE, José Rubens Morato. *Dano ambiental*: do individual ao extrapatrimonial. 2a. ed. São Paulo: Ed. Revista dos Tribunais, 2003. p. 95-96.

18 LEITE, José Rubens Morato. *Dano ambiental*: do individual ao extrapatrimonial. 2a. ed. São Paulo: Ed. Revista dos Tribunais, 2003. p. 83.

rado. A primeira hipótese a ser considerada é a da repristinação do ambiente agredido ao *status quo ante*. Esta pode ser conseguida por: a) intervenção humana ou por b) regeneração natural. Contudo, nem sempre se pode garantir que a regeneração ocorrerá. É o caso, por exemplo, de extinções de espécies como externalidades de danos ambientais[19].

A possibilidade da reparação do dano moral coletivo de cunho ambiental está estampada no art. 1° da Lei de Ação Civil Pública, encerrando todo e qualquer debate sobre o seu cabimento[20], como já ocorreu em passado recente. Em relação aos danos morais coletivos, adverte Antunes:

> A existência de acidentes que impliquem danos ao meio ambiente tem acarretado a construção de uma recente jurisprudência a qual reconhece a existência de dano moral ambiental (...) Não há dúvida de que, em análise casuística, é ampla a possibilidade de que acidentes ambientais possam, de fato, acarretar dano moral para terceiros, contudo, há que se rejeitar que tais danos morais sejam presumidos, pois, como se sabe, danos devem ser provados, sobretudo aqueles de natureza subjetiva[21].

O egrégio Superior Tribunal de Justiça já reconheceu o direito de pescadores a serem indenizados em virtude de danos morais coletivos causados devido a vazamento de nafta decorrente do choque entre navios no Porto de Paranaguá. No caso, foram reconhecidos, além dos danos ambientais propriamente ditos, a reparação do dano moral coletivo e de danos individuais causados aos pescadores[22].

---

19 ANTUNES, Paulo de Bessa. *Direito ambiental.* 18a ed. São Paulo: Editora Atlas, 2016. p.610.

20 Art. 1º Regem-se pelas disposições desta Lei, sem prejuízo da ação popular, as ações de responsabilidade por danos morais e patrimoniais causados: l - ao meio-ambiente.

21 ANTUNES, Paulo de Bessa. *Direito ambiental.* 18ª ed. São Paulo: Editora Atlas, 2016. p.610.

22 AÇAO DE INDENIZAÇÃO - DANOS MATERIAIS E MORAIS A PESCADORES CAUSADOS POR POLUIÇÃO AMBIENTAL POR VAZAMENTO DE NAFTA, EM DECORRÊNCIA DE COLISÃO DO NAVIO N-T NORMA NO PORTO DE PARANAGUÁ. INADMISSÍVEL A EXCLUSÃO DE RESPONSABILIDADE POR FATO DE TERCEIRO; d) DANOS MORAL E IMPROVIMENTO DO RECURSO, COM OBSERVAÇÃO. Inviabilidade de alegação de culpa exclusiva de terceiro, ante a responsabilidade objetiva. - A alegação de culpa exclusiva de terceiro pelo acidente em causa, como excludente de responsabilidade, deve ser afastada, ante a incidência da teoria do risco integral e da responsabilidade objetiva ínsita ao dano ambiental (art. 225, § 3º, da CF e do art. 14, § 1º, da Lei nº 6.938/81), responsabilizando o degradador em decorrência do princípio do poluidor-paga-

No caso analisado, pontualmente, observa-se o elegante emprego de doutrina e jurisprudência atual, resumido neste simples trecho que aplica o direito ao caso concreto para a reparação do dano moral coletivo:

> O dano moral não está ligado apenas ao indivíduo, de forma privada, quando o bem atingido é de índole coletiva, mesmo porque, nos termos do art. 225 da Constituição Federal, o "meio ambiente ecologicamente equilibrado" constitui bem "de uso comum do povo".
>
> É plenamente adequada a condenação do responsável pela lesão ambiental ao pagamento de dano moral coletivo, uma vez que indene de dúvidas que o desmatamento de área de preservação permanente e a contaminação das águas retira da coletividade a possibilidade de desfrutar de um meio ambiente qualificado e equilibrado, revelando clara afronta ao princípio do respeito à dignidade humana, que tem assento constitucional.

Resta estampada nesta passagem da decisão o reconhecimento do princípio da dignidade da pessoa humana como norteador e irradiador de direitos fundamentais, como o meio ambiente equilibrado, deixando nítido no acórdão o reconhecimento da evidente opção do Constituinte de 1988 pelo antropocentrismo alargado.

No acórdão, ora comentado, outrossim, restou consignado, em boa hora:

> (...) o valor da indenização por danos morais deve significar exemplo e punição para o causador do dano, levando-se em consideração as circunstâncias do fato, notadamente o grau de descaso e reprovabilidade do comportamento do infrator.

Tecnicamente bem fixada a indenização por danos morais no acórdão, levando em consideração o caso concreto, visando a reparação integral do direito coletivo e imaterial violado. Neste ponto, a decisão, como se nota, caminha ao encontro da melhor doutrina e da jurisprudência mais vanguardista. Todavia, apenas se faz uma ressalva quando no acórdão se faz referência que os danos morais devem significar "exemplo e punição para o causador do dano", isso porque o direito brasileiro não admite o *punitive damages*. De acordo com

---

dor. d) Configuração de dano moral.- Patente o sofrimento intenso de pescador profissional artesanal, causado pela privação das condições de trabalho, em consequência do dano ambiental, é também devida a indenização por dano moral, fixada, por equidade, em valor equivalente a um salário-mínimo. 3.- Recurso Especial improvido. [STJ. 2ª. Turma. Rel. Sidnei Beneti. REsp 1114398. DJU 16.02.2012]

Sanseverino existe incompatibilidade desse instituto com o nosso sistema jurídico, sendo a sua utilização, mesmo como simples argumento, "particularmente inadequada nos casos de responsabilidade objetiva, pois, por sua própria natureza, não envolvem discussão de culpa, não se compatibilizando com a imposição de pena privada"[23]. Assim, no contexto atual do direito brasileiro, "não há espaço para o acolhimento dos *punitive damages*, carecendo de regulamentação legal expressa por refugir o instituto de nossa tradição jurídica"[24]. O princípio da reparação integral, em tratando-se de responsabilidade civil, melhor motivaria a fixação dos danos morais coletivos.

3. CONCLUSÃO

A decisão do egrégio Tribunal de Justiça do Estado de Minas Gerais aplicou moderna doutrina, de acordo com o direito ambiental que adota o antropocentrismo alargado, e acolhe a progressista jurisprudência do egrégio Superior Tribunal de Justiça, citada ao longo do presente comentário, restando pouco ou nada a acrescentar em sede conclusiva, a não ser o registro de que o *decisum* está de acordo com o reconhecimento do meio ambiente como um direito fundamental de terceira geração, ou novíssima dimensão, a ser preservado não apenas no interesse das presentes, mas também futuras gerações de animais humanos e não-humanos, *a fortiori* nesta Era do Antropoceno, bafejada pelas mudanças climáticas causadas por fatores antrópicos e suas catastróficas consequências que passam a fazer parte do cotidiano da humanidade.

4. REFERÊNCIAS BIBLIOGRÁFICAS

ANTUNES, Paulo de Bessa. *Direito Ambiental.* 18a ed. São Paulo: Editora Atlas, 2016.

LEITE, José Rubens Morato. *Dano ambiental*: do individual ao extrapatrimonial. 2a. ed. São Paulo: Ed. Revista dos Tribunais, 2003.

---

23 SANSEVERINO, Paulo de Tarso. *Princípio* da reparação integral. São Paulo: Editora Saraiva, 2011. p. 76.

24 SANSEVERINO, Paulo de Tarso. *Princípio* da reparação integral. São Paulo: Editora Saraiva, 2011. p. 76.

PERCIVAL, Robert et al. *Environmental regulation:* law, science and policy. 7. ed. New York: Wolters Kluwer Law & Business, 2013.

PONTES DE MIRANDA. Tratado de Direito Privado. Tomo LIII. São Paulo: Revista dos Tribunais, 2012.

SANSEVERINO, Paulo de Tarso. *Princ*ípio da reparação integral. São Paulo: Editora Saraiva, 2011.

CRIME AMBIENTAL - ART. 46 DA LEI N° 9.605/98 - ABSOLVIÇÃO - IMPOSSIBILIDADE - RESTITUIÇÃO DO VEÍCULO APREENDIDO - INADIMISSIBILIDADE. 1. Restando satisfatoriamente comprovado que o agente adquiriu madeira para fins comerciais, sem a devida licença do vendedor e da autoridade competente, caracterizado está o crime do art. 46 da Lei n° 9.605/98, não havendo que se falar em absolvição por ausência de provas. 2. De acordo com o previsto no parágrafo 4.º do art. 25 da Lei n° 9.605/98, restando comprovado nos autos, que o caminhão do agente era utilizado para prática de crimes contra o meio ambiente, correta a decisão que indefere o pedido de restituição e decreta o seu perdimento, como forma de mitigar a ação degradante pelo mesmo praticada. 3. Recursos desprovidos. (TJMG - Apelação Criminal nº 1.0028.07.014561-1/001, Relator Des. Antônio Armando dos Anjos, 3ª CÂMARA CRIMINAL. DJ. 09/02/2010. D. Publ. 16/04/2010).

O PERDIMENTO DE BENS NOS CRIMES AMBIENTAIS

JÚLIO CÉSAR TEIXEIRA CRIVELLARI
Especialista em Direito Público pela Universidade Federal de Juiz de Fora.
Especialista em Direito, Impacto e Recuperação Ambiental pela Universidade Federal de Ouro Preto.
Mestre em Sustentabilidade Socioeconômica Ambiental pela Universidade Federal de Ouro Preto.
Promotor de Justiça do Estado de Minas Gerais.

1. INTRODUÇÃO

Talvez em razão do entendimento tradicional de se reputar o direito à propriedade quase absoluto, não se encontram, com facilidade, decisões acerca do perdimento de bens de origem "lícita" utilizados no cometimento de ilícito ambiental, todavia o Tribunal de Justiça de Minas Gerais (TJMG) possui importante precedente da 3ª Câmara Criminal, prolatado em 2010, em que se determinou o perdimento de um caminhão utilizado na prática do crime ambiental de transporte clandestino de madeira nativa (art. 46 da Lei nº 9.605/98), tratando-se de caso em que, coincidentemente, o autor deste artigo atuou à época. Eis a ementa:

> CRIME AMBIENTAL - ART. 46 DA LEI 9.605/98 - ABSOLVIÇÃO - IMPOSSIBILIDADE - RESTITUIÇÃO DO VEÍCULO APREENDIDO - INADIMISSIBILIDADE. 1. Restando satisfatoriamente comprovado que o agente adquiriu madeira para fins comerciais, sem a devida licença do vendedor e da autoridade competente, caracterizado está o crime do art. 46 da Lei nº 9.605/98, não havendo que se falar em absolvição por ausência de provas. 2. De acordo com o previsto no parágrafo 4º do art. 25 da Lei nº 9.605/98, restando comprovado nos autos, que o caminhão do agente era utilizado para prática de crimes contra o meio ambiente, correta a

decisão que indefere o pedido de restituição e decreta o seu perdimento, como forma de mitigar a ação degradante pelo mesmo praticada. 3. Recursos desprovidos (TJMG - Apelação Criminal nº 1.0028.07.014561-1/001, Relator Des. Antônio Armando dos Anjos, 3ª CÂMARA CRIMINAL. DJ. 09/02/2010. D. Publ. 16/04/2010).

2. COMENTÁRIOS AO ACÓRDÃO

Para tratar da pena de perdimento de bens, é preciso, primeiramente, revolver a teoria dos direitos fundamentais.

Conforme se reconhece, os direitos fundamentais nascem e extinguem-se com as Constituições, resultando, assim, da confluência entre os direitos naturais do homem, tais como reconhecidos e elaborados pela doutrina jusnaturalista dos séculos XVII e XVIII (da qual foram enunciados os clássicos direitos à vida, à liberdade, à igualdade e à propriedade), e da própria ideia da Constituição, a partir da formatação de um Estado de Direito, assentado na necessária divisão de funções estatais.

Somente após o reconhecimento e a consagração dos direitos fundamentais pelas primeiras Constituições é que exsurgiram as indagações concernentes às dimensões (ou gerações) de tais direitos. Com a evolução do Estado de Direito, provocada pelos efeitos do pós-guerra, houve um reconhecimento progressivo de novas ordens de direitos, decorrentes de uma exigência social.

No plano da dogmática jurídica, os direitos fundamentais são todos os direitos, individuais e coletivos, previstos expressa ou implicitamente em determinada ordem jurídica constitucional, os quais representam os valores maiores nas conquistas históricas dos indivíduos, das coletividades, bem como giram em torno de um núcleo fundante do próprio Estado Democrático de Direito.

Com a derrocada do feudalismo e do poder absoluto dos reis, foram constitucionalmente positivados os direitos referentes à vida, à liberdade, à igualdade, à segurança e à propriedade, representando, assim, a primeira geração de direitos fundamentais individuais, que se afirmaram como direitos do indivíduo frente ao Estado Liberal recém-concebido, mais especificamente, como direitos de defesa, a demarcarem uma zona de não intervenção estatal e uma esfera de autonomia individual em face de seu poder.

Posteriormente, com o impacto da industrialização, dos graves problemas sociais e econômicos, acompanhados pelo advento de doutrinas socialistas, nasce a reivindicação de se realizar a justiça social. Nesse contexto, emerge uma nova geração (dimensão) de direitos a prestações sociais estatais, como assistência social, saúde, educação e trabalho, valendo, ainda, ressaltar, direitos sociais, culturais e econômicos, evidenciando-se uma transição das liberdades formais abstratas para as liberdades materiais concretas, eis que nessa seara também estão englobadas algumas liberdades sociais, como a liberdade de sindicalização, o direito de greve e os demais direitos fundamentais dos trabalhadores.

Completando o lema revolucionário francês, restaram reconhecidos, posteriormente, os direitos de fraternidade ou solidariedade (terceira geração ou dimensão de direitos), desprendendo-se da figura do homem-indivíduo, como seu titular, sendo vocacionados à proteção de grupos humanos (família, povo, nação). Surgiram, portanto, a partir da descolonização do segundo pós-guerra, os direitos referentes à paz, à autodeterminação dos povos, ao desenvolvimento, ao meio ambiente e qualidade de vida, à conservação do patrimônio histórico e cultural e o direito à comunicação.

No que tange especificamente à positivação do direito fundamental ao meio ambiente ecologicamente sadio e equilibrado, também considerado difuso, porquanto transindividual, de natureza indivisível, titularizado por pessoas indeterminadas e ligadas por circunstâncias de fato, essa (positivação) iniciou-se antes mesmo da promulgação da Constituição Federal de 05 de outubro de 1988, a partir da publicação do Código Florestal e do Código de Águas (ambos em 1934), do Código Florestal de 1965 e da Lei Federal nº 6.938 de 31 de agosto de 1981, que dispõe sobre a Política Nacional do Meio Ambiente, seus fins e mecanismos de formulação e aplicação. As constituições anteriores não consagraram o meio ambiente como direito fundamental. A partir de 1988, o meio ambiente ecologicamente sadio e equilibrado é alçado ao *status* de direito fundamental, ao ser encartado no Texto Constitucional, passando a parametrizar a legislação pátria pretérita e futura (assim como sua interpretação) inclusive no plano constitucional, ao se tornar cláusula pétrea (artigos 5º, §2º e 60, §4º da Constituição Federal).

A concepção dos direitos fundamentais determina a própria significação de poder público e revela a maneira de organizar e exercer as funções estatais. Os direitos fundamentais são, pois, a primeira garantia com que os cidadãos de um Estado de Direito contam para que os sistemas jurídico e político se orientem, em seu conjunto, pelo respeito e pela promoção da dignidade da pessoa humana (LUÑO, 1986, p. 20).

Os direitos fundamentais, ao corresponderem a interesses e expectativas de todos, formam o fundamento e o parâmetro da igualdade jurídica, constituindo a dimensão substancial da democracia, sendo que essa dimensão não é outra coisa senão o conjunto de garantias asseguradas pelo paradigma do Estado de Direito. A par dos direitos, relacionam-se também as garantias, que para Ferrajoli (2005, p. 25-6) seriam primárias (ou seja, as obrigações e proibições) e secundárias (isto é, as obrigações de reparar ou de sancionar judicialmente as lesões dos direitos, no caso de violações das garantias primárias).

A fundamentalidade dos direitos em questão diz respeito à especial dignidade e proteção dos direitos num sentido formal e num sentido material (ALEXY *apud* CANOTILHO, 1992, p. 509). A fundamentalidade formal representa mais do que a presença dos direitos fundamentais no texto constitucional, no ápice do ordenamento jurídico, mas está radicada no grau de proteção a eles concedida dentro da própria Magna Carta, na medida em que foram qualificados como cláusulas pétreas, sem contar a sua característica de aplicabilidade imediata (art. 5º, §1º da Constituição Federal).

Já a fundamentalidade material decorre da circunstância de serem os direitos fundamentais elementos constitutivos da constituição material, contendo definições fundamentais sobre a estrutura básica do Estado e da sociedade. É, portanto, por meio da abertura material proporcionada pelo direito positivo constitucional que se pode sustentar a existência e o reconhecimento de outros direitos igualmente fundamentais, previstos no próprio texto maior, mas fora do catálogo explícito dos direitos e garantias constitucionais (direitos decorrentes ou implícitos), bem como aqueles inclusive previstos fora da própria Constituição (em tratados internacionais), conforme prevê o §2º do artigo 5º da Constituição Federal. A petrificação dos direitos fundamentais faz ressaltar (e reforçar), outrossim, a nota de fundamentalidade material dos direitos fundamentais, porquanto a intangibilidade é formalmente positivada na Constituição para aquilo que se considera mais importante em dada comunidade nacional.

Considerando que o §2º do artigo 5º da Constituição Federal[1] menciona os vocábulos "regime" e "princípios", parece razoável concluir-se que o citado dispositivo se reporta ao princípio da dignidade da pessoa humana (artigo 1º, III da Constituição), donde esta faz surgir a íntima conexão entre esse verdadeiro princípio fundamental com os direitos fundamentais de todas as ordens, dentre eles o direito fundamental ao meio ambiente ecologicamente equilibrado.

A dignidade da pessoa humana é simultaneamente limite e tarefa dos poderes estatais, na medida em que pertence a cada um e não pode ser perdida e alienada. Sua concretização reclama do Estado a obrigação de guiar-se no sentido de preservar a dignidade existente ou até mesmo de criar condições que possibilitem seu pleno exercício, eis que esta encerra o respeito e a proteção da integridade física e corporal da pessoa humana, não sendo possível cumprir essa missão sem a proteção da dimensão onde a pessoa humana se insere, isto é, do meio ambiente, que não se basta por si só, mas que necessita contar com a necessária adjetivação "ecologicamente sadio e equilibrado".

Os direitos fundamentais são dotados de uma eficácia dirigente (na medida em que contêm uma ordem dirigida ao Estado, no sentido de que este se desincumba da permanente missão de realização e concretização de tais direitos); uma eficácia irradiante (por fornecerem impulsos e diretrizes para a aplicação e interpretação do direito infraconstitucional ou legal) e uma eficácia horizontal (porquanto também irradiam certos efeitos na esfera privada, podendo, de certa parte, vincular também os particulares).

Outra importante função diz respeito ao reconhecimento dos deveres de proteção do Estado, no sentido de que a este incumbe zelar, inclusive, preventivamente, pela proteção dos direitos fundamentais dos indivíduos e coletividades, não somente contra os poderes públicos, mas também contra agressões oriundas de particulares, e até mesmo de outros Estados (por meio de proibi-

---

1 §2º - Os direitos e garantias expressos nesta Constituição não excluem outros decorrentes do regime e dos princípios por ela adotados, ou dos tratados internacionais em que a República Federativa do Brasil seja parte.

ções, autorizações, limitações, medidas legislativas etc., tanto na seara ambiental quanto nas demais searas).

Essa noção de dever de proteção do Estado levou o Tribunal Constitucional Alemão, em uma decisão sobre aborto, a reconhecer o chamado princípio da proibição da proteção deficiente (*Untermassverbot*), ao asseverar que o Estado deve tomar as medidas necessárias e suficientes para cumprir seu dever de tutela adequada e eficaz, cumprindo ao legislador a função de estabelecer o tipo de proteção a ser conferida ao titular do direito. Vale dizer que, em razão dessa proibição de proteção deficiente, não podem ser editadas leis que comprometam a proteção adequada e eficaz de direitos fundamentais (como o é o direito ao meio ambiente sadio e ecologicamente equilibrado, titularizado não só pela presente, mas também pelas futuras gerações), ainda mais quando desamparadas de avaliações justificáveis, proporcionais e razoáveis.

O Estado está obrigado a prover uma prestação positiva de garantia dos direitos fundamentais (segurança, vida, saúde, patrimônio, meio ambiente etc.), não podendo, pois, deixar de estabelecer regras proporcionais e de fiscalizar com eficiência seu cumprimento, no que concerne à proteção do meio ambiente, sob pena de violar a dignidade da pessoa humana, deixando-a desprotegida nos seus direitos fundamentais. Na medida em que determinada lei ou dispositivo de lei viole o dever de proteção do Estado diante de direitos fundamentais, diante de sua manifesta inadequação e contrariedade, tal lei ou dispositivo legal deve ser declarado inconstitucional.

A proibição de proteção deficiente parametriza o dever de prestação legislativa, informando o mínimo exigível para fins de tutela dos direitos fundamentais, até porque, como se sabe, a atuação legislativa não é ilimitada e deve se conformar aos mandamentos constitucionais e aos direitos fundamentais garantidos que precisam ser resguardados, de modo que esse princípio da proibição da proteção deficiente autorizaria a eliminação do ordenamento jurídico, total ou parcialmente, de normas que venham a propiciar a vulneração ou fragilidade a bens jurídicos que demandam a proteção do Estado, em consequência da violação de outro princípio – o da proporcionalidade.

Na seara ambiental, a proibição de proteção deficiente, em face dos direitos fundamentais, tem total pertinência e aplicabilidade, diante da própria interpretação que se confere aos princípios da precaução e da prevenção, porquanto encerram deveres de proteção do Estado em face da verossimilhança ou da relativa certeza, respectivamente, da ocorrência de eventual dano ao meio ambiente, conforme se depreende das normas constitucionais inscritas nos artigos 5º, LXXIII; 23, VI e VII; 24, IV e VIII; 129, III; 170, VI; 174, §3º; 186, II e 225 da Constituição Federal.

Vivencia-se atualmente uma crise de operacionalidade do direito, diante do maior valor conferido ao paradigma liberal-individualista (p.ex., direito à propriedade, à liberdade, à livre iniciativa), em detrimento do parâmetro social--difuso/coletivo (p.ex., direito ao meio ambiente ecologicamente equilibrado).

Certo e inquestionável é que a Constituição Federal garante a proteção do "direito à propriedade" no artigo 5º, XXII, todavia a Magna Carta também expressou a garantia do cumprimento da "função social da propriedade" (artigos 5º, XXIII; 170, III; 173, §1º, I; 182, §2º; 184, *caput* e parágrafo único; 186, *caput* e 216), e impôs limites expressos ao direito de propriedade, ao prever a possibilidade de desapropriação de bens particulares, mediante prévia e justa indenização (artigo 5º, XXIV) e o uso e requisição de bens (artigos 5º, XXV e 139, VII, respectivamente). Não obstante se reconheça doutrinariamente a relatividade dos direitos fundamentais, a Constituição Federal foi explícita na limitação do direito individual à propriedade, inclusive prevendo, no mesmo rol do artigo 5º, a possibilidade de regulação legal da pena de "perda de bens" (inciso XLVI, alínea "b").

Em regra, a propriedade móvel ou imóvel, adquirida de forma lícita, ainda que empregada na prática de delitos em geral (*instrumenta sceleris*), mesmo após a condenação do agente, não pode ser expropriada pelo Estado, a teor do que dispõe o artigo 91, II, "a" do Código Penal, podendo ser objeto de apreensão por certo tempo, para fins investigatórios, nos termos dos artigos 118 e 119 do Código de Processo Penal.

Interessantes inovações, porém, surgiram com o advento das Leis nº 9.605/98 (Lei de Crimes Ambientais) e nº 11.343/06 (Lei Antidrogas), ao prever a perda dos instrumentos do crime (*instrumenta sceleris*), ainda que se tratem de bens cujo fabrico, alienação, uso, porte ou detenção constitua fato lícito, conforme se depreende dos artigos 25 e 72, IV da Lei nº 9.605/98 e dos artigos 62 e 63 da Lei n° 11.343/06. A Lei Antidrogas foi um pouco além, ao impor ao próprio infrator o ônus de provar a origem lícita do produto, bem ou valor apreendido em decorrência da prática delituosa.

Certo é que, no regime jurídico da Lei n° 9.605/98, a perda do instrumento utilizado na prática do crime ou infração administrativa ambiental independe de sua origem lícita, da utilização reiterada ou não, assim como da adaptação ou não do bem (especialmente, veículos) que revele uma especial condição facilitadora da prática infracional.

A definição de "instrumento utilizado na prática de infração ambiental" foi dada pela Instrução Normativa IBAMA nº 28/2009, que assim dispõe:

> Art. 2º, II: bem, objeto, maquinário, aparelho, petrecho, equipamento, veículo, embarcação, aeronave, etc, que propicie, possibilite, facilite, leve a efeito ou dê causa à prática da infração ambiental, tenha ou não sido alterado em suas características para tal finalidade, seja de fabricação ou uso lícito ou ilícito.

Ressalte-se, por oportuno, que a Constituição Federal de 1988 foi a primeira em nosso ordenamento a positivar a garantia de todos a um meio ambiente ecologicamente equilibrado, essencial não só às presentes como às futuras gerações (art. 225, *caput*). Para conferir efetividade ao direito fundamental acima, dispôs no §3º do artigo 225 acima referido que as condutas lesivas ao meio ambiente sujeitarão os infratores, pessoas físicas ou jurídicas, a sanções de natureza civil, administrativa e penal, o que evidencia a nítida intenção do legislador constituinte em maximizar a proteção do bem jurídico meio ambiente através da atuação em três esferas. Na evolução histórica dos direitos fundamentais, nota-se uma tendência de prestigiar o interesse público, coletivo, difuso, sobre o individual disponível. Não fosse isso, a Constituição Federal de 1988 não teria previsto no artigo 37, §5º a imprescritibilidade da pretensão de ressarcimento ao patrimônio público por ato ilícito. Assim também se verifica na tutela ambiental.

Com efeito, o originário §4º (hoje §5º) do artigo 25 da Lei n° 9.605/98, veio garantir essa prevalência e efetividade, ao asseverar a perda dos instrumentos utilizados na prática do ilícito pelo agente, independentemente de os referidos instrumentos constituírem ou não fato ilícito de *per si*.

O caso que levou a 3ª Câmara Criminal do TJMG a confirmar a perda de caminhão utilizado no transporte clandestino da espécie candeia (*Eremanthus erythropappus*), muito utilizada na fabricação de moirões e na indústria de cosméticos, envolvia um comerciante de madeira flagrado pela polícia ambiental, após verificação de notícia anônima, fazendo o transporte da referida madeira do local do desmate (igualmente ilegal) para o depósito do infrator. Por acompanhar os demais processos criminais desse agente, o autor deste artigo identificou outro caso análogo em que o mesmo veículo foi identificado pela polícia ambiental fazendo o transporte ilegal de madeira. Seja como for, a decisão do TJMG, chancelando a decisão de 1ª instância teve grande repercussão preventiva, de modo a coibir novas infrações pelo infrator condenado, assim como por outros agentes já conhecidos e identificados pela polícia ambiental, que cometiam a seu turno delitos ambientais idênticos. Aliás, algum tempo depois, o órgão do Instituto Estadual de Florestas (IEF/MG) atuante na região declarou que a candeia não se encontrava mais em processo de extinção na comarca e entorno.

Decerto que a reiteração da utilização do bem em crimes ambientais pode sensibilizar mais o Poder Judiciário a decretar seu perdimento, nos termos do artigo 25 da Lei nº 9.605/98, todavia, como asseverado acima, a Lei nº 9.605/98 não previu, nesse, nem em outros requisitos para tanto, podendo ser ressalvada, apenas, a boa-fé do proprietário do bem, quando reste provado não ter, de algum modo, concorrido ou se beneficiado do ilícito.

Em matéria de infração administrativa ambiental, existem dois precedentes da Justiça Federal igualmente importantes e que reforçam a posição ora exposta. O primeiro deles é do TRF da 2ª Região, no qual não se aceitou a mera alegação de boa-fé do proprietário do bem, nem se exigiu a comprovação de reiteração da conduta ilícita. Embora a Lei nº 9.605/98 não tenha previsto expressamente a inversão do ônus da prova como a Lei Antidrogas, não se deve olvidar que a utilização de qualquer bem, cujo fabrico, alienação, uso, porte ou detenção constitua fato lícito, na prática de infração ambiental, inverte o ônus da prova da boa-fé do proprietário ao próprio infrator (assim como nos delitos patrimoniais, quando o objeto subtraído é localizado na posse do agente), inclusive porque a alegação da boa-fé é matéria de natureza eminentemente defensiva, cujo ônus incumbe a quem a alega. Nesse sentido, caminhou a decisão ao TRF da 2ª Região, negando a existência de presunção de boa-fé do proprietário do bem:

> ADMINISTRATIVO. IBAMA. APREENSÃO DE VEÍCULO. LEI Nº 9.605/98. CRIME AMBIENTAL. PRINCÍPIO DO DEVIDO PROCESSO LEGAL. PRESUNÇÃO DE INOCÊNCIA. BOA FÉ DO PROPRIETÁRIO. 1. Trata-se de apelação cível interposta face sentença proferida nos autos do mandado de segurança, onde objetiva o Impetrante a restituição do veículo de sua propriedade, apreendido em fiscalização da Polícia Rodoviária Federal porque destinado ao transporte ilegal de pássaros. Sustenta, como causa de pedir, que cedeu o veículo a terceiro para que ele levasse seu pai ao médico; portanto, desconhece o motivo pelo qual o comandatário fazia o transporte dos animais e não teve qualquer participação no ilícito. 2. Com efeito, não há qualquer prova nos autos de que o veículo tenha sido cedido com a finalidade assinalada, não tendo tal sido mencionada sequer pelo autor do fato, condutor do automóvel, quando do registro de ocorrência. Ademais, não há qualquer documento que comprove o domicílio do pai do autor do fato, o exame/consulta médica ao qual estaria sendo o mesmo levado, além do dia de tal consulta, revelando-se imprestável a isolada declaração de fls. 34, de autoria do condutor do veículo, para comprovar a tese da boa-fé alegada pelo impetrante. 3. Assim, a autuação da autoridade administrativa foi pautada pelo princípio da legalidade e respeitado o devido processo legal, posto que o veículo apreendido, utilizado especificamente no transporte dos animais, configura-se instrumento da infração administrativa e penal, conforme a Lei Ambiental preceitua (artigos 25 e 72 da Lei nº 9.605/98). 4. Por derradeiro, independentemente da natureza cautelar e imprescindível da apreensão do instrumento do ilícito, exsurgem indícios veementes da participação do impetrante em crime contra o meio ambiente, não havendo como se vislumbrar na autuação administrativa ilegalidade ou abuso de poder, não demonstrados de plano pela prova dos autos. 5. Recurso conhecido, porém desprovido. (Apelação Cível nº 2008.51.01.490062-0. Relator(a): Des.(a) Federal Poul Erik Dyrlund, DJ. 28/04/2009).

O outro precedente importante é do TRF da 4ª Região, em que foi dado provimento a agravo interposto pelo IBAMA para rever decisão de liberação de caminhão que fazia transporte ilegal de toras de imbuia (produto florestal ameaçado de extinção), porquanto a perda do bem (veículo) estaria predisposta a evitar a reiteração de infrações. Nesse caso também não havia notícia e/ou prova de que o bem já houvesse sido utilizado em prática infracional anterior:

ADMINISTRATIVO E PROCESSUAL CIVIL. INFRAÇÃO AMBIENTAL. PENA DE PERDIMENTO DO VEÍCULO ULTILIZADO PARA TRANSPORTE DE PRODUTO FLORESTAL SEM DOCUMENTO LEGAL. POSSIBILIDADE. ANTECIPAÇÃO DE TUTELA. AUSÊNCIA DE REQUISITO. (Agravo de Instrumento nº 2007.04.00.041348-9/PR. 3ª Turma. Rel. Des. Federal Carlos Eduardo Thompson Flores Lenz. DJ. 19/02/2008. D. Publ. 05/03/2008).

3. CONSIDERAÇÕES FINAIS

A experiência tem mostrado que a apreensão e perda efetiva dos instrumentos do delito tem importante papel, não só na repressão imediata, mas também na contenção da reiteração delitiva, inclusive porque os instrumentos do crime são aqueles que vão propiciar, possibilitar, facilitar, levar a efeito ou dar causa à prática da infração. Se os bens de produção da atividade empresarial delitiva individual ou organizada são mantidos na posse do infrator, eventuais penas pecuniárias (restritiva de direitos ou multa) concorrerão apenas para compor os custos da atividade criminosa. A atuação estatal na repressão de delitos deve ser efetiva, diante da necessidade de prover as "garantias secundárias" da sociedade, a que se referiu Ferrajoli, não podendo o Estado se eximir de proteger o direito fundamental de todos à segurança (artigo 5º, *caput*, da Constituição Federal).

Em verdade, a regra para todo e qualquer delito deveria ser a perda dos instrumentos utilizados na sua prática, ainda que de origem lícita, porque o emprego da propriedade (móvel e/ou imóvel) para o cometimento de crimes revela inequívoco uso nocivo da propriedade, em outras palavras, verdadeiro abuso do direito, deslegitimando a perpetuação da posse pelo titular. O autor deste artigo, por exemplo, já atuou em caso de agente que praticou inúmeros estupros de vulnerável (aliás, crimes hediondos) no interior de seu veículo. O automotor facilitava o transporte e condução das vítimas para locais ermos. Constatada sua utilização no cometimento desses crimes abjetos, não se conseguiu a decretação da perda do bem, em virtude da incidência do art. 91, II, "a" do Código Penal. Outro exemplo claro em que deveria haver a perda de bem (imóvel) utilizado na prática de crime seria aquele previsto no artigo 229 do Código Penal (casa de prostituição), inclusive podendo ocorrer crime mais grave quando o imóvel seja utilizado para prostituição infanto-juvenil (artigo 244-A, §1º da Lei nº 8.069/90).

Enquanto o legislador ordinário não resolver prestigiar o direito fundamental à segurança, e os demais direitos e garantias fundamentais das vítimas de delitos diversos, combatendo o uso nocivo da propriedade empregada diuturnamente na prática delituosa, a lógica repressiva/preventiva infracional somente poderá ocorrer, de forma mais efetiva, em relação aos delitos de tráfico de drogas e às infrações penais e administrativas ambientais, mesmo assim, desde que haja atuação efetiva do Poder Judiciário, conforme os bons exemplos acima citados.

4. REFERÊNCIAS BIBLIOGRÁFICAS

CANOTILHO, José Joaquim Gomes. *Direito Constitucional.* 5. ed. Coimbra: Livraria Almedina, 1992.

FERRAJOLI, Luigi. *Los fundamentos de los derechos fundamentales.* 2. ed. Madrid: Editorial Trotta, 2005.

LUÑO, Antônio E. Pérez. *Derechos Humanos, Estado de Derecho e Constituicion.* Segunda Edicion. Madrid: Editorial S.A., 1986.

MINAS GERAIS. Tribunal de Justiça. Apelação Criminal nº 1.0028.07.014561-1/001. Rel. Des. Antônio Armando dos Anjos. *Minas Gerais*, Belo Horizonte, 09 fev. 2010.

BRASIL. Tribunal Regional Federal (2ª Região). Apelação Cível nº. 2008.51.01.490062-0. Rel. Des. Federal Poul Erik Dyrlund. Rio de Janeiro, 28 abril. 2009.

____. Tribunal Regional Federal (4ª Região). Agravo de Instrumento nº 2007.04.00.041348-9/PR. 3ª Turma. Rel. Des. Federal Carlos Eduardo Thompson Flores Lenz. Porto Alegre, 19 fev. 2008.

APELAÇÃO CÍVEL. AÇÃO CIVIL PÚBLICA. CERCEAMENTO DE DEFESA INOCORRENTE. VÍCIO ULTRA PETITA INEXISTENTE. IMÓVEIS EM PROCESSO ADMINISTRATIVO PARA TOMBAMENTO HISTÓRICO E CULTURAL. DEMOLIÇÃO. IMPOSSIBILIDADE. CONDUTA ANTIJURÍDICA PATENTE. INDENIZAÇÃO POR DANOS MORAIS COLETIVOS E MATERIAIS. REPARAÇÕES DEVIDAS. VALOR DA REPARAÇÃO PELO DANO PATRIMONIAL. ARBITRAMENTO CORRETO. REPARAÇÃO DO DANO MORAL COLETIVO. EXCESSO DE ARBITRAMENTO. REDUÇÃO. CONSTRUÇÃO DE MEMORIAL ALUSIVO AOS IMÓVEIS DEMOLIDOS. OBRIGAÇÃO DE FAZER POSSÍVEL. JUROS DE MORA. TERMO INICIAL CORRETO. RECURSO PARCIALMENTE PROVIDO. **1. O cerceamento de defesa ocorre se o órgão judicial impede a realização de prova necessária. Estando os fatos documentalmente comprovados, está ausente o suposto cerceamento.**

2. Ocorre vício ultra petita da sentença quando o julgador concede à parte ativa além do que pretendeu. Respeitado o limite, a sentença é válida.

3. É do proprietário a obrigação de conservar, reparar e restaurar o bem em processo de tombamento histórico e cultural. Portanto, sua demolição, mesmo que parcial e sem a respectiva autorização do Poder Público, revela-se inadmissível.

4. Comprovada a conduta antijurídica, os danos morais coletivos e materiais devem ser reparados.

5. O valor da indenização deve atender os princípios da proporcionalidade e da razoabilidade. Confirma-se o arbitramento da reparação pelo dano patrimonial corretamente realizado, porém, há que se reduzir o valor excessivo da indenização pelo dano moral coletivo. 6. Considerando a irreparável perda cultural que as demolições representam aos munícipes, a construção de memorial alusivo às construções demonstra-se obrigação de fazer razoável para atenuar o respectivo dano. 7. Em princípio, o devedor no caso de ato ilícito encontra-se em mora desde a data que o mesmo é perpetrado. Assim, os juros moratórios não podem ser contados a partir do trânsito em julgado da sentença.

8. Apelação cível conhecida e parcialmente provida para reduzir o valor da indenização pelo dano moral coletivo, rejeitadas duas preliminares. (TJMG - Apelação Cível 1.0024.05.813498-2/005, Relator(a): Des.(a) Caetano Levi Lopes, 2ª CÂMARA CÍVEL, julgamento em 23/02/2016, publicação da súmula em 02/03/2016).

O CASO IURD – CONDENAÇÃO POR DEMOLIÇÃO IRREGULAR DE EDIFICAÇÕES PROTEGIDAS POR INVENTÁRIO E REGISTRO DOCUMENTAL

LILIAN MARIA FERREIRA MAROTTA MOREIRA
Promotora de Justiça de Defesa do Meio Ambiente e Patrimônio Cultural de Belo Horizonte/MG.
Mestre em Direito Ambiental e Desenvolvimento Sustentável pela Escola Superior Dom Helder Câmara de Belo Horizonte/MG.
Conselheira do CEDIF – Conselho Estadual de Direitos Difusos de Minas Gerais – Biênio 2017/2018.

1. INTRODUÇÃO

O presente artigo se propõe a analisar acórdão da 2ª Câmara Cível do Tribunal de Justiça do Estado de Minas Gerais, proferido no julgamento da Apelação Cível nº 1.0024.05.813498-2/005, ocorrido em 23 de fevereiro de 2016, cuja súmula foi publicada em 02/03/2016, e teve como relator o Des. Caetano Levi Lopes.

O julgado tratou da responsabilização civil por danos ambientais culturais gerados pela demolição de bens edificados, sob proteção administrativa do inventário e registro documental, praticados pela Igreja Universal do Reino de Deus, na Capital mineira, no ano de 2005. O aresto não será transcrito em sua íntegra, em virtude de sua grande extensão, sendo a seguir registrada sua ementa:

Apelação Cível 1.0024.05.813498-2/005. Des.(a) Caetano Levi Lopes. 2ª Câmara Cível. Comarca de Belo Horizonte. Julgamento em 23.02.2016, Publicação Súmula: 02.03.2016

Súmula: REJEITARAM DUAS PRELIMINARES E DERAM PARCIAL PROVIMENTO À APELAÇÃO, VENCIDO O REVISOR QUANTO À SEGUNDA PRELIMINAR E EM PARTE DO MÉRITO.

EMENTA: APELAÇÃO CÍVEL. AÇÃO CIVIL PÚBLICA. CERCEAMENTO DE DEFESA INOCORRENTE. VÍCIO *ULTRA PETITA* INEXISTENTE. IMÓVEIS EM PROCESSO ADMINISTRATIVO PARA TOMBAMENTO HISTÓRICO E CULTURAL. DEMOLIÇÃO. IMPOSSIBILIDADE. CONDUTA ANTIJURÍDICA PATENTE. INDENIZAÇÃO POR DANOS MORAIS COLETIVOS E MATERIAIS. REPARAÇÕES DEVIDAS. VALOR DA REPARAÇÃO PELO DANO PATRIMONIAL. ARBITRAMENTO CORRETO. REPARAÇÃO DO DANO MORAL COLETIVO. EXCESSO DE ARBITRAMENTO. REDUÇÃO. CONSTRUÇÃO DE MEMORIAL ALUSIVO AOS IMÓVEIS DEMOLIDOS. OBRIGAÇÃO DE FAZER POSSÍVEL. JUROS DE MORA. TERMO INICIAL CORRETO. RECURSO PARCIALMENTE PROVIDO.

1. O cerceamento de defesa ocorre se o órgão judicial impede a realização de prova necessária. Estando os fatos documentalmente comprovados, está ausente o suposto cerceamento.

2. Ocorre vício *ultra petita* da sentença quando o julgador concede à parte ativa além do que pretendeu. Respeitado o limite, a sentença é válida.

3. É do proprietário a obrigação de conservar, reparar e restaurar o bem em processo de tombamento histórico e cultural. Portanto, sua demolição, mesmo que parcial e sem a respectiva autorização do Poder Público, revela-se inadmissível.

4. Comprovada a conduta antijurídica, os danos morais coletivos e materiais devem ser reparados.

5. O valor da indenização deve atender os princípios da proporcionalidade e da razoabilidade. Confirma-se o arbitramento da reparação pelo dano patrimonial corretamente realizado, porém, há que se reduzir o valor excessivo da indenização pelo dano moral coletivo.

6. Considerando a irreparável perda cultural que as demolições representam aos munícipes, a construção de memorial alusivo às construções demonstra-se obrigação de fazer razoável para atenuar o respectivo dano.

7. Em princípio, o devedor no caso de ato ilícito encontra-se em mora desde a data que o mesmo é perpetrado. Assim, os juros moratórios não podem ser contados a partir do trânsito em julgado da sentença.

8. Apelação cível conhecida e parcialmente provida para reduzir o valor da indenização pelo dano moral coletivo, rejeitadas duas preliminares. EMENTA: APELAÇÃO CÍVEL. AÇÃO CIVIL PÚBLICA. CERCEAMENTO DE DEFESA INOCORRENTE. VÍCIO ULTRA PETITA INEXISTENTE. IMÓVEIS EM PROCESSO ADMINISTRATIVO PARA TOMBAMENTO HISTÓRICO E CULTURAL. DEMOLIÇÃO. IMPOSSIBILIDADE. CONDUTA ANTIJURÍDICA PATENTE. INDENIZAÇÃO POR DANOS MORAIS COLETIVOS E MATERIAIS. REPARAÇÕES DEVIDAS. VALOR DA REPARAÇÃO PELO DANO PATRIMONIAL. ARBITRAMENTO CORRETO. REPARAÇÃO DO DANO MORAL COLETIVO. EXCESSO DE ARBITRAMENTO. REDUÇÃO. CONSTRUÇÃO DE MEMORIAL ALUSIVO AOS IMÓVEIS DEMOLIDOS. OBRIGAÇÃO DE FAZER POSSÍVEL. JUROS DE MORA. TERMO INICIAL CORRETO. RECURSO PARCIALMENTE PROVIDO.

1. O cerceamento de defesa ocorre se o órgão judicial impede a realização de prova necessária. Estando os fatos documentalmente comprovados, está ausente o suposto cerceamento.

2. Ocorre vício ultra petita da sentença quando o julgador concede à parte ativa além do que pretendeu. Respeitado o limite, a sentença é válida.

3. É do proprietário a obrigação de conservar, reparar e restaurar o bem em processo de tombamento histórico e cultural. Portanto, sua demolição, mesmo que parcial e sem a respectiva autorização do Podre Público, revela-se inadmissível.

4. Comprovada a conduta antijurídica, os danos morais coletivos e materiais devem ser reparados.

5. O valor da indenização deve atender os princípios da proporcionalidade e da razoabilidade. Confirma-se o arbitramento da reparação pelo dano patrimonial corretamente realizado, porém, há que se reduzir o valor excessivo da indenização pelo dano moral coletivo.

6. Considerando a irreparável perda cultural que as demolições representam aos munícipes, a construção de memorial alusivo às construções demonstra-se obrigação de fazer razoável para atenuar o respectivo dano.

7. Em princípio, o devedor no caso de ato ilícito encontra-se em mora desde a data que o mesmo é perpetrado. Assim, os juros moratórios não podem ser contados a partir do trânsito em julgado da sentença.

8. Apelação cível conhecida e parcialmente provida para reduzir o valor da indenização pelo dano moral coletivo, rejeitadas duas preliminares.

2. HISTÓRICO DO CASO

No ano de 2004 a Igreja Universal do Reino de Deus - IURD, proprietária das casas de nº 2304, 2288 e 2270, da Rua Aimorés, no Bairro de Lourdes, em Belo Horizonte – protegidas por inventário e registro documental – apresentou ao Conselho Deliberativo de Patrimônio Cultural do Município de Belo Horizonte - DPCM/BH, pedido de demolição dos bens protegidos, visando à ampliação da área do empreendimento denominado "Catedral da Fé" ou "Templo da Fé" e implantação de estacionamento destinado a atender os frequentadores da organização religiosa.

Entretanto, ao iniciar a análise da solicitação, o CDPCM-BH sinalizou no sentido de que a demolição das edificações não seria possível, em face da constatação de que as casas possuíam relevância cultural e histórica e por isso deveriam receber novo grau de proteção. Na análise do tombamento, após ser apresentado voto da Conselheira-relatora, foi suspenso o julgamento em face da solicitação de vista formulada por outra conselheira.

Não obstante a interrupção do julgamento, o CDPCM-BH registrou em ata a impossibilidade de demolição das edificações sem prévia e expressa autorização da Municipalidade, tendo, inclusive, a Secretaria Municipal de Regulação Urbana, em caráter cautelar, expedido, em 31 de dezembro de 2004, a notificação nº 624182-A, cientificando a IURD sobre a necessidade de que qualquer demolição ou construção nos imóveis fosse previamente licenciada.

Ocorre que antes da finalização do procedimento de tombamento, a IURD promoveu de forma clandestina, durante o período de feriado municipal (entre 13 e 15 de agosto de 2005), a demolição integral, não autorizada, das três casas, fato que gerou grande repercussão na imprensa local, impactando sobremaneira a sociedade belo-horizontina que se sentiu frontalmente agredida pela conduta degradatória de sua identidade e memória.

Diante dos fatos, o Município de Belo Horizonte autuou administrativamente a Igreja e a Promotoria de Justiça de Meio Ambiente e Patrimônio Cultural da Comarca de Belo Horizonte ajuizou ações penal[1] e civil pública[2] em de-

1 Ação Penal nº 0024.05.817.111-7 – 12ª Vara Criminal da Capital – que culminou, após intensa discussão judicial que chegou ao Superior Tribunal de Justiça, com a responsabilização penal do representante legal da IURD e também da própria pessoa jurídica.

2 Autos 0024.05.813.498-2 – 34ª Vara Cível da Capital.

fesa do meio ambiente cultural, em razão da demolição clandestina e irregular de três edificações protegidas por atos administrativos de inventário e registro documental e com processo de tombamento em andamento, conforme consta nos procedimentos administrativos n°s 01.093458.04.37, 01.093456.04.01 e 01.148157.04.09, abertos no CDPCM-BH.

3. COMENTÁRIOS AO ACÓRDÃO

Os pedidos formulados na ação civil pública pretendiam a fixação de indenização por danos morais coletivos e ambientais irreparáveis, sendo que estes poderiam ser compensados através da execução direta de obras de restauração de bens culturais, bem como pelo custeio de desapropriação e restauração de imóveis localizados nas imediações das casas demolidas, bem como ainda através da construção de um memorial aberto ao público nos terrenos das casas demolidas.

Em primeira instância os pedidos foram julgados procedentes, tendo a sentença prolatada pela Juíza, Dra. Maria Aparecida Consentino Agostini, em 1° de novembro de 2013, condenando a IURD: a) ao pagamento de indenização pelos danos patrimoniais causados ao meio ambiente cultural, no valor de R$ 18.768.243,63 (dezoito milhões, setecentos e sessenta e oito mil, duzentos e quarenta e três reais e sessenta e três centavos), b) indenização pelos danos morais coletivos, no importe de R$ 15.000.000,00 (quinze milhões de reais), c) à construção de memorial alusivo aos imóveis demolidos, observadas as diretrizes fixadas pelo Conselho Deliberativo de Patrimônio Cultural do Município de Belo Horizonte.

Ao julgar a apelação, o Tribunal de Justiça confirmou a sentença de primeiro grau, reduzindo tão somente o valor inicialmente fixado a título de danos morais coletivos – de quinze para cinco milhões – posicionamento encampado pelo relator e pelo vogal, Des. Marcelo Rodrigues, e ainda mesmo pelo voto elaborado pelo Des. Afrânio Vilela, que divergiu em outros pontos.

Nas decisões judiciais já proferidas em relação à degradação provocada pela Igreja Universal do Reino de Deus, destacam-se os seguintes aspectos: a) o reconhecimento de que a demolição não autorizada de bens culturais protegidos pelo inventário e registro, ainda quando o processo de tombamento não esteja concluído, caracteriza ato ilícito gerador de responsabilidade civil integral – incluídos danos ambientais materiais e morais coletivos, além de medida de compensação; b) a validação tanto em 1ª quanto em 2ª instâncias, da valoração de danos materiais, desenvolvida pela equipe técnica da Coordenadoria das Promotorias de Defesa do Patrimônio Cultual de Minas Gerais.

3.1 Inventário e registro documental como instrumentos efetivos de proteção aos bens com relevância histórico-cultural

Nas decisões proferidas tanto na ação civil pública, como na ação penal já encerrada, se observa que houve validação e reconhecimento da importância dos atos de inventário e registro documental como instrumentos aptos a proteger o patrimônio cultural, ainda que não haja o tombamento.

Esse reconhecimento é relevante porque a percepção sobre a importância cultural de determinado bem obedece à marcha progressiva da capacidade de apreensão e conscientização da própria identidade e memória comunitária.

Assim é que, não raro, bens com significativo valor simbólico para a sociedade só vem a ser protegidos por atos administrativos ou judiciais com o decorrer do tempo e ante a ameaça de seu perecimento, quando, então, as instâncias sociais e públicas consolidam instrumentos jurídicos e políticas de incentivo à sua preservação.

Em Belo Horizonte, palco dos fatos narrados no acórdão, as normas e políticas de proteção histórico-cultural só foram realmente implantadas a partir da indignação gerada pela demolição do Cine Metrópole para construção de uma nova sede do Banco Bradesco. À época, a ameaça ao prédio – localizado na região da Rua da Bahia, no centro da cidade, incluído, hoje, no Conjunto Urbano da Rua da Bahia – provocou grande reação nos meios artístico, arquitetônico e cultural, o que levou a uma busca de sua preservação, a qual, infelizmente, não se efetivou.

A partir desse caso, entretanto, o movimento de proteção dos bens simbólicos de Belo Horizonte ganhou força, levando à edição da lei do Conselho Deliberativo do Patrimônio Cultural do Município de Belo Horizonte (CDP-

CM-BH), em 1984 e, posteriormente, em 1993, à criação de um órgão que ficaria responsável pela implementação e gestão da política de proteção ao patrimônio cultural de BH, hoje representado pela Diretoria de Patrimônio Cultural (DIPC)"[3], instituições que favoreceram o avanço dos instrumentos de proteção do patrimônio na Capital mineira.

Paralelamente a esta realidade, doutrinadores como Marcos Paulo Souza Miranda ressaltam a natureza declaratória dos atos administrativos de proteção cultural, pois com a nova ordem constitucional, "vários são os instrumentos de proteção ao patrimônio cultural, sendo o tombamento apenas um deles e não mais o único" (MIRANDA, 2014, p 9).

Com efeito, a jurisprudência mineira, em vários de seus arestos[4], tem consolidado o sistema protetivo consagrado pela Carta de 1988, dando eficácia à norma prevista no § 1º do art. 216 da Constituição de 1988, que ampliou o espectro de proteção previsto na chamada Lei do Tombamento, instituída pelo Decreto-Lei n° 25/34 na era Vargas. Com isso se passou a reconhecer, de forma expressa, os institutos do inventário, registro, vigilância, desapropriação e outras formas de acautelamento e preservação que fossem acrescentadas pela legislação infraconstitucional.

Como exemplo dessa ampliação de instrumentos pode ser citada a Lei nº 9.605/98 (Lei dos Crimes Ambientais) que em seu artigo 62, expressamente prevê, como instrumento de proteção, a decisão judicial.

Finalmente, pode ser lembrado o voto do Des. Wander Marotta, no Acórdão da Apelação Cível nº 1.0220.11.000290-8/007, que, acompanhado pelo vogal Des. Luiz Carlos Gambogi, e citando o caso IURD, foi ainda mais específico e destacou a natureza declaratória de valor histórico-cultural dos atos de

---

3 Fundação Municipal de Cultura do Município de Belo Horizonte. Disponível em: http://portalpbh.pbh.gov.br/pbh/ecp/comunidade.do?evento=portlet&pIdPlc=ecpTaxonomiaMenuPortal&app=fundacaocultura&tax=23503&lang=pt_BR&pg=5520&taxp=0& - acesso em 10.10.17.

4 Apelação Cível nº 1.0035.09.161507-6/001, da 7ª Câmara Cível do TJMG, rel. Washington Ferreira, julgado em 11.12.2012, proveniente da comarca de Araguari, que decidiu que a descaracterização de bem protegido pelo instituto do inventário e com processo de tombamento em andamento é considerado ato ilícito, passível de responsabilização civil por dano moral contra a memória da coletividade.

proteção, acolhendo na seara judicial, o que tem sido amplamente defendido pela doutrina.

> (...) - Tanto o inventário quanto o tombamento possuem natureza declaratória. Há discussão, mas firmou-se na doutrina majoritária a opinião de que este último possui natureza declaratória e constitutiva, visto que, ao declarar um valor cultural que preexiste ao ato e lhe é anterior, cria (ao mesmo tempo) obrigações para os envolvidos (proprietário, poder público e até vizinhos). Mas não existe divergência sobre a natureza declaratória do tombamento.

3.2 Dano ao meio ambiente cultural e responsabilidade civil integral

No Direito Civil brasileiro prevalece o princípio de que a reparação civil deve se dar de forma integral, o que se aplica amplamente a danos praticados em bens ambientais.

Assim, o que tem tornado a reparação civil na seara ambiental singular é que os danos a ela relacionados e os impactos daí advindos são cada vez mais perceptíveis e aferíveis tecnicamente, na medida em que os conhecimentos científico, tecnológico e social avançam.

O juiz Álvaro Mirra (MIRRA, 2004), analisando a reparação integral nos danos ambientais, observa:

> (...) a reparação integral do dano ao meio ambiente deve compreender não apenas o prejuízo causado ao bem ou recurso ambiental atingido, como também, na lição de Helenita Barreira Custódio, *toda a extensão dos danos produzidos em consequência do fato danoso*, o que inclui os **efeitos ecológicos e ambientais da agressão inicial a um bem ambiental corpóreo** que estiverem no mesmo encadeamento causal, como, por exemplo, a destruição de espécimes, *habitats* e ecossistemas inter-relacionados com o meio afetado; **os denominados danos interinos**, vale dizer, as perdas de qualidade ambiental havidas no interregno entre a ocorrência do prejuízo e a efetiva recomposição do meio degradado; **os danos futuros** que se apresentarem como certos, **os danos irreparáveis à qualidade ambiental** e **os danos morais coletivos** resultantes da agressão a determinado bem ambiental (p. 315, grifos nossos).

Outro ponto relevante, e que também se aplica a entidades religiosas, é que, como ressaltado por Annelise Monteiro, a reparação ambiental se baseia no princípio do poluidor-pagador, inserido no ordenamento jurídico brasileiro pela Lei nº 6.938/81, da Política Nacional de Meio Ambiente, e recepcionado pela Constituição da República, quando prevê que o responsável pela degradação do ambiente deve "internalizar *todos* os custos" sejam eles decorrentes da prevenção ou da reparação ambiental (STEIGLEDER, 2011, p. 211).

Assim, nesse caso sob análise, em que o TJMG confirmou a existência tanto dos danos materiais irreparáveis, como dos morais coletivos, além de ter imposto obrigação de natureza compensatória, se tem uma concretização da proteção do direito fundamental à preservação da memória e identidade do povo mineiro, sinalizando aos operadores jurídicos o dever de efetivar a sua máxima recomposição, nela incluindo tanto os bens materiais, como os imateriais, garantindo o direito das gerações presentes e futuras.

3.3 Critérios para valoração de danos ambientais culturais

Importante frisar que, em face do tempo decorrido entre o ajuizamento da ação civil pública (2005) e a prolação da sentença de 1ª Instância (2013), algumas das medidas sugeridas na inicial para reparação dos danos patrimoniais foram superadas ou implementadas pelo próprio Município de Belo Horizonte.

Assim, para garantir a adequada e equivalente reparação dos danos causados à coletividade, o Ministério Público juntou laudo de avaliação dos danos ao patrimônio cultural, o qual observou dois aspectos: a) que tipo de bem foi atingido; b) que tipo de dano foi causado a estes bens, sua extensão, sua reversibilidade, causas e efeitos adversos decorrentes.

Analisando a valoração efetivada a magistrada da 34ª Vara Cível, Dra. Maria Aparecida Consentino Agostini, destacou que seria:

> (...) prudente acatar o valor mensurado no laudo apresentado pelo Ministério Público, porque, em primeiro, foi elaborado por profissional competente e embasado em metodologia científica específica e segundo, porque foi anexado aos autos, dando-se ciência à parte requerida e possibilitando contraditório; em terceiro, porque foi elaborado com base em documentação constantes dos autos e considerou bens atingidos, a lesão que foi causada, sua extensão, reversibilidade, causas e efeitos adversos (...) (fls.1456, dos autos 0024.05.813.498-2).

A quantificação dos danos materiais ao patrimônio cultural foi elaborada pela equipe técnica da Coordenadoria das Promotorias de Justiça do Patrimônio Cultural de Minas Gerais, a partir de metodologia desenvolvida pelo CONDEPHAAT (Conselho de Defesa do Patrimônio Histórico, Arqueológico, Artístico e Turístico do Estado de São Paulo), com a participação de equipe multidisciplinar de profissionais externos ao Ministério Público, atuantes na área do patrimônio cultural e ambiental, oriundos dos quadros do Instituto Brasileiro do Patrimônio Cultural – IBPC/9ª Coordenadoria Regional; do Conselho de Defesa do Patrimônio Histórico, Arqueológico, Artístico e Turístico do Estado de São Paulo (Condephaat); Departamento do Patrimônio Histórico (DPH) da Secretaria Municipal de Cultura, órgão de apoio técnico ao Conselho Municipal de Preservação do Patrimônio Histórico, Cultural e Ambiental da Cidade de São Paulo (Conpresp); Departamento de Avaliação de Impactos Ambientais (SMA); Conselho de Entidades Preservacionistas do Estado de São Paulo (CEPESP) e Ministério Público do Estado de São Paulo, através de sua Promotoria de Justiça de Meio Ambiente da Capital.

Em seu voto o Des. Marcelo Rodrigues, vogal no acórdão, ressaltou que "a indenização fixada pelo juízo de origem não ultrapassou os limites da lide, não se falando em violação ao artigo 460 do Código de Processo Civil".

Por outro lado, o relator do acórdão, Des. Caetano Levi, rejeitou as teses defensivas que pretendiam negar a ocorrência de danos materiais, afastar a validade do cálculo apresentado no laudo do Ministério Público e limitar a reparação apenas ao dano moral coletivo, argumentando que: "(...) o dano material causado pelas demolições irregulares é patente. Assim, seu valor arquitetônico deve mesmo ser reparado mediante indenização de danos patrimoniais"; e, ainda, que qualquer questionamento acerca do laudo valorativo dos danos ambientais patrimoniais estaria precluso, já que não fora realizada impugnação nas várias vistas concedidas à ré, após juntada do documento aos autos.

E prosseguiu confirmando compensação consubstanciada na obrigação de "construção do memorial alusivo às casas tombadas, abrangendo todos os lotes atingidos", por considerar tal medida necessária para "atenuar a imensurável perda cultural e histórica para os munícipes belo-horizontinos".

O acórdão analisou, ainda, a fixação da data de início da incidência de juros compensatórios e correção monetária, deixando de agravá-los, em face do entendimento de que ocorreria *reformatio in pejus*.

Apresentados recursos especial e extraordinário, foi o primeiro recebido pelo STJ e ainda se encontra aguardando processamento.

4. CONSIDERAÇÕES FINAIS

O emblemático acórdão tornou-se referencial para a proteção cultural no Estado de Minas, ao oferecer uma adequada resposta jurídica à demolição clandestina e não autorizada de edificações protegidas por atos administrativos de inventário e registro documental, impondo pagamento de indenizações pecuniárias por danos ambientais irreversíveis de natureza material e moral coletiva e, com isso, buscando impedir que a Igreja Universal do Reino de Deus se beneficie da própria torpeza, sinalizando à comunidade e aos gestores públicos locais a necessidade de se observarem os deveres de cautela e conservação do patrimônio cultural, previstos no ordenamento jurídico brasileiro.

5. REFERÊNCIAS BIBLIOGRÁFICAS

MIRANDA, Marcos Paulo Souza. *Lei do tombamento comentada. Doutrina, jurisprudência e normas complementares.* Belo Horizonte: Del Rey, 2014.

MIRRA, Álvaro Luiz Valery. *Ação civil pública e a reparação do dano ao meio ambiente.* São Paulo: Juarez de Oliveira Editora, 2004.

STEIGLEDER, Annelise Monteiro. *Responsabilidade civil ambiental. As dimensões do dano ambiental no direito brasileiro.* 2ª ed. rev. atualz. ampl. Porto Alegre: Livraria do Advogado, 2011.

REEXAME NECESSÁRIO - APELAÇÃO CÍVEL - AÇÃO CIVIL PÚBLICA - IMPROBIDADE ADMINISTRATIVA - ATOS DE IMPROBIDADE ADMINISTRATIVA - DESCUMPRIMENTO À LEGISLAÇÃO AMBIENTAL - DEPÓSITO DE RESÍDUOS SÓLIDOS - LIXO - ATERRO CONTROLADO - IRREGULARIDADES - COMPROVAÇÃO - APLICAÇÃO DE SANÇÕES - ART. 12 DA LEI N° 8.429/92. 1- Por aplicação analógica do art. 19 da Lei nº 4.717/65, deve ser conhecido o reexame necessário de ações civis públicas por ato de improbidade administrativa.

2- O Supremo Tribunal Federal, após o exame da Reclamação nº. 2.138/DF, posicionou-se no sentido de que os agentes políticos estão sujeitos a uma dupla normatividade em matéria de improbidade, tanto aquela fundada na Lei nº 8.429/92, quanto a decorrente da aplicação da Lei nº 1.079/50 ou do Decreto-Lei nº 01/67, as quais possuem objetivos e natureza distintos. 3- Uma vez demonstrado o descumprimento à legislação ambiental quanto ao depósito de resíduos sólidos e a negligência dos agentes públicos para implantar o sistema ambientalmente mais adequado para tal, resta configurada a prática de atos ímprobos, enquadrados no art. 11, caput e inciso II, da Lei nº 8.429/92. 4- "O elemento subjetivo, necessário à configuração de improbidade administrativa censurada nos termos do art. 11 da Lei n° 8.429/1992, é o dolo genérico de realizar conduta que atente contra os princípios da Administração Públi-

ca, não se exigindo a presença de dolo específico" (REsp 951.389/SC, Rel. Ministro HERMAN BENJAMIN, PRIMEIRA SEÇÃO, julgado em 09/06/2010, DJe 04/05/2011).

5- "Para que a penalidade aplicada ao agente ímprobo obedeça ao máxime Princípio da Proporcionalidade, necessário se faz a observância dos seguintes tópicos: a) a lesividade e a reprovabilidade da conduta do agente ímprobo; b) o elemento volitivo - dolo ou culpa c) a consecução do interesse público; d) a finalidade da norma sancionadora". Ministro Luiz Fux, REsp 505.068/PR, julgado em 09/09/2003, DJ 29/09/2003. (TJMG - Apelação Cível 1.0460.11.003878-9/001, Relator(a): Des.(a) Jair Varão, 3ª CÂMARA CÍVEL, julgamento em 09/02/2017, publicação da súmula em 07/03/2017).

DESTINAÇÃO INADEQUADA DOS RESÍDUOS SÓLIDOS – CARACTERIZAÇÃO COMO ATO DE IMPROBIDADE ADMINISTRATIVA

LUCIANO FURTADO LOUBET
Promotor de Justiça em Mato Grosso do Sul, Mestre em Direito Ambiental e da Sustentabilidade pela Universidade de Alicante – Espanha; Especialista em Direito Ambiental pela Universidade para o Desenvolvimento do Estado do Pantanal – UNIDERP; autor do Livro "Licenciamento Ambiental – A Obrigatoriedade do Uso das Melhores Técnicas Disponíveis"; já proferiu palestras em mais de onze países; membro fundador da Rede Latino-Americana de Ministério Público Ambiental; Diretor de Relações Institucionais da ABRAMPA.

1. INTRODUÇÃO

O presente comentário visa analisar o acórdão n. 1.0460.11.003878-9/001, do Tribunal de Justiça de Minas Gerais, de relatoria do Desembargador Jair Varão, julgado em 09 de fevereiro de 2017 e publicado em 07 de março de 2017.

O acórdão julgou apelação contra sentença proferida em ação civil pública que tramitou na Comarca de Ouro Fino, ajuizada pelo Ministério Público de Minas Gerais em face de Luiz Carlos Maciel e Cássio Henrique Maciel, na qual buscava-se a condenação de ambos – Prefeito e Secretário de Meio Ambiente, respectivamente – às penas da Lei nº 8.429/92 (Lei da Improbidade Administrativa), em razão de descumprimento de Termo de Ajustamento de Conduta com finalidade de regularizar a situação do lixão do Município.

Na sentença o magistrado entendeu por bem em julgar improcedente a ação, sendo que na apreciação do reexame necessário e da apelação interposta pelo Ministério Público, reverteu-se a sentença para condenação dos réus.

O fato originou-se em razão do Município de Ouro Fino haver firmado um Termo de Ajustamento de Conduta em 26 de junho de 2002, comprometendo-se a regularizar a situação da destinação do lixo na Cidade, o qual foi descumprido.

Em razão disto o Ministério Público ajuizou a ação de improbidade para responsabilizar os agentes.

2. FUNDAMENTOS DO ACÓRDÃO

Ao analisar o caso, o Tribunal de Justiça de Minas Gerais, por força do voto do relator, além de afastar a tese de ser incabível a ação de improbidade contra agentes políticos, entendeu por bem em condenar os réus em razão dos mesmos haverem violado os deveres de honestidade, imparcialidade, legalidade e lealdade.

Sustentou que os réus praticaram ato visando o fim proibido em lei ou diverso daquele previsto, além de retardar ou deixar de praticar, indevidamente, ato de ofício, em razão de haverem realizado depósito de resíduos sólidos sem o devido licenciamento ambiental, o que ocasionou prejuízos ao meio ambiente e à coletividade, incidindo-se nas hipóteses do artigo 11, incisos I e II, da Lei n° 8.429/92.

Em razão do primeiro requerido haver exercido a função de Prefeito Municipal (2005 a 2012) e o segundo de Diretor do Departamento de Desenvolvimento Rural e Meio Ambiente (2009 e depois em 2012), o Excelentíssimo Relator, em seu voto, entendeu serem passíveis de responsabilização pelos atos deste período.

Fundamentando-se em laudo pericial foi constatado que

> "é possível afirmar com clareza que houve dano ambiental causado pelo depósito de lixo no aterro controlado, vez que tal forma de disposição de resíduos sólidos não oferece barreiras capazes de impedir que os poluentes atinjam o solo, o ar e as águas superficiais e subterrâneas, sendo inegável a degradação ambiental da área".

Em seu voto, ainda, sustentou o relator ser

> "evidente a conduta dolosa dos requeridos, haja vista a negligência dos agentes públicos em tomar as medidas necessárias para adequar o sistema de despejo de lixo do município à legislação ambiental, bem como às Deliberações Normativas da COPAM, havendo manifesta violação ao princípio da legalidade".

Em fundamento, citando a jurisprudência do Superior Tribunal de Justiça, fundamentou ainda que o elemento subjetivo necessário à configuração de improbidade administrativa prevista no art. 11 da Lei n° 8.429/92 é o dolo genérico de realizar conduta que atente contra os princípios da Administração Pública, não se exigindo a presença do dolo específico.

Com base nestes argumentos, condenou os réus à suspensão dos direitos políticos por três anos, pagamento de multa civil de três vezes o valor da remuneração recebida e a proibição de receber benefícios ou incentivos fiscais ou creditícios direta ou indiretamente do Poder Público Municipal.

Houve voto divergente, mas restou vencido.

3. DA RESPONSABILIDADE AMBIENTAL – APURAÇÃO NAS ESFERAS CRIMINAL, ADMINISTRATIVA, CÍVEL E DE IMPROBIDADE ADMINISTRATIVA

Já é conceito comum que a responsabilidade ambiental no Brasil desenvolve-se em três esferas: a) criminal; b) administrativa; c) cível.

Isto decorre da própria dicção do parágrafo terceiro do artigo 225 da Constituição Federal, deixando-se clara a previsão da tríplice responsabilidade ambiental assentada no Texto Magno.

A responsabilidade civil, adotando-se a teoria da responsabilidade objetiva, é extraída da Lei de Política Nacional de Meio Ambiente (Lei Federal n° 6.938/81), quando determina ser "o poluidor obrigado, independentemente da existência de culpa, a indenizar ou reparar os danos causados ao meio ambiente", a qual vem instrumentalizada pela Lei Federal n° 7.347/85, que regulamenta a Lei da Ação Civil Pública.

Por outro lado, a responsabilidade penal está regulamentada em grande parte pela Lei Federal n° 9.605/98, que, a partir de seu artigo 70, também regulamenta a responsabilidade administrativa, conjugando-a com os tipos administrativos previstos no Decreto Federal n° 6.514/2008.

Registre-se que, no âmbito da responsabilidade civil e criminal, há várias hipóteses de possibilidade de responsabilização contra atos praticados contra a Administração Pública, como apontamos em artigo de nossa autoria "*Responsabilidade civil e criminal dos agentes públicos e consultores privados no licenciamento ambiental*" (LOUBET, Luciano Furtado. *Direito Ambiental.* Ed. UFMS. Organizador Alexandre Lima Raslan. 2010. p. 245-276), tais como: dispensa indevida de licenciamento ambiental; de EIA-RIMA; omissões e falsidades em estudos ambientais; concessões indevidas de licenças; autorizações ou permissões, dentre outras.

Contudo, estas três facetas não esgotam toda a responsabilidade ambiental, restando ainda uma: a necessidade de, em casos específicos, apurar-se a responsabilidade pelos atos de improbidade administrativa, regulamentada pela Lei Federal n° 8.429/92.

A doutrina diverge sobre a natureza jurídica desta responsabilidade, havendo quem defenda tratar-se de responsabilidade administrativa (Francisco de Assis Betti – Lei n. 8.429/92 – *Dos crimes de corrupção e suas consequências*, in *Revista do Centro de Estudos Judiciários, n. 92/96. 2000*), outros de sanções de natureza política (Flávio Sátiro Fernandes – *Improbidade Administrativa*, RDA 210/177), outros, ainda, sustentam tratar-se de responsabilidade *sui generis* ilícito-administrativas (José Jairo Gomes – *Apontamentos sobre a improbidade administrativa*, in *Improbidade Administrativa 10 anos da Lei n° 8.429/92.* 2002. Ed. Del Rey. p. 258).

Porém, a corrente majoritária é no sentido desta responsabilidade ter natureza civil, conforme Emerson Garcia e Rogério Pacheco Alves (*Improbidade Administrativa.* 3ª Ed. 2006. Ed. Lumen Juris. p. 429) e Nicolao Dino de Castro e Costa Neto (*Improbidade Administrativa – 10 anos da Lei n° 8.492/92.* 2002. Ed. Del Rey. p. 365).

Por outro lado, há que se registrar que o patrimônio público tutelado pela Lei de Improbidade Administrativa não se restringe ao patrimônio público material restrito integrante das administrações, ao contrário, é integrado também por aqueles bens difusos que pertencem à toda coletividade, como o meio ambiente, conforme ensina Luís Roberto Gomes:

> "a amplitude conferida pelo ordenamento jurídico à expressão inclui, por exemplo, o patrimônio público ambiental, de valor material e imaterial, cujo titular é expressamente definido como o povo (CF, art. 225, caput). Deve-se levar em conta, então, que se trata de interesse público primário, de ampla abrangência, afastando-se o reducionismo ao patrimônio material econômico das entidades públicas" (GOMES, Luís Roberto. *O Ministério Público e o controle da omissão administrativa: o controle da omissão estatal no Direito Ambiental.* Ed. Forense Universitária. 2003. p. 56).

Assim, questão fora de dúvida é que este instrumento de responsabilização é de extrema relevância para conter os ataques à administração e patrimônio público, sendo certo que, na seara ambiental, não pode ser olvidado ou subutilizado.

4. DA APURAÇÃO DOS ATOS DE IMPROBIDADE ADMINISTRATIVA COMO ESTRATÉGIA IMPORTANTE NA PREVENÇÃO E REPRESSÃO DOS ILÍCITOS AMBIENTAIS

O acórdão sob análise seguiu a linha de alguns entendimentos expostos na "Carta de Araxá", em especial, o estabelecido no número 15, que prevê que a "ação civil pública de improbidade ambiental deve ser usada como instrumento de proteção do meio ambiente, na medida que este integra o conceito de patrimônio social".

Justamente na linha deste entendimento foi a ação de improbidade administrativa, em que buscou como um último recurso, após anos de descumprimento do termo de ajustamento de conduta, um instrumento mais efetivo de responsabilização dos gestores omissos.

Note-se que muitas vezes o descaso com o meio ambiente é proposital e não decorre de mera ausência de recursos.

Além disto, há casos de desvio que devem ser apurados e responsabilizados, pois, conforme aponta Ney de Barros Bello Filho, a "pressão sobre a administração pública tem levado administradores pouco zelosos com o patrimônio de todos a cederem aos interesses privados e subjugarem o interesse público ao interesse de uma minoria" (*Aplicabilidade da Lei de Improbidade Administrativa à Atuação da Administração Ambiental Brasileira in Doutrinas Essenciais – Direito Ambiental.* Ed. RT. Organizadores Édis Milaré e Paulo Affonso Leme Machado. 2011. p. 858)

Portanto, é ponto crucial para a garantia da aplicação das normas ambientais combater a impunidade e os desvios ocorridos no âmbito da administração ambiental, já que quanto mais eficiente for a fiscalização, menor a probabilidade da impunidade de quem comete estes ilícitos, o que levará à redução dos lucros obtidos ilegalmente e diminuirá a atratividade desta forma de conduta.

Por tais motivos, conforme apontado no artigo *Análisis comparativo de la aplicación de la ley penal en Brasil y Ecuador* (LOUBET, Luciano Furtado e ECHEVERRIA, Hugo. *Revista de Direito Ambiental.* v. 16, n. 63, jul-set. 2011. p. 241-286), é importante que o Ministério Público no Brasil venha a adotar estratégias que tenham por finalidade: a) reduzir a lucratividade dos ilícitos ambientais; b) melhorem a eficiência estatal na fiscalização preventiva e punitiva; c) combatam a impunidade; e) combatam a corrupção.

Neste sentido:

> "Cabe lembrar, também que a responsabilização penal, por dano ambiental, não é o único e nem sempre a forma mais efetiva de se proteger o meio ambiente. Em muitas situações, é imprescindível a utilização de outros instrumentos, notadamente em situações em que o agente público, que deveria ser o primeiro a cumprir o comando constitucional de proteção ao meio ambiente (CF, art. 225, §1º), é o responsável (às vezes principal) pela lesão ou pela ameaça aos recursos naturais, culturais e artificiais protegidos pelo microssistema ambiental" (MARSOLA, Dênis Fábio; OLIVEIRA, Beatriz Lopes de; STEFANI, Marcos. *Temas de Direito Ambiental. Cap. Apontamentos Sobre Os Atos de Improbidade Administrativa Ambiental.* Pag. 396. Ed. Ministério Público do Estado de São Paulo, Organizadores: LUTTI, José Eduardo Ismael, LEITE, Luís Felipe Tegon Cerqueira, ROCHA, Luís Fernando, SERRA, Tatiana Barreto; Imprensa Oficial do Estado de São Paulo. 2015).

Assim, dentro destas estratégias, a ferramenta da ação por improbidade administrativa para responsabilizar agentes públicos que cometam desvios de conduta e os particulares que contribuam para isto é de suma relevância.

5. DOS ATOS DE IMPROBIDADE PRATICADOS EM DESFAVOR DO MEIO AMBIENTE

Conforme já narrado resumidamente acima, incontáveis condutas praticadas por agentes públicos envolvidos em atividades ambientais e urbanísticas das mais variadas podem vir a ter repercussão na área da responsabilização por improbidade administrativa.

Alguns exemplos deste tipo de atividade podem ser encontrados nas lições de Emerson Garcia, citado na obra abaixo:

> "Emerson Garcia fornece exemplos significativos de condutas na área de tutela do meio ambiente que configuram ato de improbidade administrativa nos termos do art. 10, sem que tenham natureza ou conotação financeira: a) guarda florestal que permite o ingresso de terceiros em reserva florestal com consequente captura de animais em extinção (art. 10, I da Lei nº 8.429/92; b) fiscal do IBAMA que deixa de apreender pássaros silvestres mantidos em cativeiro por particular, sem a necessária autorização do órgão competente (art. 10, II da Lei nº 8.429/92); c) Presidente da República que, em viagem ao exterior, doa a Pontífice estátua incorporada ao patrimônio histórico e cultural brasileiro (art. 10, III, da Lei nº 8.429/92); d) agente público que realiza a alienação, para fins de loteamento, de área que abriga sítio detentor de reminiscências históricas dos antigos quilombos, afrontando o art. 216, parágrafo 5º da constituição (art. 10, IV, da Lei nº 8.429/92) e e) agente público que permite a deterioração de prédio que abriga repartição pública e que se encontra tombado e incorporado ao patrimônio histórico e cultural (art. 10, X, da Lei nº 8.429/92)" (MARSOLA, Dênis Fábio; OLIVEIRA, Beatriz Lopes de; STEFANI, Marcos. *Temas de Direito Ambiental. Cap. Apontamentos Sobre Os Atos De Improbidade Administrativa Ambiental.* Pag. 384. Ed. Ministério Público do Estado de São Paulo, Organizadores: LUTTI, José Eduardo Ismael, LEITE, Luis Felipe Tegon Cerqueira, ROCHA, Luis Fernando, SERRA, Tatiana Barreto; Imprensa Oficial do Estado de São Paulo. 2015).

Por outro lado, Ney de Barros Bello Filho também apresenta vários casos, tais como a concessão de licença mediante suborno, elaboração de falso EIA-RIMA ou não realização de fiscalização mediante suborno *(Aplicabilidade da Lei de Improbidade Administrativa à Atuação da Administração Ambiental Brasileira* in Doutrinas Essenciais – Direito Ambiental. Ed. RT. Organizadores Édis Milaré e Paulo Affonso Leme Machado. 2011. p. 880*)*.

Registre-se que não só nestes casos pode ocorrer improbidade administrativa, mas também naqueles casos em que houver violação dos princípios da administração pública e também os princípios ambientais, conforme sustenta Marino Pazzaglini Filho:

> "Os princípios constitucionais, cuja violação poderá implicar em ato de improbidade administrativa, são não só os estabelecidos no art. 37 da CF/88 (legalidade, impessoalidade, moralidade, publicidade e eficiência), mas todos aqueles recepcionados ao longo do Texto Constitucional, inclusive os contemplados no art. 205 da CF/88 (obrigatoriedade da intervenção estatal, prevenção e precaução, cooperação e responsabilidade integral do degradador)". (*Princípios Constitucionais e Improbidade Administrativa Ambiental, Doutrinas Essenciais - Direito Ambiental.* Ed. RT. Organizadores Édis Milaré e Paulo Affonso Leme Machado. 2011. p. 528).

O posicionamento do Superior Tribunal de Justiça tem sido no sentido de ser cabível a ação de improbidade ambiental, pois as

> "normas ambientais encerram obrigações não só para quem usa recursos naturais, mas também para o administrador público que por eles deve velar. O agente do Estado que, com dolo genérico, descumpre, comissiva ou omissivamente, tais deveres de atuação positiva comete improbidade administrativa, nos termos do art. 11 da Lei nº 8.429/1992" (REsp 1260923/RS, Rel. Ministro HERMAN BENJAMIN, SEGUNDA TURMA, julgado em 15/12/2016, DJe 19/04/2017).

É o caso do Prefeito Municipal, Secretário ou outro agente que venha a determinar, por ato administrativo, a implantação de um loteamento sem licença ambiental, a emissão de efluentes sem tratamento ou, ainda, como no caso analisado, a criação de um lixão que não segue as normas de proteção e causa poluição.

Foi justamente nesta linha de atuação – a omissão evidente dos agentes públicos no dever de proteção ao meio ambiente, mesmo após inúmeras oportunidades para a correção da situação – em que houve o ajuizamento da ação civil pública por improbidade que gerou o acórdão estudado.

Note-se que outros Tribunais também seguem a mesma linha, como, por exemplo, o Tribunal de Justiça do Estado de Goiás:

> DUPLO GRAU DE JURISDIÇÃO E APELAÇÃO CÍVEL. AÇÃO CIVIL PÚBLICA POR ATO DE IMPROBIDADE ADMINISTRATIVA AM-

> BIENTAL. I- Destinação inadequada de resíduos sólidos urbanos. Danos ao meio ambiente. A destinação incorreta dos resíduos sólidos acarreta danos ao meio ambiente e à saúde pública, de tal sorte que é indispensável o gestor municipal mostrar-se atento ao correto gerenciamento dos resíduos sólidos. Há um dever de ação dirigido ao administrador público no sentido de adotar as providências adequadas à correta destinação dos resíduos, em conformidade com os regulamentos técnicos pertinentes. II- omissão do gestor público. Ato de improbidade administrativa. Ao deixar de lado a problemática do lixo, mesmo diante da imprescindibilidade de sua atuação, o requerido causou danos ambientais incalculáveis. O sistema normativo e principiológico voltado para a área ambiental impõe ao poder público e à coletividade o dever de defender o meio ambiente e preservá-lo para as presentes e futuras gerações (art. 225, Constituição Federal), ou seja, dever de agir. Dessa forma, restou configurada a conduta omissiva e dolosa do réu/apelado, uma vez que tendo tomado conhecimento da existência de evento lesivo ao meio ambiente e à saúde pública relacionado à destinação dos resíduos sólidos, durante sua gestão, manteve-se inerte diante de sua obrigação legal de minimizar e reparar o dano, o que configura ato de improbidade administrativa, nos termos do art. 11, inciso II da Lei nº 8.429/92. Remessa necessária e apelo conhecidos e parcialmente providos. (TJGO; DGJ 0431895-85.2012.8.09.0156; Varjao; Primeira Câmara Cível, Rel. Des. Carlos Roberto Favaro; DJGO 15/07/2016; Pág. 171).

No mesmo sentido é o entendimento do Tribunal de Justiça do Rio Grande do Sul:

> APELAÇÃO CÍVEL. IMPROBIDADE ADMINISTRATIVA. EX-SECRETÁRIO MUNICIPAL DA AGRICULTURA, INDÚSTRIA, COMÉRCIO E SERVIÇOS. MUNICÍPIO DE PANAMBI/RS. DEPÓSITO IRREGULAR DE RESÍDUOS SÓLIDOS. CONDUTA OMISSIVA. INCISO II DO ART. 11 DA LEI Nº 8.429/92. VIOLAÇÃO AO PRINCÍPIO DA MORALIDADE ADMINISTRATIVA. APLICAÇÃO DAS SANÇÕES PREVISTAS NO ART. 12, INC. III, DA LEI DE IMPROBIDADE ADMINISTRATIVA. O retardamento e a omissão indevida de ato de ofício contrariam o dever da boa administração, de modo que, ao proibir a prática de atos oficiais sem motivo justificável, comete o agente público ato de improbidade. A omissão atribuída ao recorrente, consistente no fato de obstar a ação fiscalizatória dos agentes públicos que lhe eram hierarquicamente subordinados, bem como deixar de praticar pessoalmente ou determinar que se praticassem tais atos de ofício, é conduta que se amolda à norma prevista no art. 11, inciso II, da Lei nº 8.429/92, configurando, assim, ato de improbidade administrativa por violação ao princípio da moralidade administrativa. No caso sub judice, a prova colhida nos autos revela a prática

do tipo imputado ao apelante, pois, ao tomar conhecimento de depósito irregular de resíduos sólidos de construção civil existente em área pertencente à Cotripal, o apelante impediu de forma deliberada, a fiscalização dos agentes públicos que lhe eram subordinados, bem como deixou de realizar os atos que lhe competiam, visto que a cooperativa em questão é empresa de grande porte, que mantém vasto quadro de associados e funcionários, atuando em vários ramos de atividade econômica, com quem o Município de Panambi mantém diversas parcerias, bem como por que o apelado possui relações pessoais de amizade com o gerente de manutenção e patrimônio da cotripal, Sr. Auri Wahlbrink, responsável direto pelo depósito irregular de resíduos sólidos. Verifica-se, de forma clara, o dolo no agir do apelante, uma vez que deixou de adotar as medidas que lhe competiam, quais sejam, efetivar a lavratura de auto de infração ou instaurar procedimento administrativo para averiguação. Ora, competia ao réu, por dever de ofício, fiscalizar a situação do depósito que se encontrava em desacordo com as normas ambientais vigentes, inclusive por que situado em área de preservação permanente devido à presença de nascente no local, bem como tomar as precauções devidas para se evitar dano ao ambiente local. Tais circunstâncias evidenciam, a mais não poder, a decisão do demandado, de ignorar a irregularidade noticiada pelo fiscal ambiental, deixando de sancionar a cooperativa pelo aterro clandestino. O art. 11 da Lei de improbidade, contempla os atos de improbidade que atentam contra os princípios da administração pública, constituindo-se em ação ou omissão que viole os deveres de honestidade, imparcialidade, legalidade, e lealdade às instituições, sendo desnecessária a efetiva lesão ao erário ou o enriquecimento ilícito. Por esta razão, possível a proibição de contratar com o poder público ou receber benefícios fiscais pelo prazo de três anos, conforme o art. 12, inc. III, da Lei nº 8.429/92. No tocante ao valor estipulado a título de multa civil, qual seja, 20 vezes o valor da remuneração do réu na data do fato, tem-se que fixado em atenção aos princípios da razoabilidade e proporcionalidade, uma vez que o art. 12, inc. III, da Lei prevê o pagamento de multa civil de até cem vezes o valor da remuneração percebida pelo agente. Assim, o valor estabelecido pelo d. Magistrado de primeiro grau representa dois décimos, ou seja, 20% do valor permitido pela referida legislação, devendo ser ressaltada a inexistência de comprovação nos autos, da insuficiência econômica do apelante. Em face dos danos ambientais perpetrados por longo período, e levando em conta a conduta omissiva recorrente do demandado, as sanções estabelecidas na d. Sentença assumem caráter exemplar, sendo aplicadas também com o intuito de dissuadir a prática de semelhantes condutas pelos administradores públicos. Apelo desprovido. Unânime. (TJRS; AC 0329146-81.2015.8.21.7000; Panambi; Segunda Câmara Cível; Relª Desª Lúcia de Fátima Cerveira; Julg. 29/06/2016; DJERS 07/07/2016).

Na mesma esteira de entendimento é do Tribunal de Justiça do Espírito Santo:

APELAÇÃO CÍVEL. AÇÃO DE IMPROBIDADE ADMINISTRATIVA. CARACTERIZADA. DOLO DEMONSTRADO AO ASSINAR O TERMO DE AJUSTAMENTO DE CONDUTA, SEM IMPLEMENTAR, DENTRO DO PRAZO ASSUMIDO, TODAS AS CONDICIONANTES EXIGIDAS, APTAS A FAZER CESSAR OU MINORAR O DANO AMBIENTAL CAUSADO COM A DESTINAÇÃO DO LIXO URBANO PRODUZIDO NO MUNICÍPIO. RESSARCIMENTO DO DANO. AFASTAMENTO. REGENERAÇÃO NATURAL DA ÁREA, CONFORME LAUDO PERICIAL. BASE DE CÁLCULO DA MULTA. REMUNERAÇÃO DO PREFEITO APLICÁVEL À ÉPOCA DO EXERCÍCIO DO CARGO. RECURSO PARCIALMENTE PROVIDO. I - A sentença ora vergastada determinou que o Apelante recupere a área do "lixão", supostamente degradada por sua omissão, todavia, conforme as conclusões do perito do Juízo, das ações praticadas pelo Apelante não subsistiram danos atuais que comportem reparação, porquanto "a área de depósito dos resíduos sólidos foi regenerada naturalmente". Tal fato não importa concluir pela ausência do dano, cuja responsabilidade por ato de improbidade deve ser apurada e punida. Contudo, se o perito do Juízo concluiu que a própria natureza cuidou de regenerar a área degradada, não haveria motivos para condenar o Apelante a fazê-lo. Nesse contexto, deve ser parcialmente reformada a sentença proferida pelo Juízo a quo, para afastar a condenação ao ressarcimento integral do dano ambiental causado na área descrita na inicial, face à sua recomposição. II - Todavia, não se pode perder de vista que o art. 21, inciso I da Lei de Improbidade Administrativa dispõe que a aplicação das sanções previstas na Lei independe da efetiva ocorrência de dano ao patrimônio público, salvo quanto ao ressarcimento, já excluído da condenação. Ademais, a perícia oficial fora realizada no ano de 2010, sendo que, pelos demais elementos probatórios produzidos nos autos, o Apelante, de fato, descumpriu parcialmente o quanto definido no Termo de Ajustamento de Conduta (TAC) firmado, conforme é possível verificar nos pareceres técnicos acostados aos autos, não servindo as escusas alinhavadas no recurso interposto para eximir sua responsabilidade quanto aos compromissos assumidos, os quais puderam ser devidamente calculados antes do pacto firmado, não devendo ser acolhida, sobretudo, a alegação de falta de recursos

> financeiros, tendo em vista que o tratamento e a destinação do lixo urbano é um problema crônico nas municipalidades, devendo ser solucionados com prioridade, eis que afetam diretamente a saúde da população e o meio ambiente. III - Mostra-se razoável e proporcional a aplicação das demais sanções aventadas pelo Juiz da Comarca de origem, previstas no art. 12, III da mencionada Lei nº 8.429/1992, a saber: suspensão dos direitos políticos por três anos; proibição de contratar com o Poder Público ou receber benefícios ou incentivos fiscais ou creditícios, direta ou indiretamente, ainda que por intermédio de pessoa jurídica da qual seja sócio majoritário, pelo prazo de 3 (três) anos; e multa civil de 5 (cinco) vezes o valor da remuneração do Prefeito do Município de João Neiva, calculada com base na remuneração vigente à época em que o Apelante se encontrava no cargo, ocasião em que praticou os atos de improbidade verificados nesta demanda. lV - Apelo conhecido e parcialmente provido. (TJES; APL 0001309-46.2006.8.08.0067; Quarta Câmara Cível; Rel. Des. Jorge do Nascimento Viana; Julg. 25/01/2016; DJES 29/01/2016),

Note-se que, na mesma linha, também vem decidindo o Superior Tribunal de Justiça, que, a despeito de não haver decidido o mérito de um caso, entendeu ser cabível a tramitação de ação de improbidade administrativa em caso semelhante, inclusive, decidindo que o fato do lixão não haver sido iniciado na gestão daquele Prefeito, deveria ele ser responsabilizado:

> ADMINISTRATIVO E PROCESSUAL CIVIL. AÇÃO CIVIL PÚBLICA. IMPROBIDADE ADMINISTRATIVA. DEPÓSITO DE LIXO EM LOCAL INADEQUADO. REJEIÇÃO LIMINAR DA AÇÃO. IMPOSSIBILIDADE.
>
> 1. Cuidam os autos de ação civil pública de improbidade administrativa ajuizada pelo Ministério Público do Estado do Acre em desfavor de Francisco Batista de Souza, ex-prefeito do Município de Senador Guiomar, em razão de ter ordenado que o lixo coletado na cidade fosse depositado em área totalmente inadequada (situada aos fundos de uma escola municipal e de uma fábrica de pescados), de modo que tal ato, por acarretar grandes danos ao meio ambiente e à população das proximidades, reclama a responsabilização do agente público.
>
> 2. O Plenário do Tribunal de origem entendeu, com base em voto majoritário, que é de ser rejeitada liminarmente a ação civil pública de improbidade administrativa proposta contra um único prefeito municipal em todo o Estado do Acre que, a despeito de desatender a Lei Estadual n° 1.117/94 e o Código Florestal, no que se refere ao adequado depósito de lixo urbano, administrativamente age como todos os demais prefeitos, face à insuficiên-

cia orçamentária sofrida pelas municipalidades e sob pena de malferir o princípio da razoabilidade.

3. Este entendimento merece reforma.

4. É que o simples fato de os prefeitos anteriores ou de outros prefeitos terem iniciado prática danosa ao meio ambiente não elide a responsabilização do recorrido, que adotou, quando de sua gestão (autônoma em relação a todas as outras), a mesma conduta (poluidora).

5. Além disso, a mera alegação de que a verba orçamentária das municipalidades seria insuficiente para viabilizar a adequação do depósito de lixo às normas ambientais não tem o condão de afastar o interesse de o Ministério Público propor demanda na qual se objetive a responsabilização do agente da Administração Pública que atuou em desconformidade com a legislação protetiva do meio ambiente.

6. Com efeito, o § 1º do art. 14 da Lei nº 6.938/81 preceitua que, "sem obstar a aplicação das penalidades previstas neste artigo, é o poluidor obrigado, independentemente da existência de culpa, a indenizar ou reparar os danos causados ao meio ambiente e a terceiros, afetados por sua atividade. O Ministério Público da União e dos Estados terá legitimidade para propor ação de responsabilidade civil e criminal, por danos causados ao meio ambiente".

7. Frise-se, ainda, que a despeito da menção, na ementa do Tribunal de origem, acerca da existência de Termo de Ajustamento de Conduta (TAC), a verdade é que os fatos noticiados no acórdão combatido apenas dão con ta de que o recorrente, o recorrido e o Ibama estavam em tratativas neste sentido (de firmar o TAC) - e não de que o TAC exista e venha sendo cumprido (fl. 108).

8. Vedada a análise de provas nesta instância especial, devem-se considerar os fatos tal como descritos no acórdão, vale dizer, pela inexistência de TAC que obste o prosseguimento desta ação.

9. Recurso especial provido.

(REsp 699.287/AC, Rel. Ministro MAURO CAMPBELL MARQUES, SEGUNDA TURMA, julgado em 13/10/2009, DJe 23/10/2009).

Nestes termos, "todos os integrantes da Administração Ambiental, como também os particulares que auferem vantagens e lucros com a atitude ilícita do administrador, restam imersos nas consequências apontadas pela lei se, e quando ocorrerem as hipóteses por ela elencadas" (FILHO, Ney de Barros Bello, *Aplicabilidade da Lei de Improbidade Administrativa à Atuação da Administração Ambiental Brasileira* in Doutrinas Essenciais – Direito Ambiental. Ed. RT. Organizadores Édis Milaré e Paulo Affonso Leme Machado. 2011. p. 877).

Por certo, então, que o Tribunal de Justiça de Minas Gerais, mantendo-se na vanguarda da jurisprudência ambiental nacional, em mais este caso proferiu decisão que vem a concretizar a proteção constitucional ao meio ambiente.

6. CONCLUSÃO

Conclui-se, portanto, que o manejo da ação de improbidade administrativa pode ser um grande instrumento na proteção ao meio ambiente, sendo que a violação deste bem se configura como violação ao um bem público, já que a qualidade ambiental é um patrimônio de toda a sociedade.

A omissão injustificada da autoridade responsável pela cessação da atividade poluente – como no caso de lixões irregulares – configura-se como improbidade administrativa, o que, neste caso, foi confirmado pelo Tribunal de Justiça de Minas Gerais.

7. REFERÊNCIAS BIBLIOGRÁFICAS

BELLO FILHO, Ney de Barros. *Aplicabilidade da Lei de Improbidade Administrativa à Atuação da Administração Ambiental Brasileira in Doutrinas Essenciais – Direito Ambiental*. Ed. RT. Organizadores Édis Milaré e Paulo Affonso Leme Machado, p. 201.

COSTA NETO, Nicolao Dino de Castro e. *Improbidade Administrativa – 10 anos da Lei n. 8.492/92*. Del Rey. 2002.

GARCIA, Emerson e ALVES, Rogério Pacheco. I*mprobidade Administrativa*. 3ª Ed. Ed. Lumen Juris. 2006.

GOMES, José Jairo. *Apontamentos sobre a improbidade administrativa*, in *Improbidade Administrativa 10 anos da Lei n. 8.429/92*. Belo Horizonte: Del Rey. 2002.

GOMES, Luís Roberto. *O Ministério Público e o controle da omissão administrativa: o controle da omissão estatal no Direito Ambiental*. Ed. Forense Universitária. 2003.

LOUBET, Luciano Furtado. *Responsabilidade civil e criminal dos agentes públicos e consultores privados no licenciamento ambiental. Direito Ambiental.* Ed. UFMS. Organizador Alexandre Lima Raslan. 2010.

LOUBET, Luciano Furtado e ECHEVERRIA, Hugo. *Análisis comparativo de la aplicación de la ley penal en Brasil y Ecuador. Revista de Direito Ambiental.* v. 16, n. 63, jul-set. 2011. p. 241-286.

MARSOLA, Dênis Fábio; OLIVEIRA, Beatriz Lopes de; STEFANI, Marcos. *Temas de Direito Ambiental. Cap. Apontamentos Sobre Os Atos de Improbidade Administrativa Ambiental.* Pag. 396. Ed. Ministério Público do Estado de São Paulo, Organizadores: LUTTI, José Eduardo Ismael, LEITE, Luís Felipe Tegon Cerqueira, ROCHA, Luís Fernando, SERRA, Tatiana Barreto; Imprensa Oficial do Estado de São Paulo. 2015.

INCIDENTE DE ARGUIÇÃO DE INCONSTITUCIONALIDADE - DIREITO AMBIENTAL - UNIÃO E ESTADO - COMPETÊNCIA CONCORRENTE - DELIBERAÇÃO NORMATIVA Nº 74, DE 09.09.2004, DO CONSELHO ESTADUAL DE POLÍTICA AMBIENTAL DISPENSA DA REALIZAÇÃO DE "ESTUDO DE IMPACTO AMBIENTAL - EIA" E DO CORRESPONDENTE "RELATÓRIO DE IMPACTO AMBIENTAL - RIMA" - DISPOSIÇÃO CONTRÁRIA À NORMA FEDERAL - VULNERAÇÃO AO PRINCÍPIO DA PROTEÇÃO AMBIENTAL - INCONSTITUCIONALIDADE FORMAL E MATERIAL.

1. A competência legislativa em matéria ambiental privilegiará sempre a maior e mais efetiva preservação do meio ambiente, independentemente do Ente Político que a execute, haja vista que todos receberam da Carta Constitucional aludida competência (artigo 24, V, VI e VIII; 30, II). Todavia, no exercício da competência concorrente há prevalência da União no que concerne à regulação de aspectos de interesse nacional, com o estabelecimento de normas gerais endereçadas a todo o território nacional, as quais, como é óbvio, não podem ser contrariadas por normas estaduais ou municipais.

2. A fim de suprir lacunas, na ausência de legislação da União sobre normas gerais, poderão os Estados ocupar o vazio, exercendo a competência legislativa plena para atender as suas peculiaridades (artigo 24, §3º, da CF/1988), sendo que a superveniência de Lei Federal sobre normas gerais suspende a eficácia da Lei Estadual, no que for incompatível com esta (artigo 24, §4º, da CF/1988).

3. A indigitada Deliberação Normativa nº 74/2004, do COPAM, ao permitir o desenvolvimento de várias atividades agropecuárias, em áreas superiores a 1.000 ha (mil hectares), com base em mera "Autorização Ambiental de Funcionamento - AAF", sem qualquer estudo ambiental prévio, mostra-se flagrantemente inconstitucional diante dos vícios formal e material, sendo que, o primeiro, por dispor de modo contrário à norma federal geral; o segundo, porque a dispensa da realização do "Estudo de Impacto Ambiental - EIA" e do correspondente "Relatório de Impacto Ambiental - RIMA" vulnera o princípio da proteção ambiental" (TJMG - Arg Inconstitucionalidade 1.0024.11.044610-1/002, Relator(a): Des.(a) Elias Camilo, ÓRGÃO ESPECIAL, julgamento em 24/04/2013, publicação da súmula em 03/05/2013).

LICENCIAMENTO AMBIENTAL DE EMPREENDIMENTOS AGROPECUÁRIOS: O TJMG E A PRIMAZIA DA PROTEÇÃO

MARCELO AZEVEDO MAFFRA
Promotor de Justiça em Minas Gerais
Especialista em Direito Público (PUC-MG)
Especialista em Direito Ambiental (UGF)

1. INTRODUÇÃO

O Ministério Público do Estado de Minas Gerais ajuizou Ação Civil Pública em face do Estado de Minas Gerais, arguindo incidentalmente, como causa de pedir, a inconstitucionalidade de norma estadual que dispensava a apresentação de Estudo de Impacto Ambiental – EIA para diversos empreendimentos agropecuários com áreas superiores a 1.000 hectares.

Os indigitados dispositivos da Deliberação Normativa COPAM nº 74/2004 contrariavam o art. 2º, XVII, da Resolução CONAMA n.º 01/86, que criou uma presunção absoluta de significativo impacto ambiental para a implantação de tais empreendimentos, sendo obrigatória a elaboração de EIA/RIMA nesses casos.

Após a regular tramitação da ação, o Órgão Especial do Tribunal de Justiça do Estado de Minas Gerais, em 24 de abril de 2013, de forma unânime, acolheu o Incidente de Arguição de Inconstitucionalidade nº 1.0024.11.044610-1/002, relatado pelo Desembargador Elias Camilo, que ganhou a seguinte ementa:

> INCIDENTE DE ARGUIÇÃO DE INCONSTITUCIONALIDADE - DIREITO AMBIENTAL - UNIÃO E ESTADO - COMPETÊNCIA CONCORRENTE - DELIBERAÇÃO NORMATIVA Nº 74, DE 09.09.2004, DO CONSELHO ESTADUAL DE POLÍTICA AMBIENTAL - DISPENSA DA REALIZAÇÃO DE "ESTUDO DE IMPACTO AMBIENTAL - EIA" E DO CORRESPONDENTE "RELATÓRIO DE IMPACTO AMBIENTAL -

> RIMA" - DISPOSIÇÃO CONTRÁRIA À NORMA FEDERAL - VULNERAÇÃO AO PRINCÍPIO DA PROTEÇÃO AMBIENTAL - INCONSTITUCIONALIDADE FORMAL E MATERIAL. 1. A competência legislativa em matéria ambiental privilegiará sempre a maior e mais efetiva preservação do meio ambiente, independentemente do Ente Político que a execute, haja vista que todos receberam da Carta Constitucional aludida competência (artigo 24, V, VI e VIII; 30, II). Todavia, no exercício da competência concorrente há prevalência da União no que concerne à regulação de aspectos de interesse nacional, com o estabelecimento de normas gerais endereçadas a todo o território nacional, as quais, como é óbvio, não podem ser contrariadas por normas estaduais ou municipais. 2. A fim de suprir lacunas, na ausência de legislação da União sobre normas gerais, poderão os Estados ocupar o vazio, exercendo a competência legislativa plena para atender as suas peculiaridades (artigo 24, §3º, da CF/1988), sendo que a superveniência de Lei Federal sobre normas gerais suspende a eficácia da Lei Estadual, no que for incompatível com esta (artigo 24, §4º, da CF/1988). 3. A indigitada Deliberação Normativa nº 74/2004, do COPAM, ao permitir o desenvolvimento de várias atividades agropecuárias, em áreas superiores a 1.000 ha (mil hectares), com base em mera "Autorização Ambiental de Funcionamento - AAF", sem qualquer estudo ambiental prévio, mostra-se flagrantemente inconstitucional diante dos vícios formal e material, sendo que, o primeiro, por dispor de modo contrário à norma federal geral; o segundo, porque a dispensa da realização do "Estudo de Impacto Ambiental - EIA" e do correspondente "Relatório de Impacto Ambiental - RIMA" vulnera o princípio da proteção ambiental.

A magistral decisão do TJMG analisou profundamente os meandros da repartição constitucional da competência legislativa em matéria ambiental e, após enfrentar os limites impostos a cada um dos entes federados, consagrou a tese da prevalência da norma que garanta maior proteção ao direito fundamental ao meio ambiente ecologicamente equilibrado.

2. COMPETÊNCIA LEGISLATIVA AMBIENTAL

A competência para legislar sobre licenciamento ambiental e proteção do meio ambiente é, em regra, concorrente, sendo possível que cada um dos entes federados possua legislação própria sobre o assunto, desde que observados os limites estabelecidos pelo art. 24 da Constituição Federal.

Nesse condomínio legislativo, a União é competente para editar as normas gerais sobre a matéria ambiental, ao passo que cabe aos Estados legislar sobre regras específicas, desde que compatíveis com o panorama legislativo traçado no plano nacional, além de estabelecer normas gerais e/ou específicas quando a legislação federal for omissa.

No que tange à proteção do meio ambiente, por se tratar de direito fundamental essencial à preservação das presentes e futuras gerações, as normas gerais editadas pela União, no exercício da competência legislativa concorrente, devem disciplinar questões comuns a todos os entes federados, de forma a garantir a efetividade da tutela ambiental em todo o país.

As normas gerais editadas pela União para a proteção ao meio ambiente constituem um piso mínimo, que deve ser observado pelas legislações estaduais e municipais, as quais podem apenas aumentar o grau de proteção.

Essa é a orientação preconizada por Farias (1999, p. 356):

> Eventuais conflitos, nos quais a noção de norma geral e especial não seja suficiente, devem ser resolvidos pela prevalência da norma que melhor defenda o direito fundamental tutelado, por tratar-se de preceito constitucional (lei nacional) que se impõe à ordem jurídica central ou regional (in dúbio pro natura). (...).

Assim, teleologicamente, assegura-se a possibilidade de norma estadual estabelecer proibições, onde a lei federal permita, bem como que a lei federal estabeleça patamares mínimos de proteção ambiental a serem observados em todo o País, dando-se efetividade à proteção ambiental e ao desenvolvimento autossustentável.

O mesmo raciocínio é defendido por Fiorillo (2009, p. 131):

> Desta forma, podemos afirmar que à União caberá a fixação de pisos mínimos de proteção ao meio ambiente, enquanto aos Estados e Municípios, atendendo aos seus interesses regionais e locais, a de um "teto" de proteção. Com isso, oportuno frisar que os Estados e Municípios jamais poderão legislar, de modo a oferecer menos proteção ao meio ambiente do que a União, porquanto, como já ressaltado, a esta cumpre, tão-só, fixar regras gerais. (...)
>
> Em linhas gerais, podemos concluir que a competência legislativa em matéria ambiental estará sempre privilegiando a maior e mais efetiva preser-

vação do meio ambiente, independentemente do ente político que a realize, porquanto todos receberam da Carta Constitucional aludida competência (arts. 24, V, VI e VII e 30, I).

Assim, em relação à matéria ambiental, quando existir norma geral editada pela União, os Estados e Municípios só podem especificá-la para impor exigências mais defensivas aos ecossistemas, considerando as particularidades regionais e locais. A inobservância do patamar mínimo nacional de proteção enseja a inconstitucionalidade das normas estaduais e municipais menos restritivas (MAFFRA, 2012).

Com efeito, no caso de conflito aparente entre normas editadas por dois ou mais entes federados, sempre prevalecerá aquela mais benéfica à preservação ambiental. Até porque, "não se pode suplementar um texto legal para descumpri-lo, ou para deturpar sua intenção, isto é, para desviar-se da *mens legis* ambiental federal" (MACHADO, 2005. p. 107).

3. O ESTUDO DE IMPACTO AMBIENTAL E A RESOLUÇÃO CONAMA Nº 01/86

O licenciamento ambiental decorre do exercício do poder de polícia e, portanto, insere-se na competência administrativa de todos os entes federados, podendo ser feito no âmbito federal, estadual ou municipal, de acordo com a extensão territorial dos impactos ambientais do empreendimento.

A regra é que o licenciamento seja feito pelo órgão ambiental estadual, sendo supletiva a competência federal, para, dentre outras hipóteses, avaliar as atividades de impactos de âmbito nacional ou regional. A competência dos Municípios é residual, para licenciar empreendimentos de impacto ambiental local ou quando existir delegação do Estado.

De toda sorte, nas três esferas da federação, as normas gerais editadas pela União devem ser obrigatoriamente observadas em todos os procedimentos de licenciamento ambiental, inclusive nos Estados e Municípios, que também estão vinculados às diretrizes traçadas no plano nacional.

A obrigação do Poder Público de exigir a apresentação do EIA para instalação de obra ou atividade potencialmente causadora de significativa degradação ambiental está expressamente prevista no art. 225, §1º, IV, da Constituição Federal e decorre dos princípios da prevenção e do desenvolvimento sustentável.

Em consonância com o texto constitucional, o art. 8º, I e II, da Lei nº 6.938/81, regulamentado pelo art. 17, §1º, do Decreto nº 99.274/90, atribuiu ao CONAMA a competência para editar normas gerais sobre o licenciamento ambiental, bem como para fixar as hipóteses em que se deve exigir o EIA/RIMA.

O art. 2º, da Resolução CONAMA n.º 01/86, elencou algumas atividades cuja implantação implica necessariamente significativo impacto ambiental, sendo obrigatória a exigência do EIA/RIMA para o licenciamento de tais empreendimentos.

Em todos esses casos, é imprescindível a apresentação de EIA/RIMA, uma vez que a norma geral nacional criou uma presunção absoluta de significativo impacto ambiental para a implantação de tais empreendimentos.

A Resolução CONAMA nº 01/86 fixou um mínimo obrigatório que deve ser observado por todos os entes federados, de forma que, nas atividades listadas no art. 2º, não podem os Estados dispensar a apresentação do EIA, "sob pena de afronta à Constituição Federal, de insubordinação ao princípio da hierarquia vertical das normas e malferimento ao princípio do *due process ambiental*"[1].

Essa também é a lição de Mirra (2008, p. 90):

> Assim, o que se conclui é que as normas federais que disciplinam o estudo de impacto ambiental – Lei **n**° 6.938/1981, Decreto n° 99.274/1990 e Resolução 001/1986 do CONAMA – são, efetivamente, em sua integralidade e em todos os seus aspectos, normas gerais e, por se mostrarem compatíveis com a previsão constitucional do art. 24, §1º. da Constituição de 1988, não podem ser contrariadas pelas normas dos Estados e Municípios para o fim de reduzir o grau de proteção do meio ambiente. Por via de consequência, a dispensa pela legislação estadual ou municipal de determinadas atividades da realização do EIA, que pela regulamentação federal é de exigência obrigatória nessas hipóteses, é providência vedada igualmente pelo sistema constitucional em vigor.

1 MIRANDA, 2009, p. 04.

No mesmo sentido orienta-se o Supremo Tribunal Federal:

> CONSTITUCIONAL. MEIO AMBIENTE. ESTUDO DE IMPACTO AMBIENTAL. EIA. CF art. 225, §1º, IV. (...) Considerando-se a importância do EIA como poderoso instrumento preventivo ao dano ecológico e a consagração, pelo constituinte, da preservação do meio ambiente como valor e princípio, conclui-se que a competência conferida ao Município para legislar em relação a esse valor só será legítima se, no exercício dessa prerrogativa, esse ente estabelecer normas capazes de aperfeiçoar a proteção à ecologia, nunca, de flexibilizá-la ou abrandá-la (STF, AgRg no RE 396.541-7. Rel. Min. Carlos Veloso. j. 14.06.2005).

> AÇÃO DIRETA DE INCONSTITUCIONALIDADE. ARTIGO 182, §3º, DA CONSTITUIÇÃO DO ESTADO DE SANTA CATARINA. ESTUDO DE IMPACTO AMBIENTAL. CONTRARIEDADE AO ARTIGO 225, §1º, IV, DA CARTA DA REPÚBLICA. A norma impugnada, ao dispensar a elaboração de estudo prévio de impacto ambiental no caso de áreas de florestamento ou reflorestamento para fins empresariais, cria exceção incompatível com o disposto no mencionado inciso IV do §1º do artigo 225 da Constituição Federal. Ação julgada procedente, para declarar a inconstitucionalidade do dispositivo constitucional catarinense sob enfoque (STF - ADI 1086/SC, Rel. Min. Ilmar Galvão. j. 10/08/2001).

4. O ACÓRDÃO PARADIGMA E O LICENCIAMENTO AMBIENTAL EM MINAS GERAIS

No julgamento do Incidente de Inconstitucionalidade nº 1.0024.11.044610-1/002, o Órgão Especial do TJMG reconheceu que, no caso de conflito entre normas editadas por diferentes entes federativos, deve sempre prevalecer a norma mais protetiva ao meio ambiente.

No seu brilhante voto, o Relator Desembargador Elias Camilo Sobrinho ressaltou:

Não é excesso de zelo asseverar que a competência legislativa em matéria ambiental privilegiará sempre a maior e mais efetiva preservação do meio ambiente, independentemente do Ente Político que a realize, pois todos receberam da Lei Maior tal competência (art. 24, V, VI e VIII; art. 30, II).

Todavia, na legislação concorrente ocorre prevalência da União no que concerne à regulação de aspectos de interesse nacional, com o estabelecimento de normas gerais endereçadas a todo o território nacional, as quais, como é óbvio, não podem ser contrariadas por normas estaduais ou municipais.

Nos autos também consta primoroso parecer da lavra da Procuradora de Justiça Maria Angélica Said, do MPMG, que salientou o seguinte:

Em matéria ambiental, as leis de nível inferior (estadual e municipal), podem dispor diversamente daquelas de nível superior (federal), se o fizerem de modo mais restritivo, mas nunca de forma mais permissiva, diminuindo o espaço de proteção ao meio ambiente e à saúde da pessoa humana. Destarte, resta clara a inconstitucionalidade formal dos dispositivos da Deliberação Normativa em análise, por extrapolarem os limites de competência normativa complementar/suplementar do ente estatal.

A Deliberação Normativa nº 74 do COPAM prevê a existência de um procedimento simplificado, aplicável às atividades consideradas de baixo impacto ambiental, no qual o órgão ambiental não condiciona a concessão da licença/autorização à apresentação de quaisquer estudos ambientais, ainda que simplificados, sendo impossível uma adequada avaliação da viabilidade ambiental dos empreendimentos.

O problema maior é que, dentre as atividades que a mencionada norma estadual considerava de baixo impacto ambiental, algumas estão elencadas no art. 2º da Resolução CONAMA nº 01/86, para as quais a norma geral nacional determina expressamente a apresentação de EIA/RIMA.

Apesar da clareza da norma geral nacional, a indigitada DN 74/2004 (art. 2º c/c art. 17-A e Anexo Único – Listagem G-01, 02 e 03) permitia o desenvolvimento de várias atividades agropecuárias, em áreas muito superiores a 1.000 ha, com base no procedimento de licenciamento simplificado.

Já no art. 1°, §3°, a referida norma estadual permitia a absurda substituição do EIA por estudo ambiental simplificado (Plano de Controle Ambiental) para projetos agropecuários imensos, tais como: cultivo de cana de açúcar em áreas infinitamente superiores a 2.000 ha; silvicultura em área de 10.000 ha e culturas perenes em áreas imensamente superiores a 2.000 ha.

Por isso, podemos dizer que, além de consagrar a tese da prevalência da norma mais protetiva, a decisão do TJMG constitui importantíssimo precedente na efetivação do princípio da prevenção, especialmente por exigir do órgão ambiental a adequada avaliação prévia da viabilidade ambiental dos empreendimentos e a imposição de medidas mitigadoras dos impactos ao meio ambiente.

5. CONCLUSÕES

A competência para legislar sobre a proteção ao meio ambiente é concorrente entre os três entes federados. À União compete editar as normas gerais, que funcionam como patamares mínimos de proteção em todo território nacional. Os Estados e Municípios podem complementar a norma nacional, estabelecendo regras específicas para a preservação do meio ambiente, além de editar normas específicas quando a legislação federal for omissa.

No exercício da competência legislativa concorrente suplementar, os Estados e Municípios devem observar os pisos de proteção fixados na norma geral nacional, sendo possível apenas ampliar a tutela ambiental, de acordo com as peculiaridades regionais e locais.

No caso de conflito aparente entre normas ambientais editadas por diferentes entes federados, dentro dos limites da competência legislativa, deverá prevalecer a regra que garanta maior efetividade ao direito fundamental ao meio ambiente ecologicamente equilibrado.

A Jurisprudência do TJMG sedimentou o entendimento de que, no caso de conflito entre normas editadas por diferentes entes federativos, deve sempre prevalecer a norma mais protetiva ao meio ambiente.

Em relação às atividades sujeitas à apresentação de Estudo de Impacto Ambiental, a Resolução CONAMA nº 01/86 fixou um mínimo obrigatório que deve ser observado por todos os entes federados.

A Deliberação Normativa nº 74/04, do Conselho Estadual de Política Ambiental de Minas Gerais, padece de vício de inconstitucionalidade, por contrariar o art. 2º da Resolução CONAMA nº 01/86, no que concerne à indevida dispensa de EIA/RIMA para projetos agropecuários com área superior a 1.000 (mil) hectares.

6. REFERÊNCIAS BIBLIOGRÁFICAS

ANTUNES, Paulo de Bessa. Direito Ambiental. 7ª Ed. Rio de Janeiro: Lumen Juris, 2004.

ALMEIDA, Fernanda Dias Menezes. Competências na Constituição de 1988. São Paulo: Atlas, 1991.

FARIAS, Paulo José Leite. Competência Federativa e Proteção Ambiental. Porto Alegre: Sérgio Antônio Fabris Editor, 1999.

FERREIRA, Heline Sivini. Competências Ambientais. In CANOTILHO, José Joaquim Gomes e LEITE, José Rubens Morato (Org.). Direito Constitucional Ambiental Brasileiro. 4ª. ed. São Paulo: Saraiva, 2011. p. 227/238.

FINK, Daniel Roberto; ALONSO JÚNIOR, Hamilton; DAWALIBI, Marcelo. Aspectos Jurídicos do Licenciamento Ambiental. 2ª Ed. Rio de Janeiro: Forense Universitária, 2002.

FIORILLO, Celso Antônio Pacheco. Curso de Direito Ambiental Brasileiro. 10ª Ed. São Paulo: Saraiva, 2009.

FREITAS, Vladimir Passos de. A Constituição Federal e a Efetividade das Normas Ambientais. 3ª Ed. São Paulo: Editora Revista dos Tribunais, 2005.

GRECO, Leonardo. Competências Constitucionais em Matéria Ambiental. Revista dos Tribunais, São Paulo, v. 687, 2003, p. 23/29.

MACHADO, Paulo Afonso Leme. Direito Ambiental Brasileiro, 13ª Ed. São Paulo: Malheiros, 2005.

________. Competência Comum, Concorrente e Supletiva em Matéria de Meio Ambiente. Revista de Informação Legislativa, Brasília, ano 33, nº 131, julho/set/1996. p. 167/174.

________. Federalismo, Amianto e Meio Ambiente: Julgado Sobre Competência. *In* CANOTILHO, José Joaquim Gomes e LEITE, José Rubens Morato (Org.). Direito Constitucional Ambiental Brasileiro. 3ª Ed. São Paulo: Saraiva. 2010.

MAFFRA, Marcelo Azevedo. Conflitos Normativos em Matéria Ambiental: A Prevalência da Proteção. Revista Jurídica da Escola Superior do Ministério Público de São Paulo. Vol. 1. São Paulo: ESMP, 2012. P. 129/145.

MIRRA, Álvaro Luiz Valery. Impacto Ambiental: Aspectos da Legislação Brasileira. 4ª Ed. São Paulo: Juarez de Oliveira, 2008.

MILARÉ, Edis. Direito do Ambiente. 4ª ed. São Paulo: Revista dos Tribunais, 2005.

MIRANDA, Marcos Paulo de Souza. Autorização Ambiental de Funcionamento (DN COPAM 74/94) e Violação ao Princípio da Prevenção: Uma Inconstitucionalidade Flagrante e Perigosa. 2009. Disponível em <http://www.amda.org.br>. Acesso em: 26/09/2017.

SILVA, José Afonso da. Direito Ambiental Constitucional. 4ª Ed. São Paulo: Malheiros Editores, 2002.

SILVEIRA, Patrícia Azevedo da. Competência Ambiental. Curitiba: Juruá, 2006.

YOSHIDA, Consuelo Yatsuda Moromizato. Jurisdição e Competência em Matéria Ambiental, *In* MARQUES, José Roberto. (Org.). Leituras Complementares de Direito Ambiental. Salvador: PODVIM, 2008.

AÇÃO CIVIL PÚBLICA - FURTO - IMAGEM NOSSA SENHORA DO ROSÁRIO - AUTORIA ATRIBUÍDA A ALEIJADINHO - IMAGEM ENCONTRADA EM PODER DE COLECIONADOR - BUSCA E APREENSÃO - NEGATIVA EM DEVOLVER - DANOS MORAIS COLETIVOS CONFIGURADOS - LITIGÂNCIA DE MÁ-FÉ CONFIGURADA - SENTENÇA CONFIRMADA. A indenização por dano moral deve levar em consideração a condição econômica do infrator e a gravidade da falta cometida. Nosso sistema jurídico admite a existência de danos morais coletivos, configurados nos dissabores e prejuízos causados à coletividade em razão de ato ilícito praticado pelo apelante, que causou desalentos e consternações à comunidade em face do patrimônio histórico, que restou arranhado com o ato ilícito que acarretou a retirada de obra de Aleijadinho do acervo municipal por longo período de tempo. Tendo o réu praticado ato ilícito que causou desalentos e consternações à comunidade, uma vez que tinha conhecimento de que a imagem em seu poder era a mesma que foi subtraída da igreja, deixando de devolvê-la, há de ser condenado à indenização por danos morais. Caracterizada a litigância de má-fé do autor, pela tentativa de alterar a verdade dos fatos, deve o mesmo ser condenado à litigância de má-fé, conforme determinado pelo juízo primevo (TJMG - Apelação Cível 1.0024.04.301053-7/013, Relator(a): Des.(a) Vanessa Verdolim Hudson Andrade, 1ª CÂMARA CÍVEL, julgamento em 25/02/2014, publicação da súmula em 10/03/2014).

CONFIGURAÇÃO E INDENIZABILIDADE DE DANOS MORAIS COLETIVOS DECORRENTES DA SUBTRAÇÃO E PRIVAÇÃO DA FRUIÇÃO DE BEM CULTURAL TOMBADO

MARCOS PAULO DE SOUZA MIRANDA
Promotor de Justiça em Minas Gerais
Especialista em Direito Ambiental.
Professor de Direito do Patrimônio Cultural.
Coordenador da Promotoria Estadual de Defesa do Patrimônio Cultural e Turístico de Minas Gerais (2005-2016).
Coordenador do Grupo de Trabalho sobre Patrimônio Cultural da Rede Latino-Americana do Ministério Público.
Membro do Conselho Internacional de Monumentos e Sítios (Icomos-Brasil).

1. INTRODUÇÃO

O acórdão ora comentado foi proferido em recurso de apelação interposto em sede de ação civil pública proposta pelo Ministério Público do Estado de Minas Gerais no ano de 2003, na Comarca de Belo Horizonte (autos nº 3010537-56.2004.8.13.0024), em que se pretendia que um colecionador paulista fosse condenado a devolver uma imagem sacra, produzida no período colonial (Nossa Senhora do Rosário, padroeira da Capela do Sumidouro, Município de Pedro Leopoldo), que estava ilicitamente em seu poder, bem como a indenizar, por danos morais coletivos, a comunidade de onde a peça havia sido retirada. A imagem, datada do século XVIII, era a padroeira do povoado do Sumidouro e havia sido furtada em dezembro de 1981, fazendo com que a comunidade ficasse privada da sua fruição por décadas.

No feito originário, deferida a liminar de busca e apreensão da imagem e sua colocação sob guarda e responsabilidade do Instituto Estadual do Patrimônio Histórico e Artístico de Minas Gerais - IEPHA, a peça foi ocultada pelo réu, que frustrou inúmeras operações judiciais e policiais encetadas com o intuito de restituí-la a Minas Gerais. Não bastasse, conquanto tenha sido determinado ao réu que procedesse à exibição da peça sacra para fins de realização de perícia, cominando-se multa diária de R$ 20.000,00 (vinte mil reais), ainda assim não cumpriu o colecionador o decidido judicialmente.

Foi produzida prova testemunhal e o Ministério Público cuidou de juntar aos autos pareceres técnicos confirmando que a peça era proveniente da Capela do Rosário do Sumidouro, tombada em nível estadual, pelo IEPHA, desde 1976[1].

Frustrada a composição do litígio, o Ministério Público pleiteou o julgamento antecipado da lide e a condenação do réu por litigância de má-fé, tendo em vista a flagrante violação aos mandamentos do art. 14 do CPC então vigente.

Em 29 de outubro de 2012 o ilustre magistrado titular da 1ª Vara da Fazenda Pública Estadual de Belo Horizonte, Geraldo Claret de Arantes, julgou integralmente procedentes os pedidos deduzidos pelo Ministério Público, para:

> Condenar o réu a devolver a imagem da Nossa Senhora do Rosário ao seu local de origem, desde já mandando emitir ordem de busca e apreensão, a ser cumprido pela autoridade policial, acompanhada por técnico especializado em objetos históricos no prazo de cinco dias para o cumprimento do mandado;
>
> Fixar multa por eventual resistência ou ocultação da imagem pelo réu Renato em R$ 50.000,00 (cinquenta mil reais) por dia;
>
> Condenar o réu por litigância de má-fé, e em consequência a pagar a importância de R$ 200.000,00 (duzentos mil reais), a favor do fundo para preservação do patrimônio histórico de Minas Gerais e a pagar multa no valor equivalente a 1% do valor da causa;
>
> Condenar o réu ao pagamento de danos morais coletivos no valor equivalente a mil salários mínimos em benefício do Fundo Estadual dos Direitos

1 O tombamento estadual do conjunto histórico da Quinta do Sumidouro foi realizado por meio do decreto estadual n.° 17.729, de 27 de janeiro de 1976, e abrange a Capela de Nossa Senhora do Rosário, a casa e o sítio denominados Quinta do Sumidouro.

Difusos Lesados.

Ao IEPHA, também réu na ação, foi determinado que mantivesse a referida imagem sacra em condições tecnicamente seguras e adequadas.

Aviada apelação pelo colecionador, o recurso foi julgado pela 1ª Câmara Cível do Tribunal de Justiça de Minas Gerais, sendo o acórdão relatado pela Desembargadora Vanessa Verdolim Hudson de Andrade, que teve seu voto acompanhado, em sua inteireza, pelos Desembargadores Armando Freire e Alberto Vilas Boas.

Inconformado, o colecionador interpôs ainda Recurso Especial ao Superior Tribunal de Justiça (REsp 1549328/MG). Em 22 de setembro de 2015, em decisão relatada pelo Ministro Herman Benjamin, o STJ negou provimento ao inconformismo do recorrente.

2. O DANO MORAL COLETIVO E A FUNDAMENTAÇÃO LEGAL PARA SUA REPARAÇÃO

A Constituição Federal alçou a reparação por danos morais à condição de direito fundamental de todo cidadão (art. 5º, V e X) e a Lei da Ação Civil Pública estabelece expressamente a possibilidade de responsabilização por danos patrimoniais *e morais* causados ao meio ambiente e a qualquer outro interesse coletivo ou difuso (Lei nº 7.347/85, art. 1º, I e IV, com a redação dada pela Lei nº 8.884/94).

O Código Civil brasileiro, de igual sorte, estatui que "aquele que, por ação ou omissão voluntária, negligência ou imprudência, violar direito e causar dano a outrem, *ainda que exclusivamente moral*, comete ato ilícito, ficando obrigado a repará-lo" (arts. 186 c/c 927).

Assim, está consagrada expressamente em nosso ordenamento jurídico a possibilidade de reparação do dano ambiental[2] em toda a sua extensão, inclusive no que toca à esfera não patrimonial.

---

2 O dano ambiental não se limita aos chamados "danos ecológicos"ou "danos à natureza". O dano ambiental é conceito amplo, que açambarca outros aspectos do meio ambiente globalmente considerado, tais como o cultural, o urbanístico e o do trabalho.

Jorge Bustamante Alsina leciona[3] que o dano moral coletivo é aquele experimentado por um conjunto de pessoas que sofrem um prejuízo a um interesse comum. Assim, o bem jurídico que resulta afetado em sua integridade serve para satisfazer de forma igual uma parcela do interesse que toca a cada indivíduo. Entretanto, o dano moral coletivo não surge da simples soma de danos individuais, pois tem autonomia por constituir em lesão a valores compartilhados pela própria sociedade como um todo[4].

Destarte, o dano moral decorrente de agressões a interesses transindividuais redunda em um sentimento coletivo de desapreço, de intranquilidade, de angústia e de indignação (caracteres subjetivos), afetando ainda a boa imagem da proteção legal existente sobre os direitos da coletividade (caractere objetivo). Ou será que, como indaga André de Carvalho Ramos[5], alguém duvida que o cidadão brasileiro, a cada notícia de lesão a seus direitos, não se vê desprestigiado e ofendido no seu sentimento de pertencer a uma comunidade séria, onde as leis são cumpridas?

Nesse cenário, o acórdão proferido pelo TJMG, ora em análise, alinhou-se ao mais moderno entendimento doutrinário sobre o tema, deixando consignado os eminentes Desembargadores da Corte mineira:

> No que tange aos danos morais, configuram-se nos dissabores causados na coletividade em razão de ato ilícito praticado pelo apelante que causou desalentos e consternações à comunidade do município de Pedro Leopoldo. A possibilidade de indenização por dano moral coletivo está prevista na Constituição Federal, em seu artigo 5º, inciso V. O texto maior não restringe a violação à esfera individual. Assim, a evolução social e histórica levou a doutrina e a jurisprudência a também evoluir para concluir que, quando são atingidos valores e interesses fundamentais de um grupo ou comunidade, não há como negar a essa coletividade a defesa do seu patrimônio imaterial que foi lesado ou ofendido de modo grave. O dano moral coletivo se caracteriza pela existência de uma lesão na esfera moral ou intelectual de uma comunidade, quando a violação atinge valores coletivos, como o ambiental ou histórico, atingidos de forma injustificada do ponto de vista jurídico.

3 BUSTAMANTE ALSINA, Jorge. *El daño moral colectivo es daño jurídico resarcible. p. 1033 e ss.*

4 *CORDOBERA, Garrido. Los daños colectivos y la reparación*. p. 92.

5 Ação civil pública e o dano moral coletivo. p. 83.

3. DANO MORAL COLETIVO E PATRIMÔNIO CULTURAL

Como sabido, o patrimônio cultural é integrado por bens dotados de um especial e significativo valor para a comunidade e que são verdadeiros marcos referenciais - tangíveis ou intangíveis - das formas de ser, fazer e viver dos diferentes grupos formadores da nação, razão pela qual são elementos indispensáveis para assegurar a sadia qualidade de vida da sociedade e a própria dignidade da pessoa humana.

Aliás, é a própria Constituição Federal que assegura expressamente a todos o direito de acesso e fruição ao patrimônio cultural brasileiro (art. 215), impondo ao poder público o dever de protegê-lo e preservá-lo em benefício das presentes e futuras gerações (art. 216 c/c art. 225).

Desta forma, a coletividade, diante de um prejuízo causado ao patrimônio cultural, evidentemente que pode ser afetada quanto a seus valores imateriais, face ao sentimento coletivo de desapreço, de intranquilidade, de angústia, de indignação e de demonstração de menoscabo ao Direito.

É claro que nem toda lesão ao patrimônio cultural implicará na consequente configuração de danos morais coletivos, pois estes surgem exatamente naqueles casos em que a ofensa perpetrada seja marcada pela destacada significância, superando os limites da tolerabilidade social, afrontando relações de aceitabilidade média ou afetando a tranquilidade anímica e espiritual da coletividade, que tem alterada negativamente a sua qualidade de vida e, ademais, vê seus valores mais caros (patrimônio ideal) afetados.

Segundo Jorge Bustamante Alsina:

> *Existe un interés legítimo grupal en satisfacer necesidades humanas colectivas, no solamente en relación con los recursos naturales, sino también en orden a las sensaciones psicológicas, estéticas y estados de ánimo en función de la belleza del paisaje, la tranquilidad del entorno y el equilibrio natural de la convivencia social. Así, el interés difuso o común resulta afectado cuando la calidad de vida sufre el impacto de la actividad humana individual o colectiva. El daño ambiental recae entonces en el patrimonio cultural si los bienes dañados son la obra artística, paisajística, urbanística o arquitectónica, que es común a una colectividad, ocasionando un daño moral colectivo al privar a un grupo social de las sensaciones y satisfacciones*

> *espirituales indispensables para el mantenimiento y mejora de la calidad de vida*[6].

Nestor Cafferatta é de igual pensamento:

> *existen también otros bienes de ese mismo tipo reconocidos en la legislación infraconstitucional, como ocurre por ejemplo con la salud* pública como tal, *recogida en las Leyes 23.660 y 23.661, y también con el acervo "cultural" de la población, compuesto por valores espirituales: artísticos, estéticos, históricos, religiosos, etc. Y cuando se menoscaba a ese tipo de bienes de interés global e índole esencialmente no patrimonial, lo que se configura primordialmente es un daño moral por la lesión al bien en si mismo, y com independencias de otras repercusiones de índole patrimonial*[7].

Indiscutível, pois, a possibilidade da coletividade ser afetada, em seus valores extrapatrimonais, não só em decorrência da existência de sentimentos subjetivos de perda ou sofrimento, mas também em razão da violação a uma carga de valores éticos comuns, verificáveis objetivamente.

Por isso, bem andou o Tribunal de Justiça de Minas Gerais quanto ao decidido no acórdão objeto destes breves comentários, ficando registrado no memorável julgado:

> As lesões coletivas podem ocorrer no âmbito ambiental (como a lesão ao equilíbrio ecológico, à saúde do meio ambiente, à qualidade de vida e à saúde da coletividade), danos ao patrimônio histórico e artístico, violação à honra dos indivíduos de determinada comunidade, no desrespeito aos direitos do consumidor (por exemplo, publicidade abusiva, produtos avariados) e outros.
>
> Esse dano coletivo ao patrimônio histórico aqui se configurou de forma grave e evidente.
>
> A jurisprudência superior, revendo seu antigo posicionamento, em voto da Ministra do Superior Tribunal de Justiça Fátima Nancy Andrighi, no julgamento do Recurso Especial (REsp) 636.021, firmou que o artigo 81 do CDC rompeu com a tradição jurídica clássica, de que só indivíduos seriam titulares de um interesse juridicamente tutelado ou de uma vontade protegida pelo ordenamento, passando a reconhecer também a existên-

---

6 ALSINA, Jorge Bustamante. El daño moral colectivo es daño jurídico resarcible. *Buenos Aires: La Ley*, p. 1.033 y ss., 1998- A.

7 Breves reflexiones sobre la naturaleza del daño ambiental colectivo. p. 22.

cia do dano coletivo, como o que aqui ocorre, quando houve grave lesão ao patrimônio histórico, que se estendeu no tempo por período demais e desnecessariamente prolongado. Esclareceu a Ministra em seu voto que "criam-se direitos cujo sujeito é uma coletividade difusa, indeterminada, que não goza de personalidade jurídica e cuja pretensão só pode ser satisfeita quando deduzida em juízo por representantes adequados". Assim, a ministra classifica como inquestionável a existência, no sistema legal brasileiro, dos interesses difusos e coletivos, com o consequente reconhecimento de que a lesão a um bem difuso ou coletivo corresponde a um dano não patrimonial, que só pode ser o moral, que merece uma compensação: "Nosso ordenamento jurídico não exclui a possibilidade de que um grupo de pessoas venha a ter um interesse difuso ou coletivo de natureza não patrimonial lesado, nascendo aí a pretensão de ver tal dano reparado. Nosso sistema jurídico admite, em poucas palavras, a existência de danos extrapatrimoniais coletivos, ou, na denominação mais corriqueira, de danos morais coletivos".

4. A PROVA E A QUANTIFICAÇÃO DO VALOR DOS DANOS

Em se tratando da tutela de direitos transindividuais não deve haver critérios rígidos ou ritualísticos[8] para se deduzir a existência de danos morais coletivos, desde que verificada pelo julgador a existência de uma ofensa antijurídica significante, que supera os limites da tolerabilidade social.

Em casos tais, presume-se (*presunção hominis ou facti*) a ocorrência da danosidade extrapatrimonial (*damnum in re ipsa*), que deriva inexoravelmente do simples fato ofensivo, segundo as regras de experiência comum[9] .

Segundo a doutrina especializada: *Cuando el daño no patrimonial resulte de situaciones em las que se superen los limites de tolerância, la mera constatación de esta circunstancia, prescindiendo de la prueba del daño, se considera*

8 *En esta área ríspida, grisácea, dura, ardua, complicada, no cabe levantar obstáculos, óbices procesales ni criterios de hermenéutica rígidos o matizados de exceso ritual, ni clausurar medios que eventualmente resulten útiles para cumplir el propósito de acceso a la verdad jurídicamente objetiva... Deberá el intérprete actuar com amplitud e flexibilidad, a través de um pensamiento integrado de las ciencias de la cultura y de las ciencias de la naturaleza.* (MORELLO, Augusto M. e CAFFERATTA, Néstor A. Visión procesal de cuestiones ambientales. Rubinzal – Culzoni Buenos Aires, 2004. p.241).

9 CAVALIERI FILHO, Sérgio. Programa de Responsabilidade Civil. p. 80.

suficiente para demonstrar la producción del perjuicio cuya indemnización se reclama[10].

A valoração dos danos morais coletivos, embora não seja tarefa das mais fáceis, é possível de ser alcançada, da mesma forma que o é em sede de reparação por danos morais individuais. A fixação do *quantum debeatur* deve ficar ao alvedrio do magistrado no curso da ação civil pública ou ação popular, que definirá o valor a indenização por arbitramento, de acordo com os elementos verificados no caso concreto[11].

Em doutrina, são indicados os seguintes elementos que servirão de parâmetro para a fixação da indenização pelo julgador: intensidade da responsabilidade pelo ato danoso omissivo ou comissivo; situação econômica do ofensor; grau de proveito obtido pelo ofensor; extensão/repercussão do dano e grau/tempo/custo de reversibilidade e função de desestímulo para a prática de atos semelhantes (caráter sancionador-pedagógico).

Jorge Mosset Iturraspe, em obra específica sobre o tema, indica dez outras regras que devem ser observadas para a fixação do dano moral: 1) Não à indenização simbólica; 2) Não ao enriquecimento injusto; 3) Não à tarifação com "piso" e "teto"; 4) Não a um percentual do dano patrimonial; 5) Não à determinação sobre a base de mera prudência; 6) Sim à diferenciação segundo a gravidade do dano; 7) Sim à atenção sobre as peculiaridades do caso, da vítima e do ofensor; 8) sim à harmonização de reparações em casos semelhantes; 9) Sim à sensação compensatória; 10) Sim a somas que podem ser pagas dentro do contexto econômico do país e o padrão geral de vida[12] .

Como bem registrado por Antônio Chaves, professor da Universidade de São Paulo, *"se o dinheiro não paga o preço da dor e não faz ressurgir uma obra de arte ou uma floresta secular destruídas, é capaz, contudo, de ensejar ao lesado sensações que amenizem as agruras resultantes desse dano não econômico"*[13]. E acrescentaríamos: é capaz também de impor uma sanção garantidora do res-

10 MONTERO, Guillermina Yanguas. p. 125.

11 LEITE, José Rubens Morato. p. 301-303.

12 *Responsabilidad por daños. El daño moral.* p. 228.

13 CHAVES, Antônio. Atualização em matéria de responsabilidade por danos morais. Rio de Janeiro: Forense. Revista Forense. Nº 331, 1995.

tabelecimento da dignidade social mediante a afirmação da ordem jurídica vigente, e de funcionar como medida de caráter preventivo, desestimulando a prática de lesões em detrimento dos interesses da coletividade.

No acórdão proferido pelo Tribunal de Justiça e que ora comentamos, os eminentes julgadores, no que pertine à prova do dano, perfilharam o entendimento doutrinário acima exposto, consignando, com arrimo em decisões do STJ, que: "a responsabilização do agente causador do dano moral opera-se por força do simples fato da violação (*damnum in re ipsa*), não havendo que se cogitar da prova do prejuízo" (REsp nº 23.575-DF, Relator Ministro César Asfor Rocha, DJU 01/09/97) e que "Não há que se falar em prova do dano moral, mas, sim, na prova do fato que gerou a dor, o sofrimento, sentimentos íntimos que os ensejam" (REsp nº 86.271-SP, Relator Ministro Carlos A. Menezes, DJU 09/12/97), aduzindo em arremate os eminentes Desembargadores da Corte das Alterosas: "Evidencia-se a lesão ao direito da comunidade do Distrito de Fidalgo, município de Pedro Leopoldo, sendo passível de dano moral indenizável, conforme determinado pelo r. juízo primevo".

Já no que pertine à fixação do valor dos danos morais coletivos, citando Maria Helena Diniz, os julgadores mineiros afirmaram que: "A reparação pecuniária do dano moral é um misto de pena e satisfação compensatória. Não se pode negar sua função: penal, constituindo uma sanção imposta ao ofensor; e compensatória, sendo uma satisfação que atenue a ofensa causada, proporcionando uma vantagem ao ofendido, que poderá, com a soma de dinheiro recebida, procurar atender a necessidades materiais ou ideais que repute convenientes, diminuindo, assim, seu sofrimento". Com arrimo no escólio de Caio Mário da Silva Pereira, afirmaram que: "A indenização por dano moral, levando em consideração a condição econômica do infrator e a gravidade da falta cometida tem dupla finalidade: a) punir o infrator, que não pode ofender em vão a esfera jurídica alheia e b) proporcionar à vítima uma compensação pelo dano suportado".

5. INDENIZAÇÃO POR LITIGÂNCIA DE MÁ-FÉ

Outra questão de extremo relevo no acórdão em comento foi a condenação do apelado ao pagamento de indenização de R$ 200.000,00 (duzentos mil reais) em decorrência da litigância de má-fé consistente em procrastinar o trâmite do feito e alterar a verdade dos fatos debatidos em Juízo.

Ora, o processo judicial, enquanto instrumento de busca pela aplicação da justiça, tem uma finalidade nobre e não pode ser transformado em arena de vale-tudo onde as pretensões dos litigantes se alicerçam deslealmente em manobras temerárias, procrastinatórias, maliciosas ou de emulação, sobretudo quando falamos de processos versando sobre direitos difusos, em que há um interesse da sociedade em discussão.

Sobre tal aspecto, ficou registrado no julgado:

> O apelado afirma que a perícia só não foi realizada por negativa do apelante em entregar ou apresentar a peça para a realização da mencionada perícia e que ao contrário do que ele alega, a conduta dele é que gerou tantos anos de ações e de diversos recursos, sendo aplicadas as penas pecuniárias. Afirma que o apelante agiu com má-fé e sua condenação é justa e deve ser mantida.
>
> Analisando os autos em tela, observa-se que o apelante usou diversas artimanhas na tentativa de atrasar ao máximo o processo, bem como dificultou a perícia, chegando inclusive a afirmar que não podia entregar a estátua para perícia, alegando que era depositário da peça, conforme determinado pela Justiça de São Paulo. Nesse ínterim discutiu questão de competência e se escusou de entregar a obra o quanto pôde.
>
> Ademais, inquirido pela r. Juíza Federal à f. 798, o próprio apelante respondeu que quando adquiriu a estátua de Nossa Senhora do Rosário sabia se tratar de uma obra do Aleijadinho.
>
> De acordo com a testemunha Selma Melo Miranda às fls. 814/815, o apelante afirmou tratar-se da mesma peça. Às fls. 73/74 e 387 se vê que não teve o menor interesse em efetuar a perícia. Às fls. 526/527 se vê que foi novamente intimado a apresentar a peça para perícia, caracterizando-se mais uma vez as dificuldades que colocou para que ela não se realizasse. Confira-se, ainda, à fl. 1097 dos autos. Além disso, não fora as dificuldades que criou, há pareceres técnicos nos autos, como já ressaltado, advindo de órgãos públicos, que dispensam qualquer prova técnica judicial. Portanto, evidencia-se de forma cristalina que o apelante dificultou a perícia em Primeira Instância.

> (...)
>
> Caracterizada a conduta antiética capitulada no art. 17, II , do CPC, na medida em que o requerido alterou a verdade dos fatos, alegando que não se trata da imagem de Aleijadinho e criando sérios empecilhos à sua devolução, quando já sabia e até já havia confessado que a imagem é precisamente o objeto da ação.
>
> (...)
>
> Desse modo, caracterizada a litigância de má-fé do apelante, pela tentativa de alterar a verdade dos fatos, deve o mesmo ser condenado à litigância de má-fé, conforme determinado pelo juízo primevo.

Em oportuna lembrança, consignaram os eminentes julgadores do TJMG que deve ser considerado litigante de má fé aquele que formula pretensão embasada em razões de fato que sabe não guardarem correspondência com a verdade, para obter decisão favorável, trazendo ainda à colação a lição de Nelson Nery Júnior e Rosa Maria Andrade Nery sobre o tema:

> *Litigante de má-fé é a parte ou interveniente que, no processo, age de forma maldosa, com dolo ou culpa, causando dano processual à parte contrária.* É o *improbus litigator, que se utiliza de procedimentos escusos com o objetivo de vencer ou que, sabendo ser difícil ou impossível vencer, prolonga deliberadamente o andamento do processo, procrastinando o feito" (in NELSON NERY JUNIOR e ROSA MARIA ANDRADE NERY; Código de Processo Civil Comentado; 2ª ed., São Paulo: Revista dos Tribunais, 1996, p. 367).*

6. CONSIDERAÇÕES FINAIS

O acórdão proferido pelo TJMG nos autos da Apelação Cível nº 1.0024.04.301053-7/013 constitui um importante precedente no cenário nacional por tratar pioneiramente, ao que sabemos, da responsabilização por danos morais coletivos decorrentes da subtração à fruição de um bem de valor cultural reconhecido, além de determinar a reintegração, ao seu local de origem, do bem histórico dali retirado ilicitamente.

Outrossim, o julgado mostra-se marcante por inadmitir, no curso do processo judicial, manobras desleais e procrastinatórias que transbordam o limite do direito à defesa e ao contraditório, estabelecendo quanto a tal conduta a pena por litigância de má-fé.

7. REFERÊNCIAS BIBLIOGRÁFICAS

ALSINA, Jorge Bustamante. *El daño moral colectivo es daño jurídico resarcible.* Buenos Aires: La Ley, 1998- A.

ANDRADE, André Gustavo C. de. A evolução do conceito de dano moral. Doutrina Jurídica Brasileira, Caxias do Sul: Plenum, 2004. 1 CD-ROM. ISBN 85-88512-01-7.

ARAGÃO, Severiano. Dano moral à pessoa jurídica. BLA – Boletim Legislativo. Rio de Janeiro. N. 31, abril de 1997.

CAFFERRATTA, Nestor A. e Augusto M. MORELLO. *Visión procesual de cuestiones ambientales.* Buenos Aires: Rubinzal – Culzoni Editores. 1. ed. 2004.

______ *Breves reflexiones sobre la naturaleza del daño ambiental colectivo.* R. CEJ, Brasília, n. 29, p. 21-26, abr./jun. 2005. Disponível em: http://www2.cjf.jus.br/ojs2/index.php/cej/article/view/658/838. Acessado em: 10 de janeiro de 2008.

______ e GOLDENBERG, Isidoro H. *Daño Ambiental. Problemática de su determinación causal.* Buenos Aires: Abelardo-Perrot. 2001.

CAVALIERI FILHO, Sérgio. Programa de Responsabilidade Civil. 2. Ed. São Paulo: Malheiros. 2000.

CHAVES, Antônio. Atualização em matéria de responsabilidade por danos morais. Rio de Janeiro: Forense. Revista Forense. nº 331, 1995.

CORDOBERA, Garrido. *Los daños colectivos y la reparación.* Buenos Aires: Editorial Universidad. 1993.

ITURRASPE, Jorge Mosset. *Responsabilidad por daños. El daño moral.* Tomo V. Buenos Aires: Rubinzal Culzoni. 2006.

LEITE, José Rubens Morato. Dano Ambiental: do individual ao coletivo extrapatrimonial. 2. ed. São Paulo: RT 2003.

MANCUSO, Rodolfo de Camargo. Ação Civil Pública. 9. ed. São Paulo: Revista dos Tribunais. 2004.

MIRANDA, Marcos Paulo de Souza. Tutela do Patrimônio Cultural Brasileiro. Belo Horizonte: Del Rey, 2006.

______ Lei do Tombamento Comentada. Belo Horizonte: Del Rey, 2014.

MIRRA, Álvaro Luiz Valery. Ação civil pública e reparação do dano ao meio ambiente. 2. Ed. São Paulo: Juarez de Oliveira. 2004.

MONTERO, Guillermina Yanguas. El *daño no patrimominal en el derecho del medio ambiente*. Thomson Civitas. Navarra. 2006.

PARKINSON, Aurora V. S. Besalú. *Responsabilidad por daño ambiental*. Buenos Aires. Hammurabi, 2005.

PEREIRA, Marco Antônio Marcondes. Dano moral contra a coletividade: ocorrências na ordem urbanística. In: Thesis Revista Eletrônica. São Paulo, ano II, n. 4, 2005. Disponível em: http://www.cantareira.br/thesis/v4n1/marco.pdf.

RAMOS, André de Carvalho. Ação civil pública e o dano moral coletivo. Revista de Direito do Consumidor, São Paulo: Revista dos Tribunais. nº 25, p. 80-98. jan/mar 1998.

RODRIGUES, José Eduardo Ramos. MIRANDA, Marcos Paulo de Souza. Estudos de Direito do Patrimônio Cultural. Belo Horizonte: Fórum, 2012.

STEIGLEDER, Annelise Monteiro. Responsabilidade Civil Ambiental. As dimensões do dano ambiental no direito brasileiro. Porto Alegre: Livraria do Advogado, 2004.

STIGLITZ, Gabriel A. *Daño moral individual y colectivo. Medio ambiente, consumidor y danosidad colectiva*. São Paulo: Revista dos Tribunais. Revista de Direito do Consumidor. p. 68-76, nº 19, jul/set. 1996.

APELAÇÃO CRIMINAL - CRIME CONTRA O MEIO AMBIENTE -MATERIALIDADE E AUTORIA COMPROVADAS - DESTRUIÇÃO DE ÁREA PRESERVADA DO CERRADO - TIPICIDADE - FIXAÇÃO DAS PENAS - PRESCRIÇÃO RECONHECIDA.

- Ainda que o cerrado não possua uma flora densa e de alto porte, como as matas tropicais, apresenta uma formação arbórea considerável, capaz de ser entendido no *caput* do artigo 38 do Código específico. Assim, quem destrói área de preservação permanente do referido bioma, pratica o crime previsto no art. 38, da Lei nº. 9.605/1998.

(TJMG - Apelação Criminal 1.0520.07.015845-3/001, Relator(a): Des.(a) Cássio Salomé, 7ª CÂMARA CRIMINAL, julgamento em 04/04/2013, publicação da súmula em 12/04/2013).

A TUTELA PENAL DO BIOMA CERRADO

MARIO JOSÉ GISI
Subprocurador geral da República.
Membro da Câmara do Meio Ambiente do MPF.
Mestre em Direito de Estado pela UFPR.

"Nem tudo que é torto é errado,
veja as pernas do Garrincha
e as árvores do cerrado"
Nicolas Behr

1. INTRODUÇÃO

Em 2013, o Ministério Público Federal, através de sua equipe técnica, foi convidado a fazer uma análise da Proposta de Emenda à Constituição (PEC) nº 504/2010 para alteração do §4º do art. 225 da Constituição Federal para a inclusão do Cerrado e da Caatinga como patrimônio nacional[1]. Os dados então apresentados, no que nos interessa a respeito do cerrado, valem à pena ser transcritos, já que são eminentemente técnicos e dizem o seguinte:

> **"Importância do bioma Cerrado**
>
> O bioma Cerrado, característico da porção central do país, possui uma área aproximada de 204 milhões de hectares[2], o equivalente a cerca de 24% do território nacional. É o segundo maior bioma brasileiro[3], distribuindo-se de forma contínua nos estados de Goiás, Tocantins, Mato Grosso, Mato Grosso do Sul, Minas Gerais, Bahia, Maranhão, Piauí, Rondônia, Paraná,

---

1 Parecer Técnico nº 197/2013 - 4ª. CCR.

2 O MMA menciona uma área exata de 2.039.386 km².

3 O Cerrado também está presente na Bolívia e no Paraguai, enquanto paisagens semelhantes ("llanos") também são encontradas na Colômbia, Guiana, Suriname e Venezuela.

São Paulo e Distrito Federal, e de forma disjunta, sob a forma de "encraves", nos estados do Amapá, Roraima e Amazonas, embora tais encraves não constem nos mapas tradicionais de divisão dos biomas brasileiros.

No Cerrado encontram-se as nascentes das bacias hidrográficas dos rios Tocantins, São Francisco e Prata, o que torna de importância estratégica o uso planejado do solo e dos recursos hídricos no bioma, de forma a garantir a futura disponibilidade de água nessas bacias.

Ainda que não conte com a pujança das altas florestas úmidas da Amazônia e da Mata Atlântica, o Cerrado detém 5% da biodiversidade do planeta e é considerado a savana mais rica do mundo, abrigando nos diversos ecossistemas mais de 11.000 espécies de plantas nativas (cerca de 4.400 endêmicas), cerca de 90.000 espécies de insetos[4], além de 200 espécies de mamíferos (14 endêmicas), 800 espécies de aves (16 endêmicas) e 1,2 mil espécies de peixes (200 endêmicas). Por essa razão e por ser, também, um dos biomas mais ameaçados do País, o Cerrado foi reconhecido, desde o final da década de 1990, como um dos 25 *hotspots* da biodiversidade mundial[5] (FUNDAÇÃO..., 1999; MYERS, 2000), *status* responsável, em grande medida, pelo maior destaque que o bioma recebeu na última década.

O Cerrado tem igualmente uma grande importância social, na medida em que muitas populações humanas (incluindo indígenas, quilombolas, os chamados "geraizeiros" e outros) dependem dos recursos naturais do bioma para sua sobrevivência. Mais de 220 espécies de plantas têm uso medicinal e mais 416 podem ser usadas na recuperação de áreas degradadas. Mais de 10 tipos de frutos são regularmente consumidos pela população local e vendidos em centros urbanos, a exemplo do pequi (*Caryocar brasiliense*), do buriti (*Mauritia flexuosa*), da mangaba (*Hancornia speciosa*), da cagaita (*Eugenia dysenterica*), do cajuzinho-do-cerrado (*Anacardium humile*), do araticum (*Annona* spp) e das sementes do baru (*Dipteryx alata*). Vale registrar a recente notícia de descoberta do significativo potencial antioxidante (antienvelhecimento) de vários frutos do Cerrado, com possível reflexo sobre a indústria farmacêutica e de alimentos[6].

4 De acordo com estimativas recentes, o Cerrado é o refúgio de 13% das borboletas, de 35% das abelhas e de 23% dos cupins dos trópicos americanos (KLINK e MACHADO, 2005).

5 O conceito de *hotspot* de biodiversidade foi cunhado por Norman Myers no final da década de 1980. Embora inicialmente tivesse sido aplicado apenas a ecossistemas florestais, foi depois ampliado para outras formações vegetais, sempre abrangendo regiões que concentram os mais altos níveis de biodiversidade e maiores agressões, nas quais as ações de conservação são mais urgentes.

6 Disponível em: <http://ultimosegundo.ig.com.br/ciencia/2013-08-21/estudo-revela-que-

Contudo, o Cerrado figura como o segundo bioma brasileiro que mais sofreu alterações com a ocupação humana. Com a crescente pressão para a abertura de novas áreas antrópicas, especialmente para cultivo de grãos como a soja e extração de lenha para carvão, tem havido um progressivo esgotamento dos recursos naturais. Nas três últimas décadas, o Cerrado vem sendo degradado pela expansão da fronteira agrícola brasileira, notadamente na região do oeste baiano, sul de Goiás e a região de Sinop, no Mato Grosso.

Conforme o Prof. Donald Sawyer (2009), no Cerrado a política vigente parece admitir, ao menos implicitamente, o sacrifício das áreas nativas, como se esse sacrifício fosse alternativa para salvar a Amazônia do desmatamento. Ademais, como a matriz agropecuária implantada no bioma tem gerado muita riqueza para o país, o equilíbrio entre crescimento econômico e conservação ambiental tem-se tornado ainda mais difícil (AQUINO e MIRANDA, 2008).

O "Projeto de Monitoramento do Desmatamento nos Biomas Brasileiros por Satélite[7]" informa que, até 2008, o bioma já havia perdido 47,84% de sua cobertura vegetal original. A área desmatada entre 2002 e 2008 foi de 85.074km^2, o que equivale a valor médio anual de 14.179km^2 ou 1,4 milhão de campos de futebol. E, no período de 2009-2010, a taxa anual de desmatamento foi de 0,3%, considerada a maior taxa entre os seis biomas brasileiros. Com isso, os remanescentes vegetacionais do Cerrado totalizaram apenas 51,16% da área original do bioma, em 2009, percentual que caiu para 50,84% em 2010, ano em que foi noticiado que o desmatamento do Cerrado foi o dobro do desmatamento ocorrido na Amazônia (BRASIL, 2010).

Vale observar que durante a 15ª Conferência das Partes (15ª COP) da Convenção-Quadro das Nações Unidas sobre Mudança do Clima, realizada em dezembro de 2009, o governo brasileiro apresentou os compromissos voluntários de redução das emissões de gases de efeito estufa projetadas até 2020, dentre os quais constava a redução em pelo menos 40% das emissões provenientes do desmatamento do Cerrado.

-frutas-do-cerrado-tem-mais-antioxidantes-do-que-a-maca.html>. Acesso em: 22 ago. 2013.

7 Projeto de cooperação técnica entre o MMA, o Ibama e o Programa das Nações Unidas para o Desenvolvimento (PNUD), executado pelo Centro de Sensoriamento Remoto do Ibama.

> Como esclarecem Aguiar *et al.*(2004), medidas mais concretas visando à conservação do bioma somente passaram a ser tomadas após a realização do seminário "Ações e áreas prioritárias para a conservação da biodiversidade do Cerrado e Pantanal" em 1998, e a criação das unidades de conservação sugeridas nesse seminário apenas tiveram início em 2001– ou seja, há pouco mais de dez anos. Além da aplicação tardia de medidas, também se critica a ineficácia da gestão pública, em algumas regiões manifestada pela sobreposição de políticas de conservação, pela ausência de diálogo entre os diversos órgãos governamentais e pelo desperdício de recursos financeiros (GANEM *et al.*, 2008).
>
> Nesse contexto, os dados do MMA informam que o Cerrado apresenta 8,21% de seu território legalmente protegido por unidades de conservação federais, estaduais e municipais e que, desse total, 5,36% correspondem a unidades de conservação de uso sustentável e 2,85%, somente, são unidades de conservação de proteção integral, como parques nacionais e estações biológicas. E, como alertam Aquino e Miranda (2008), o tamanho e o local das áreas protegidas são frequentemente determinados pelo valor comercial imediato da área, o que tem como consequência a criação de unidades não ideais sob a ótica da conservação da biodiversidade".

Para o reconhecimento do grave risco que corre a chamada savana brasileira, basta sobrevoá-la mesmo que via *Google Earth,* para constatar que todas as áreas possíveis já estão tomadas e delimitadas pela agricultura, irrigada ou não, e pecuária. Trechos de cobertura vegetal nativa só ocorrem naquelas áreas inviáveis economicamente, seja em razão da topografia, ou por serem campos rupestres ou solo demasiadamente frágil.

As unidades de conservação, especialmente as de proteção integral no cerrado, são reconhecidamente insuficientes para assegurar a fitofisionomia típica do bioma, o que reflete na importância fundamental do papel que tem as áreas de preservação permanente que deveriam contornar os cursos d'água. E digo "deveriam" porque, de fato, isso acontece em grau diminuto no bioma cerrado, particularmente em Minas Gerais.

Desoladoras as paisagens dos morros que, ao invés de estarem cobertos de floresta nativa, estão sendo explorados a não poder mais, seja pelo café, seja pela bovinocultura de produção leiteira. Alguns deles literalmente derretendo, com vastos penhascos de erosão, cuja terra é carreada para os riachos e rios que, destituídos da mínima mata ciliar, acabam assoreados e paulatinamente perdem seu leito e sua água.

Triste paisagem que necessita ser recomposta, e para isso também necessita de instrumentos que possibilitem aos órgãos de fiscalização e controle prestígio suficiente para fazer valer o que ainda existe na nossa complacente legislação florestal.

2. IMPORTÂNCIA DO ACÓRDÃO COMENTADO

É nesse contexto que se dá boas vindas a decisões como a que ora comento, em que o Tribunal mineiro não titubeia em reconhecer o valor florestal e o papel que desempenham as matas ciliares do bioma cerrado. Afinal, o que prepondera na disposição penal contida no artigo 38 da Lei n° 9.605/98 é o reconhecimento da necessidade da manutenção da mata nativa, seja ela a formação que for, para viabilizar um mínimo de possibilidade de vida nativa nesse bioma prestes a perder suas características, sua riqueza, sua fauna e sua flora.

Diz o artigo 38 da Lei de Crimes Ambientais: *"Destruir ou danificar floresta considerada de preservação permanente, mesmo que em formação, ou utilizá-la com infringência das normas de proteção"*.

Qual é o conceito de floresta que o dispositivo pretende alcançar? Como não há uma definição legal para o termo "floresta", valemo-nos do que diz o meio acadêmico e científico a respeito. O termo, todavia, tem uma enormidade de sentidos, a depender da finalidade para a qual é usado.

Segundo Oeco[8] existem mais de oitocentas definições de florestas em uso no mundo, sendo que vários países adotam mais de uma destas definições concomitantemente, em razão de fatores como latitude, densidade de árvores, altura das árvores, temperatura, chuva, composição do solo e atividade humana.

O Sistema Nacional de Informações Florestais – SNIF[9] também reconhece que existem diversas definições para o termo "floresta" e:

---

8 http://www.oeco.org.br/dicionario-ambiental/29004-o-que-e-uma-floresta/

9 http://www.florestal.gov.br/snif/recursos-florestais/definicao-de-floresta

> "Por serem específicas aos fins para o qual foram criadas, essas definições não conseguem abranger a complexidade das florestas no Brasil. Nem todas as tipologias florestais de ecossistemas peculiares como Cerrado e Caatinga não necessariamente preenchem os requisitos das definições anteriores para serem consideradas florestas. Apesar disso na prática são utilizadas como florestas - utilização de recursos madeireiros, extrativismos de frutos, sementes e produtos medicinais. Para contemplar a complexidade dos recursos florestais no Brasil, uma definição que também considera o uso poderia abranger outras vegetações que não sejam propriamente florestas".

De fato, a considerar que floresta, no sentido mais restrito do termo, seria conjunto de árvores de grande porte cobrindo grande extensão de terras, jamais o texto da lei seria aplicado, visto que a natureza das áreas de preservação permanente ciliares a rios e lagos restringem-se a faixa de poucos metros, na gradação estabelecida na lei florestal, permeado ainda de diversas exceções.

Equivocadas, portanto, as decisões que adotam conceito restrito do termo, já que torna letra morta a regra legal.

Não há dúvidas de que no direito penal impera o princípio da legalidade estrita, todavia, na ausência de definição legal do termo, há que se buscar o que pretendeu o legislador dizer qual é o melhor conceito para a aplicabilidade da regra em questão, considerando a extensão territorial e as peculiaridades dos biomas do país.

Aliás, desconsiderar o leque megadiverso do nosso país para efeito de aplicabilidade da norma, ofenderia inclusive o texto constitucional, na medida em que discrimina e promove a desigualdade regional, desconsiderando a relevância ambiental dos diversos biomas do Brasil.

Não é à toa que tramita no Congresso Nacional proposta de emenda constitucional nº 504/2010, que propõe a alteração do §4° do art. 225 da Constituição Federal, com a inclusão do Cerrado e da Caatinga como patrimônio nacional. Proposta esta que está pronta para a pauta do plenário e que só não foi aprovada ainda por conta da resistência da bancada ruralista.

Excluído o conceito restrito, eis que torna a regra inexistente, das inúmeras definições possíveis, parece a que melhor se adequa ao que pretende a lei coibir é assegurar a proibição de destruição da mata nativa considerada de preservação permanente.

Afinal, se impedir ou dificultar a regeneração natural de florestas e demais formas de vegetação é crime previsto no artigo 48 da mesma Lei de Crimes Ambientais, naturalmente que destruir a mesma vegetação há que estar abrangido pelo diploma punitivo ambiental de forma mais rigorosa.

Portanto, todas as formações arbóreas naturais do cerrado e da caatinga, excluídas as gramíneas e vegetação rasteira, devem integrar o conceito abrangente de floresta que visem a proteção das formações nativas.

3. CONCLUSÃO

Deixar de aplicar a regra legal no caso de supressão de vegetação nativa do cerrado e da caatinga, sob o pressuposto da ausência de abrangência de tais formas de vegetação no conceito de floresta e sob a ótica do princípio da legalidade, inviabiliza a aplicabilidade das regras ambientais protetivas e frustra a regra constitucional que impõe ao Poder Público e à coletividade o dever de defender e preservar o meio ambiente para as presentes e futuras gerações.

A ausência de conceito legal do termo impõe ao intérprete a necessidade de buscar o que melhor operacionalize a regra legal protetiva e permita a abrangência indiscriminada em todas as formações arbóreas do Brasil.

AÇÃO DIRETA DE INCONSTITUCIONALIDADE - LEI ESTADUAL Nº 21.555/14 - PROJETO DE LEI DE INICIATIVA DO GOVERNADOR DO ESTADO ALTERAÇÃO DOS LIMITES DE UNIDADE CONSERVADORA (UC) - MEIO AMBIENTE - EMENDA PARLAMENTAR - MUDANÇA DE UNIDADE - AUSÊNCIA DE PERTINÊNCIA TEMÁTICA COM A PROPOSTA INICIAL - INCONSTITUCIONALIDADE DECLARADA. 1. Ao parlamentar é admitido emendar projeto de lei, desde que respeitadas as limitações estabelecidas na Constituição Estadual, dentre elas, a existência de pertinência temática, harmonia e simetria com a proposta inicial. 2. É inconstitucional a lei quando verificado que, após ter ocorrido emenda parlamentar, não foi respeitada a pertinência temática com a proposta original. 3. Pedido julgado procedente (TJMG - Ação Direta Inconst. 1.0000.15.050708-5/000, Relator(a): Des.(a) Audebert Delage, ÓRGÃO ESPECIAL, julgamento em 22/02/2017, publicação da súmula em 24/03/2017).

INALTERABILIDADE ADMINISTRATIVA DAS UNIDADES DE CONSERVAÇÃO, PRINCÍPIO DA PRECAUÇÃO E A EVOLUÇÃO DA JURISPRUDÊNCIA MINEIRA

THIAGO FERNANDES DE CARVALHO
Graduado em Direito pela Universidade Federal de Minas Gerais.
Promotor de Justiça do Estado de Minas Gerais.

1. UNIDADES DE CONSERVAÇÃO - ESPAÇOS TERRITORIAIS ESPECIALMENTE PROTEGIDOS

Unidades de conservação são espaços territoriais especialmente protegidos que encontram seu fundamento de validade no art. 225, §1º, I, II, III e VII da Constituição da República de 1988.

A finalidade precípua destes espaços territoriais especialmente protegidos é conferir concretude à proteção do direito fundamental ao meio ambiente sadio e ecologicamente equilibrado. Nesse desiderato, seus escopos constitucionais, em linhas gerais, primam pela proteção e pela preservação de processos ecológicos essenciais, bem como pelo manejo ecológico das espécies e dos ecossistemas, pela preservação da diversidade e da integridade do patrimônio genético do País e pela proteção da fauna e da flora.

Analisando as previsões contidas na Constituição da República de 1988 e fazendo um comparativo no direito internacional, principalmente nas convenções sobre meio ambiente da Organização das Nações Unidas (ONU), é possível constatar que o marco embrionário da criação de espaços especialmente protegidos encontra-se no princípio 2 da Conferência das Nações Unidas Sobre o Meio Ambiente Humano, conhecida como Conferência de Estocolmo de 1972.

As declarações emanadas dessa conferência, que é considerada o principal ponto de partida para a criação de um direito internacional ao meio ambiente equilibrado, irradiaram discussões e aprofundamento acerca da proteção e preservação ambiental.

O princípio 2 da referida Conferência traz a previsão, em tradução livre, de que "os recursos naturais da terra, incluídos o ar, a água, a terra, a flora e a fauna e especialmente amostras representativas dos ecossistemas naturais devem ser preservados em benefício das gerações presentes e futuras, mediante **uma cuidadosa planificação ou ordenamento"** (grifei) .

Do trecho final do indigitado princípio extrai-se a preocupação com a criação de delimitações territoriais para ofertar a proteção adequada ao meio ambiente de uma maneira geral, ou seja, à fauna, à flora, ao ar, à água e a todo ecossistema.

A criação destes espaços especialmente protegidos não seria, contudo, suficiente para garantir a salvaguarda do meio ambiente para as gerações futuras, uma vez que poderia submeter o meio ambiente aos desgovernos açodados de interesses de outras áreas. Por esta razão o legislador constituinte resolveu aprimorar a proteção lançando uma norma que impõe que qualquer alteração ou supressão destes espaços somente pode ser realizada por meio de lei em sentido formal, o que significa ser submetida à vontade popular refletida no Parlamento.

O respeito e o cumprimento do devido processo legislativo confere legitimidade e ampla discussão a qualquer interesse relacionado à modificação e à supressão destes espaços territoriais especialmente protegidos, permitindo que a preocupação de preservação do meio ambiente para as gerações presentes e futuras seja levada em consideração pelo Poder Legislativo.

É neste cenário que surge a Lei Federal nº 9.985 de 18 de julho de 2000, regulamentando o art. 225, §1º, incisos I, II, III e VII da Constituição Federal de 1988 e instituindo o Sistema Nacional de Unidades de Conservação da Natureza.

Verifica-se, portanto, que unidades de conservação nada mais são do que espaços territoriais especialmente protegidos e com finalidades previamente definidas na Constituição da República de 1988 e detalhadas na Lei n° 9.985/2000.

O artigo 2º, ao definir os conceitos jurídicos dos termos utilizados na Lei n° 9.985/2000, expressamente consagra o que se entende por unidade de conservação:

Art. 2º Para os fins previstos nesta Lei, entende-se por:

> I - unidade de conservação: espaço territorial e seus recursos ambientais, incluindo as águas jurisdicionais, com características naturais relevantes, legalmente instituído pelo Poder Público, com objetivos de conservação e limites definidos, sob regime especial de administração, ao qual se aplicam garantias adequadas de proteção.

Este arcabouço normativo é de suma importância, pois é nele que reside o fundamento jurídico subjacente do acórdão paradigmático (TJMG Ação Direta de Inconstitucionalidade. 1.0000.15.050708-5/00) objeto deste artigo.

2. A IMPORTÂNCIA JURÍDICA DA "CARTA DA MAGISTRATURA E DO MINISTÉRIO PÚBLICO PARA O MEIO AMBIENTE", ELABORADA EM 2004, EM ARAXÁ/MG, NO QUE CONCERNE AOS ESPAÇOS TERRITORIAIS ESPECIALMENTE PROTEGIDOS

Antes, porém, de analisar as diretrizes traçadas pelo acórdão em debate, vale repisar as discussões sobre Unidades de Conservação advindas da Carta da Magistratura e do Ministério Público, elaborada em Araxá no ano de 2002.

Dentre as inúmeras discussões e avanços extraídos do documento conclusivo daquele encontro, os arremates catalogados nos itens 4 e 36 possuem especial relevância para o assunto em proposição.

Eis as conclusões:

> (...)
>
> 4. Os operadores do direito devem atentar para a aplicação dos princípios da prevenção e precaução, visando evitar o dano ambiental, nas hipóteses, respectivamente, em que a possibilidade de sua ocorrência é certa ou quando é desconhecida.

> (...)
>
> 36. As áreas de preservação permanente configuram unidades de conservação não sistematizadas. Por força do disposto no art. 225, §1º, III, da Constituição Federal, e art. 22, §7º, da Lei nº 9985/2000 (Lei do SNUC), somente podem ser alteradas ou suprimidas através de lei específica. Assim, em caso de redução das áreas de preservação permanente por resolução do CONAMA, os artigos 38 e 39 da Lei nº 9.605/98 continuariam a retirar a definição e extensão de área de preservação permanente dos artigos 2º e 3º do Código Florestal.

Extrai-se das referidas conclusões a consagração, no âmbito estadual de discussão, da proeminência de se analisar, nos casos evolvendo o meio ambiente, os princípios da precaução e da inalterabilidade administrativa das Unidades de Conservação.

O princípio da precaução foi expressamente consagrado na Conferência das Nações Unidas sobre Meio Ambiente e Desenvolvimento de 1992, conhecida como Conferência do Rio de 1992 ou ECO 92, na qual ficou assentado, entre os países participantes, que toda e qualquer ação humana que implique risco ou ameaça ao meio ambiente, exige a absoluta certeza quanto aos resultados advindos da atividade, não sendo tolerada a ausência da certeza para a prática de medidas que possuam a conotação imediatista e econômica, *verbis*:

> Princípio 15. Com o fim de proteger o meio ambiente, o princípio da precaução deverá ser amplamente observado pelos Estados, de acordo com suas capacidades. Quando houver ameaça de danos graves ou irreversíveis, a ausência de certeza científica absoluta não será utilizada como razão para o adiamento de medidas economicamente viáveis para prevenir a degradação ambiental.

Alguns autores, como Edis Milaré[1], entendem que o princípio da precaução pode ser extraído de uma interpretação teleológica do art. 225, V, da Constituição da República de 1988.

Independente da forma de incorporação ou da origem, fato incontroverso e amplamente reconhecido judicialmente é a importância do princípio da pre-

---

1 MILARÉ, Edis. *Direito ambiental.* 10 ed. rev. atual. e ampl. São Paulo: Editora Revista dos Tribunais, 2015, p. 266

caução para os casos em que não exista absoluta certeza científica dos impactos causados por atividades potencialmente poluidoras.

Por sua vez, o princípio da inalterabilidade administrativa das Unidades de Conservação surge como verdadeira garantia constitucional de proteção ao meio ambiente, com previsão no art. 225, §1º, III, da CR/88.

Trata-se de uma garantia constitucional. Isto é, uma norma jurídica prevista pelo próprio legislador constituinte para ofertar proteção a determinado bem que entende de suma relevância; no caso, o meio ambiente.

Este princípio tem por escopo resguardar os espaços territorialmente protegidos contra investidas que tenham a pretensão de subjugar o meio ambiente a interesses diversos e desajustados dos deveres de um Estado Democrático que consagra o meio ambiente como um direito fundamental difuso.

Com efeito, buscando dar ainda mais efetividade ao referido princípio, o legislador consagrou no art. 22, §7º, da Lei nº 9.895/2000 o referido princípio, fazendo referência expressa às Unidades de Conservação.

Malgrado seja desnecessário enfatizar aquilo que decorre de uma simples interpretação literal, não é demais registrar que referido princípio exige lei formal apenas para alteração ou supressão das unidades de conservação, não havendo a mesma exigência quanto à sua criação, ou seja, respeita as exigências do art. 22 da Lei nº 9.985/2000 (exigências de estudos técnicos e consultas públicas), as Unidades de Conservação poderão ser criadas por ato infralegal do Poder Público – decretos.

Este posicionamento encontra o beneplácito do Supremo Tribunal Federal, conforme se extrai da leitura da ADI 4218 AgR/DF, cujo relator foi o Ministro Luiz Fux.

Ambos os princípios, obtemperados na Carta da Magistratura e do Ministério Público de Araxá/2002, estão relacionados à percepção de que o meio ambiente é um macrobem de natureza imaterial e incorpóreo, não vinculado aos conceitos de patrimônio público ou particular, mas inerente aos bens de interesse público. Isto significa que o meio ambiente não pertence à esfera de titularidade pública ou privada, possuindo regime jurídico específico quanto ao gozo, disponibilidade e propriedade.

O meio ambiente, nesta concepção constitucional, é um direito fundamental de quarta dimensão, como destaca Canotilho[2] referindo-se à evolução das gerações dos direitos fundamentais:

> (...) que abrangem as suas sucessivas sedimentações histórica ao longo do tempo: os tradicionais direitos negativos, conquista da revolução liberal; os direitos de participação política, emergentes da superação democrática do Estado liberal; os direitos positivos de natureza econômica, social e cultural (usualmente designados, de forma abreviada, por direitos sociais, constituintes da concepção social do Estado; finalmente, os direitos de quarta geração, como o direito ao ambiente e à qualidade de vida.

A partir do momento que se reconhece o meio ambiente como um direito fundamental de quarta geração, passa-se a reconhecer uma dupla natureza jurídica deste direito.

A primeira, de índole pessoal, apresenta-se como direito subjetivo de todo cidadão à defesa contra atos lesivos ao meio ambiente.

A segunda, de ordem objetiva, impõe ao Estado o dever de providenciar a preservação do meio ambiente, criando mecanismos e instrumentos de proteção ambiental.

Para José Rubens Morato Leite[3], a dimensão objetiva é percebida no art. 225, §1º, da CR/88 ao exigir do Estado tarefas essenciais na preservação ambiental. Nas palavras do referido autor, "trata-se, como já visto, de incumbências indeclináveis do Estado de Direito Ambiental, com vista à consecução da equidade ambiental".

Na hermenêutica dos direitos fundamentais, é possível constatar a obrigação do Poder Público de adotar todas as medidas necessárias à efetivação da proteção ambiental.

Neste diapasão, a criação de espaços territorialmente protegidos, como as Unidades de Conservação, dá concretude e eficácia ao direito fundamental ao meio ambiente equilibrado.

---

2 CANOTILHO, José Joaquim Gomes; MOREIRA, Vital. *Fundamentos da Constituição.* Coimbra: Coimbra Ed. , 1991, p. 93.

3 LEITE, José Rubens Morato; AYALA, Patryck de Araújo. Dano ambiental: do individual ao coletivo extrapatrimonial: teoria e prática. 4. ed. rev., ataual. ampl. São Paulo: Editora Revista dos Tribunais, 2011. p. 91.

Para construir esta linha de raciocínio é preciso entender que o meio ambiente, direito fundamental de quarta geração, possui aplicação imediata e efeito vinculante, seja para o Poder Público (eficácia vertical), seja em relação ao próprio particular (eficácia horizontal), o que significa uma obrigação generalizada de proteção.

Na linha deste raciocínio, vale registrar, a título de arremate, passagem da obra de Ingo Wolfgang Sarlet[4], *in verbis*:

> Do efeito vinculante inerente ao art. 5º, §1º, da CF decorre, num sentido negativo, que os direitos fundamentais não se encontram na esfera de disponibilidade dos poderes públicos, ressaltando-se, contudo, que numa acepção positiva, os órgãos estatais se encontram na obrigação de tudo fazer no sentido de realizar os direitos fundamentais.

3. O ACÓRDÃO PARADIGMÁTICO DO TRIBUNAL DE JUSTIÇA DE MINAS GERAIS, SOBRE A PROTEÇÃO ÀS UNIDADES DE CONSERVAÇÃO

O acórdão ora em análise possui a seguinte ementa:

> AÇÃO DIRETA DE INCONSTITUCIONALIDADE - LEI ESTADUAL Nº 21.555/14 - PROJETO DE LEI DE INICIATIVA DO GOVERNADOR DO ESTADO ALTERAÇÃO DOS LIMITES DE UNIDADE CONSERVADORA (UC) - MEIO AMBIENTE - EMENDA PARLAMENTAR - MUDANÇA DE UNIDADE - AUSÊNCIA DE PERTINÊNCIA TEMÁTICA COM A PROPOSTA INICIAL - INCONSTITUCIONALIDADE DECLARADA. 1. Ao parlamentar é admitido emendar projeto de lei, desde que respeitadas as limitações estabelecidas na Constituição Estadual, dentre elas, a existência de pertinência temática, harmonia e simetria com a proposta inicial. 2. É inconstitucional a lei quando verificado que, após ter ocorrido emenda parlamentar, não foi respeitada a pertinência temática com a proposta original. 3. Pedido julgado procedente (TJMG - Ação Direta Inconst 1.0000.15.050708-5/000, Relator(a): Des.(a) Audebert Delage, ÓRGÃO ESPECIAL, julgamento em 22/02/2017, publicação da súmula em 24/03/2017).

---

4 SARLET, Ingo Wolfgang. *A eficácia dos direitos fundamentais*. Porto Alegre: Livraria dos Advogados. Ed. 2007.p. 388.

Referido julgamento foi proferido nos autos da Ação Direta de Inconstitucionalidade movida pelo Procurador-Geral de Justiça de Minas Gerais ao fundamento de que a Lei Estadual nº 21.555/2014 estaria eivada de inconstitucionalidade material e formal, porquanto, a despeito de infringir o princípio da precaução, não possuiria pertinência temática, harmonia e simetria com a proposição legislativa inicial.

Segundo a ADI, o Projeto de Lei nº 3.687/13, de iniciativa do Governador do Estado de Minas Gerais, que dispunha inicialmente sobre a alteração dos limites da área do Parque Estadual da Serra do Papagaio, localizado nos Municípios de Aiuruoca, Alagoa, Baependi, Itamonte e Pouso Alto, sofreu, durante sua tramitação, emendas parlamentares que desfiguraram o projeto inicial, redundando no art. 1º da Lei nº 21.555/2014, com a seguinte redação: "Art. 1º - A Estação Ecológica Estadual de Arêdes, criada pelo Decreto nº 45.397, de 14 de junho de 2010, passa a ter os limites e confrontações estabelecidos no Anexo desta lei, perfazendo uma área total aproximada de 1.281,32 ha (mil duzentos e oitenta e um hectares e trinta e dois ares)".

Não é necessário nenhum esforço interpretativo para constatar que a legislação promulgada não comporta pertinência temática com o projeto de lei inicial, sendo o único ponto em comum entre o projeto de lei e a lei publicada o fato de estarem relacionados à modificação de limites territoriais de Unidades de Conservação. Isto porque, "parques" e "estações ecológicas" são tipos diferentes de Unidades de Conservação, haja vista possuírem fundamentos e finalidades completamente diversas.

4. A INCONSTITUCIONALIDADE DECORRENTE DA AUSÊNCIA DE PERTINÊNCIA TEMÁTICA E SUA CORRELAÇÃO COM OS PRINCÍPIOS DA INALTERABILIDADE ADMINISTRATIVA DAS UNIDADES DE CONSERVAÇÃO E DA PRECAUÇÃO

Como esposado, o projeto de lei inicial, apresentado pelo Governador do Estado de Minas Gerais, pretendia fazer alterações nos limites territoriais do Parque Estadual da Serra do Papagaio.

A categoria parque (nacional, estadual ou municipal) é uma Unidade de Conservação de proteção integral, o que significa, nos termos da lei, que a manutenção de seu ecossistema deverá ser livre de alterações causadas por interferência humana, sendo admitido apenas o uso indireto dos seus atributos naturais. Logo, seu principal objetivo é a proteção da natureza.

Neste aspecto geral, os parques são idênticos às estações ecológicas, as quais também possuem natureza de Unidade de Conservação de proteção integral, destinando-se, portanto, nos termos da lei, ao objetivo geral de proteção da natureza.

Não obstante esta similitude - ambas Unidades de Conservação de proteção integral -, a análise pormenorizada destes espaços territoriais especialmente protegidos demonstra uma completa distinção na fundamentação para sua criação e na finalidade precípua da unidade.

Segundo o artigo 9º da Lei nº 9.985/2002, as estações ecológicas destinam-se, prioritariamente, à compatibilização entre a preservação da natureza e a realização de pesquisas científicas. Tratam-se de Unidades de Conservação extremamente restritivas aos direitos dos particulares, tanto que todo seu espaço deverá ser público. Para isso, determina a legislação federal que ocorra a desapropriação das áreas particulares.

Nas estações ecológicas não é permitida a realização de visitas, salvo com objetivo educacional. Ademais, em razão da necessidade de compatibilização da pesquisa com a preservação da natureza, o §4º do art. 9º traz as hipóteses restritivas quanto às alterações do ecossistema, todas com o escopo eminente de proteção da área.

Os parques, por sua vez, são Unidades de Conservação que buscam equilibrar a preservação e proteção do ecossistema com um contato mais direto com a população, principalmente em razão de sua beleza cênica e de seus atributos para a realização do turismo. Nos termos do art. 11 da Lei do SNUC, o parque tem como objetivo básico a preservação de ecossistemas naturais de grande relevância ecológica e beleza cênica, possibilitando a realização de pesquisas científicas e o desenvolvimento de atividades de educação e interpretação ambiental, de recreação em contato com a natureza e de turismo ecológico.

Tamanha a diferença entre esses tipos de unidade de proteção integral que o próprio legislador previu a desnecessidade de consulta pública para a criação das estações ecológicas (art. 22, §4º da Lei do SNUC), porquanto a finalidade prioritária é a compatibilização da proteção ambiental com estudos científicos que somente poderão ser desenvolvidos em determinada região; logo, não haveria como levar em conta, como fator preponderante de sua implantação, a vontade da população.

Tais diferenças entre as Unidades de Conservação impõem modelos de gestão (planos de manejos) completamente diversificados, além de exigirem, nos termos do art. 22 da Lei do SNUC, estudos técnicos que levem em consideração fatores diversificados para cada uma das unidades.

Os estudos técnicos são fundamentais para a criação, ampliação e, mesmo, modificação das Unidades de Conservação, porque trazem a carga científica necessária para demonstrar o impacto da medida.

Sobre a relevância dos estudos técnicos, assevera Milaré[5] que eles permitem a correta delimitação da unidade de acordo com os aspectos sociais, econômicos, ambientais e de biodiversidade da região afetada.

Destarte, considerando que o projeto de lei enviado pelo Governador estava direcionado a alterações em uma Unidade de Conservação na categoria *parque estadual*, é de se pressupor a existência de estudos sobre o impacto deste tipo unidade, o que, como esposado, visa compatibilizar a proteção ambiental com a preservação da beleza cênica e do potencial turístico da área. Entretanto, as emendas parlamentares acabaram por redundar em uma lei que modificava uma Unidade de Conservação na modalidade *estação ecológica*, a qual se destina a pesquisa científica em razão das peculiaridades de determinado ecossistema local.

A conformação desta situação impõe a inarredável conclusão de que as emendas apresentadas pelo Poder Legislativo Estadual extrapolaram os limites constitucionais e acarretaram verdadeira afronta ao dever de simetria e pertinência temática com a proposta de discussão originária.

---

5 MILARÉ, Edis. *Direito ambiental.* 10 ed. rev. atual. e ampl. São Paulo: Editora Revista dos Tribunais, 2015, p. 1285.

Foi exatamente essa completa ausência de pertinência temática que levou ao reconhecimento da inconstitucionalidade formal da Lei Estadual nº 21.555/2014, pelo Tribunal de Justiça de Minas Gerais.

Conquanto a Corte Superior do Tribunal de Justiça de Minas Gerais não tenha adentrado no aspecto da inconstitucionalidade material da norma, a completa ausência de evidências científicas em decorrência da não apresentação de estudos técnicos para a alteração de uma Unidade de Conservação distinta, permite concluir o acerto do fundamento apresentado na ação direta de inconstitucionalidade quanto à lesão ao princípio da precaução.

Nos dizeres da doutrina de José Rubens Morato Leite e Patryck de Araújo Ayala[6]:

> Comparando-se o princípio da precaução com o da atuação preventiva, observa-se que o segundo exige que os perigos comprovados sejam eliminados. Já o princípio da precaução determina que a ação para eliminar possíveis impactos danosos ao meio ambiente seja tomada antes de um nexo causal ter sido estabelecido com evidência científica absoluta.

A precaução exige uma atuação racional, para com os bens ambientais e com a mais cuidadosa apreensão dos recursos naturais, que vai além de simples medidas para afastar o perigo (...).

Da mesma forma, é evidente a correlação da decisão com o princípio da inalterabilidade administrativa das Unidades de Conservação, porquanto a causa subjacente que fundamenta este princípio é o dever de proteção ao direito fundamental ao meio ambiente equilibrado e sadio, dever que se estende ao Poder Público.

Ora, se há exigência expressa de lei pressupondo o cumprimento do devido processo legislativo, é inconcebível que seja produzida uma legislação que afete negativamente uma Unidade de Conservação sem que haja o respeito absoluto à congruência, à simetria e à pertinência temática, aspectos de ordem formal, mas diretamente relacionados ao conteúdo material do referido princípio.

---

6 LEITE, José Rubens Morato; AYALA, Patryck de Araújo. *Dano ambiental: do individual ao coletivo extrapatrimonial: teoria e prática*. 4. ed. rev., ataual. ampl. São Paulo: Ed Revista dos Tribunais, 2011. p. 53.

5. CONCLUSÃO: A EVOLUÇÃO DA JURISPRUDÊNCIA MINEIRA E SUA SINERGIA COM A CARTA DA MAGISTRATURA E DO MINISTÉRIO PÚBLICO PARA O MEIO AMBIENTE DE ARAXÁ DE 2002

A análise acurada do acórdão paradigmático (TJMG - ADI 1.0000.15.050708-5/000) – o qual diferenciou e reconheceu a importância da proteção às diferentes formas de Unidades de Conservação no Estado de Minas Gerais – permite identificar seu liame com a evolução das discussões produzidas pela Carta da Magistratura e do Ministério Público para o Meio Ambiente de Araxá de 2002.

As discussões e proposições deste encontro instaram os operadores de direito a valorarem os litígios ambientais com base no princípio da precaução e no princípio da inalterabilidade administrativa das unidades de conservação, ambos decorrentes da consagração do meio ambiente como direito fundamental de quarta geração.

Essas diretrizes, muito mais do que fundamentos de *obter dictum*, são verdadeiros vetores de interpretação constitucional de todo o ordenamento jurídico, apresentando-se como elemento fundamental de ordem objetiva para a aferição do controle de constitucionalidade concentrado das normas.

É sob esse enfoque, ainda que de forma sutil, que o Poder Judiciário mineiro, cumprindo seu papel de guardião da Constituição, afastou do ordenamento jurídico norma formalmente e materialmente inconstitucional, a qual possuía elevada potencialidade de impacto negativo ao meio ambiente, uma vez que desconfigurava importante espaço territorialmente protegido – estação ecológica – sem os devidos estudos técnicos.

6. REFERÊNCIAS BIBLIOGRÁFICAS

CANOTILHO, José Joaquim Gomes; MOREIRA, Vital. *Fundamentos da Constituição*. Coimbra: Coimbra Ed., 1991.

LEITE, José Rubens Morato; AYALA, Patryck de Araújo. *Dano ambiental: do individual ao coletivo extrapatrimonial: teoria e prática.* 4. ed. rev., atual. ampl. São Paulo: Editora Revista dos Tribunais, 2011.

MACHADO, Paulo Afonso Leme. Direito Ambiental Brasileiro. 23 ed. São Paulo: Malheiros. 2015.

MENDES, Gilmar Ferreira. COELHO, Inocêncio Mártires. BRANCO, Paulo Gustavo Gonet. *Curso de direito constitucional.* 4ª ed. rev. e atual. – São Paulo: Saraiva, 2009.

MILARÉ, Edis. *Direito ambiental.* 10 ed. rev. atual. e ampl. São Paulo: Editora Revista dos Tribunais, 2015.

NALINI, José Renato. Ética ambiental. 3 ed. Campinas: Millennium Editora, 2010.

SARLET, Ingo Wolfgang. *A eficácia dos direitos fundamentais.* Porto Alegre: Livraria dos Advogados. Ed. 2007.

SOARES JÚNIOR, Jarbas. MIRANDA, Marcos Paulo. PITOMBEIRA, Sheila Cavalcante. *Efetividade da tutela ambiental.* Belo Horizonte: Del Rey, 2008.